生活書店

会议记录1933—1937

上海韬奋纪念馆 编

中华书局

图书在版编目(CIP)数据

生活书店会议记录.1933－1937/上海韬奋纪念馆编.
—北京:中华书局,2018.11
(韬奋纪念馆馆藏文献丛书)
ISBN 978－7－101－13499－5

Ⅰ.生…　Ⅱ.上…　Ⅲ.生活书店－会议资料－
1933－1937　Ⅳ.G239.22

中国版本图书馆 CIP 数据核字(2018)第 241919 号

书　　名	生活书店会议记录 1933－1937
编　　者	上海韬奋纪念馆
丛 书 名	韬奋纪念馆馆藏文献丛书
责任编辑	贾雪飞
出版发行	中华书局 (北京市丰台区太平桥西里 38 号　100073) http://www.zhbc.com.cn E-mail:zhbc@zhbc.com.cn
印　　刷	北京市白帆印务有限公司
版　　次	2018 年 11 月北京第 1 版 2018 年 11 月北京第 1 次印刷
规　　格	开本/889×1194 毫米　1/16 印张 27¼　字数 500 千字
印　　数	1－3000 册
国际书号	ISBN 978－7－101－13499－5
定　　价	298.00 元

「韬奋纪念馆馆藏文献」丛书

韬奋赠父亲照片（荫书为韬奋乳名1923年4月22日）

韬奋（后排右四）与圣约翰大学同学合影（1921年）

韬奋与沈粹缜结婚照，题赠杨卫玉夫妇（1926年1月）

上海辣斐德路（现复兴中路）442号生活周刊社早期社址

上海华龙路环龙路路口（现雁荡路，中华职业教育社大楼一楼）生活周刊社20世纪30年代社址

韬奋与生活周刊社同人合影（1932年）

后排左起　薛迪畅　王泰雷　孙明心　朱照松　张铭宝
邵公文　董守谋　张锡荣　陈锡麟　严长衍
陈其襄　孙梦旦　邹韬奋　艾寒松　徐伯昕

前排左起　杜国钧　唐敬新　陈文江　陈　元　陶亢德
王永德　黄耀伦　高琼云　黄宝珣　汪文豪
邱风和　丁君匋

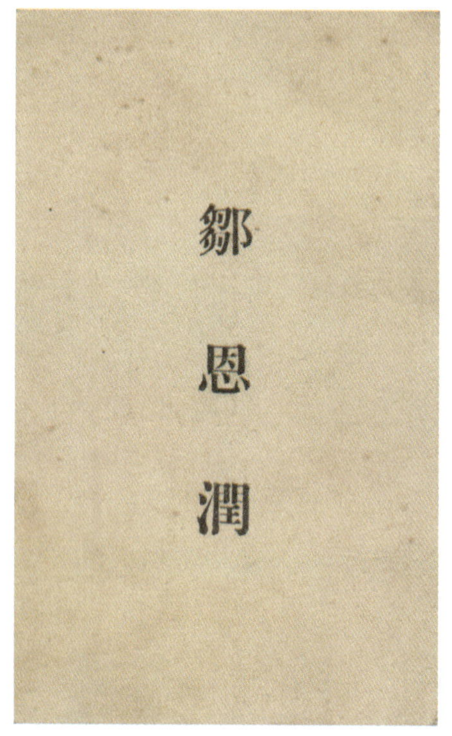

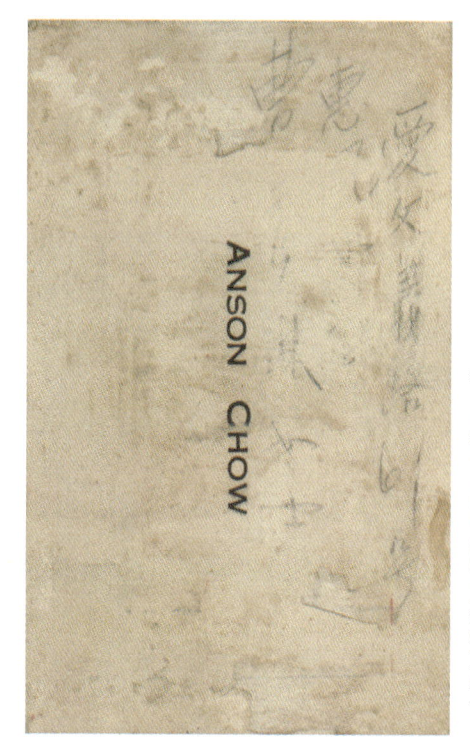

韬奋名片（正面邹恩润为韬奋原名，反面Anson Chow为英文名）

韬奋使用过的铜制印章，上刻「邹韬奋印」

生活出版合作社信條

一　服務社會

二　贏利歸全體

三　以共同努力謀社員福利

四　社務民主化

胡愈之君於民國二十三年七月一日加入生活出版合作社爲社員依照本社章程獲得社員待遇特此爲證

民國二十三年七月八日

常務理事畢雲程（簽名蓋章）

社員股份登記表

日期	加入股份	加入銀數	現有股份	現有銀數	常務理事蓋章
二十三年七月一日	念肆股	貳百肆拾圓	念肆股	貳百肆拾圓	畢雲程
年 月 日		圓		圓	
年 月 日		圓		圓	
年 月 日		圓		圓	
年 月 日		圓		圓	
年 月 日		圓		圓	
年 月 日		圓		圓	
年 月 日		圓		圓	
年 月 日		圓		圓	
年 月 日		圓		圓	

胡愈之生活出版合作社社员证

生活书店最早使用的店招

生活书店店徽

生活书店店徽图案制版底文

前　言

2018年11月5日是韬奋先生诞辰123周年，亦是上海韬奋纪念馆开馆60周年。六十一甲子，中华人民共和国成立之初，在沈钧儒、黄炎培、沈雁冰、沙千里、金仲华、史良等前辈的提议下，在中共中央宣传部、国家文化部、上海市委领导的关心下，上海韬奋纪念馆于1958年11月5日开馆，馆址位于韬奋先生20世纪30年代居住过的上海重庆南路万宜坊内。开馆以来，上海韬奋纪念馆已先后被命名为市级文物保护单位、市爱国主义教育基地、市青少年教育基地，并被评定为国家三级博物馆。

韬奋纪念馆流淌着生活书店的血液。馆藏的大部分图书和报刊，源自生活书店同人始于1946年筹办的韬奋图书馆。1956年，国家文化部下发同意建馆的批复，生活书店同人将生活出版合作社全体社员的4万余元股金捐赠给筹建中的纪念馆。曾在生活、读书、新知三家书店工作过的同人也纷纷捐出旧藏。

韬奋先生和同人们为生活书店的创办、发展呕心沥血，为民族解放「以笔为枪」、披荆斩棘的精神，时时感染着我们。为让更多人能了解生活书店艰辛创业、科学管理、迅猛发展的过程，了解生活书店致力进步文化出版事业，置身于国家民族的大局之中，为民族解放、民主政治和为读者提供精神食粮做出的贡献，上海韬奋纪念馆在开馆60周年之际，启动馆藏文献影印出版计划。

首先影印出版的是生活出版合作社暨生活书店会议记录。这批档案信息量大、自成体系，且保存相对完整，颇具史料价值和研究价值。泛黄的纸页上还留存着韬奋、徐伯昕、张仲实、毕云程等生活书店管理者的签名，章程的制定、制度的修改、人员的安排、店务的处理等处处体现了「经营集体化、管理民主化、盈利归全体」的生活出版合作社经营管理原则……1957年9月，由沈钧儒、胡愈之、徐伯昕、戈宝权、胡绳、范长江等组成的韬奋纪念委员会在北京举行会议，决定把原生活书店邵公文同志保管的生活出版合作社理事会、人事委员会会议记录等档案、文件、图片等一并移交给上海韬奋纪念馆。首任馆长毕云程代表上海韬奋纪念馆筹备委员会赴京取回了这批珍贵档案。

韬奋纪念馆馆藏生活书店会议记录拟分三册影印出版，本次出版第一册。考虑到生活书店的发展阶段，兼顾容量均衡，第一册的起止时间为1933年至1937年，自生活书店在沪创立后第一次社员大会召开起，至抗日战争全面爆发、生活书店总店迁至汉口止，包括「社员大会会议记录」「第一届理事会会议记录」「第二届理事会会议记录」「人事委员会会议记录」「人事委员会会议记录（第二册）」「人事委员会会议记录（第三册）」和「临时委员会会议记录（一）」（迁汉前部分）。影印件中对会议记录的称呼不一，既有「会议录」，又有「会记录」，也有「会议记录」等，此次出版排印统一为「会议记录」。

从馆藏会议记录的形态可以看出，当时的会议记录最初是记在便笺上，会议结束后再誊抄到专门的会议记录本上，出席会议人审阅后签名，所以今天看到的会议记录本都是条分缕析、字迹工整的。会议记录是按照会议内容以时间为序进行装订的，偶有错位者，本次出版时做了调整。如《人事委员会会议录（第二册）》中，《第三届人事委员会第五次临时会记录》装订于《第三届人事委员会第四次临时会记录》之前，本书在调整顺序的同时，为了便于读者了解馆藏会议记录原貌，在相应页面下以「编者注」做了说明。再如，《第三届人事委员会第八次常会记录》本装订于《人事委员会会议记录（第三册）》中，但以时间为序，本书将其调整到《人事委员会会议录（第二册）》之末。如此等等，不一一在此赘述。

馆藏会议记录册中偶有保存下来的会议记录原件散页，还有一些会上讨论的函件，如1937年六七月间发生的「生活书店员工集体怠工事件」中两份员工联名来函，为便于读者阅读和研究，将这些重要的文献资料作为附录排在正文之后，并在每页文件下以图注标明此文件的文件名称及日期。

全书彩色精印，排版时从色泽、尺寸上尽可能还原原貌。书前选取了韬奋早期照片，生活周刊社及生活书店相关图片等作为插页。这些图片，如韬奋亲笔题签的照片，都是首次公布。

感谢韬奋研究专家陈挥教授，为本书撰写了代后记长文；感谢老馆长雷群明对馆藏文献影印出版给予的指导；感谢中华书局上海公司余佐赞总经理为编撰提出的专业意见；感谢贾雪飞编辑的辛勤付出。

在开馆60周年推出馆藏文献影印计划，也许是对韬奋先生最好的纪念。愿这批档案的影印出版，能带动更多人走近韬奋，了解生活书店，掀起新的研究热潮。

目录

生活出版合作社

社员大会会议记录

社員大會會議錄

生活出版合作社

第一次社員大會

廿二年七月八日在生活週刊社舉行

列席者 艾逖生 王泰來 俞頌文 杜國鈞 嚴長衍

陳世豪 朱明新 王永德 孫明心 徐文豪 薛迪暢

徐伯昕 畢子桂 徐勵生 諸祖榮 陳 亮 陳文仁

朱曦光 陸石如 金汝楫 時偶榮 何壽梅 孫夢旦

丁君匋 陳錫麟 鄒韜奮 胡愈之 畢雲程 黃宝珣

壽毅成 濮品元 董文椿 劉桂璋

一、通過社章要點

甲、社章第二十條修正為「理事會互選經理及副經理各一人為理事會之代表總攬社務並為本社對外之代表」

乙、社章第廿八條修正為「每屆總決算除去各項開支及各項攤提準備外如有盈餘應先提公積金百分之十五捐助中華職業教育社公益金百分之二十社員福利基金百分之十五股息百分之二十及職工紅利百分之三十但股息如超過年息一分二厘時應將超過之數歸入公積金職工紅利總額如超過職工月薪總額一倍以上時則經社員大會決議得擴充股數時職工應得紅利若干成作為

新股

二、邹韬奋先生提议请王志莘毕云程杜重远三先生依社章第七条第三项之资格加入社员案

议决一致通过

三、选举理事五人用不记名投票法选之由艾逖生先生唱票王永德先生记录

结果 王志莘 三十一票 杜重远 三十一票

毕云程 三十票 邹韬奋 二十八票

徐伯昕 二十八票 艾逖生 八票

孙梦旦 四票 严长衍 四票

胡愈之　一票

王志莘杜重遠畢雲程鄒韜奮徐伯昕五先生

以得票最多當選理事

四、選舉監察二人

結果　艾逖生　十九票　嚴長衍　十六票

孫夢旦　十票　胡仲持　六票

孫明心　三票　徐伯昕　三票

張錫榮　二票　王永德　二票

唐菊新　一票　邵公文　一票

陳文江　一票

五、艾逖生、嚴長衍二先生以得票最多當選監察

社章第十三條應由社員大會主席指定監察

一人為人事委員會委員兼

主席指定艾逖生先生任人事委員會委員

主席 韜奮

紀錄 徐伯昕

生活出版合作社

第一届理事会会议记录

理事会会议录
第一次理事会

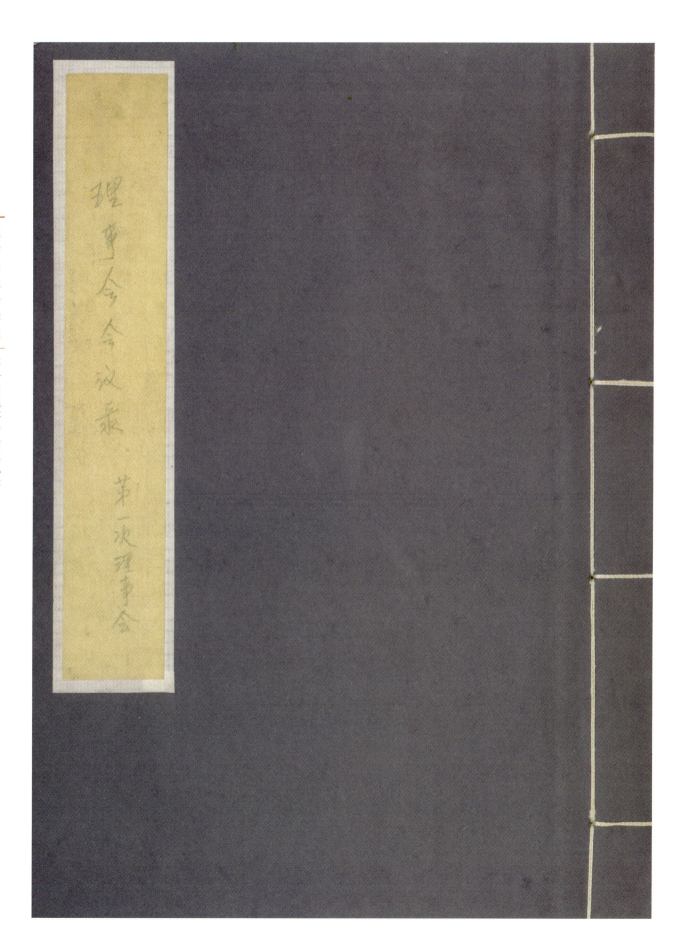

生活出版合作社

理事會會議錄

第一次理事會議

廿二年七月十日上午八時半　地點　五十号培德五十号 培坊廿五号

出席者　杜重遠　畢雲程　鄒韜奮
　　徐伯昕　王志莘（杜代）

一、公推畢雲程先生為臨時主席

二、公推徐伯昕先生為會議紀錄

三、選舉經理

鄒韜奮先生當選經理

四、選舉副經理

徐伯昕先生當選副經理

五、選舉常務理事

畢雲程先生當選常務理事

六、理事鄒韜奮先生離國期間出席代表案

議決請叟理事鄒韜奮先生離國期内請艾逖生先生為出席理事會代表一致通過

七、理事會聘任秘書案

議決請艾逖生先生擔任

八、理事會辦事細則起草案

議決請秘書艾逖生先生起草提出下次理事會通過

九、本社全部財產估計案

議決請徐伯昕先生估計後於下次理事會提出

十、本社股份支配案

議決請徐伯昕先生擬具體辦法於下次理事會提出討論

十一、理事王志莘、畢雲程、杜重遠三先生股份計算案

議決根據以前之薪金或稿費為標準

十二、下次理事會日定於十二日上午八時半在原地點舉行

主席　畢雲程

第二次理事会議

廿二年七月十六日上午八时半　地点　亞尔培坊九号

出席者　杜重遠　畢雲程　鄒韜奮　徐伯昕

王志華（杜代）　艾逖生

一、畢雲程先生報告上次議決案

二、徐伯昕先生報告本社全部資產估計額為三萬八千六百九十六元

三、徐伯昕先生報告股份支配辦法(一)本社全部資產估計額如上述(二)職工過去薪額總數除不滿六個月者不列入外總計為四萬八千三百七十六元(三)照職工薪額總

數以八折計算發給股份，每位職工薪額總數合算時其不滿一股之數應以五捨六入計算

議決：職工薪額總數應改五折發給股份

四、第三種社員支給薪金辦法案

議決：規定每月改送拾元之薪金

五、本社註冊案

議決：候王志莘先生回滬後接洽進行

六、生活書店商標註冊案

議決：仍向陳霆銳律師接洽進行

七、本社社員證擬訂案

議决請艾濰生徐伯昕二先生擬具式樣交下次理事會審定

八、另提職工生活保障金案

議决事實上無需要可取消

九、理事會辦事細則草擬案

議决仍請艾濰生先生負責起草

主席 畢雲程

第三次理事会议

八月十六日下午四时　地点　環龍路環龍別業二号

出席者　畢雲程　杜重遠（胡愈之代）　鄒韜奮（艾代）　徐伯昕

艾逖生

一、胡愈之先生提议本社總理鄒韜奮先生有功于社此次赴欧考察經濟不甚充裕应酌赠考察费以资補助案

議決　在二十三年六月底結算盈餘中提出五千元贈作考察費用

二、艾逖生先生提議關於特種社員股本依照其及以前薪金計算數量太少以後每年較少增股机会似应另定办法改為每年由本社酌贈五百元股本案

議決　通過　惟該股銀數應在上年度盈餘內開支

以上兩案應在股份支配方法整理竣事後全部提出於社員大會通過之

三、徐伯昕先生報告二十三年七月起週刊及本店會計已用生活書店之名義合併　惟資產負債表應否根據確定資本數量依照股份支配外再另列盈餘列入新舊及壞帳準備案

議決　通過

四、鄒韜奮先生赴歐考察請假一年案

議決　通過　在請假期內薪金照支　一切社務由副經理代行職務

五、社員未滿六個月之股份分配案

議決　未滿六個月之社員在七月以前每月概照薪額實數對折計算　七月以後

应照章扣發以扣足十個月為止。

六、讨论理事会章程案

議决修正通過

七、讨论社员认股及社员名册式樣案

议决通过

八、徐伯昕先生提议上海市政府八月七日第九九号通告关於出版品应於發行时以二份寄送内政部審订及须在版權页详載發行人姓名發行所地址等应否照办案

议决　调查各书店情形均如此，惟关於版權页刊載發行人姓名时可援照前例仍用徐伯昕先生名义。

九、徐伯昕先生報告最近營業狀況

十、討論本社代收捐款近日外間謠言甚熾應如何處置之案

議決 據馬捐款可函請杜重遠先生以本社徵信錄及單據攝影後就近向馬將軍接洽來信證明以便公開發表 關於東北各義勇請會計師查核證明後公告

主席 畢雲程

第四次理事会议

九月二十日下午二时　地点　环龙路环龙别业弍号

出席者　毕新生　杜重远　王志莘　邹韬奋（艾逖生代）

徐伯昕　艾逖生

一、毕新生先生报告人事委员会第二次会议决定请傅东华先生正式加入本社为社员，担任编辑并校阅文学丛书等工作，自九月份起月支薪一百元。

二、徐伯昕先生报告社务状况：(1)周刊销数较前增加，汉口[illegible]代销。(2)书店门市生意较差，邮购甚好，每日平均三百元。(3)文学增销[illegible]十，丛刊销数不大好。

三、关于补助邹韬奋先生著译费及酌增特种社员股银案，议决

由常年大會提出報告　不必另開特別大會報告之

……前進行開禁案

議決　暫緩進行仍維現狀

五　生活書店註册問題

議決　交由王志莘先生研究後進行

主席　畢雲程

第五次理事会议

十月二十五日下午二时　地点　环龙路环龙别业贰号

出席者　毕新生　王志莘　杜重远　邹韬奋（艾逖生代）　徐伯昕　艾逖生

一、徐伯昕先生报告社务　(1)最近因各店业务发达，各部需人，新近邮购部已添请社员一位襄助，该职员系在华通书局任事，能力甚好，已经人事委员会决定进入社工作　(2)各店房屋原有不敷应用，拟最近二月内另觅新址　(3)上界巡捕房曾屡派人来本社调查甚详，市党部亦有调查表，又已应付　(4)营业情形大致尚佳。

二、另问题由王志莘先生介绍徐伯昕先生向新华银行王建亭先生

洽進行、

主席 [illegible]

第又次理事会議

十一月二十二日下午二时　地点　環龍路環龍別業弍号

出席者　杜重遠　王志莘　鄒韜奮（艾代）　徐伯昕　畢雲程（缺席）

艾逖生

一、推舉臨時主席

议决　公推杜重遠先生為臨時主席

二、生活書店註册案

议决 用有限公司注册，仍由生活出版合作社现任理事五人代表为股东，呈请登记。

三、徐伯昕先生报告：(一)营业情形，从七月到十月，总共四个月，盈余约两千元余。(二)书店新址已觅定，下月初可迁入。

四、艾思奇先生报告出版情形：(一)文学丛书由傅东华先生主编之文学丛书收稿约有十余部，因付排者多，同时该书纸张尚缺，大概都须延至明年出版。(二)时事问题丛刊拟编印时事年报，约十余万字，由胡愈之先生主持，明年一月可出版。(三)拟印外交年鉴，一书係外交部职员王卓然先生主编，明年三月可出。(四)书籍有两部很重要的经济学著作稿已交来，现正在审阅，明年二月可出。明年出版方针现正在计划中。

主席

第七次理事会议（臨时召集）

十二月七日下午四时　地点　環龍路環龍別業弍号

出席者　杜重遠　王志莘　徐伯昕　鄒韜奮（艾代）　艾逖生

艾逖生　畢新生（缺席）

一　徐伯昕先生报告　拠本埠本刊代派總报贩王春山稱得市政府情报处函令不准銷售本刊　事後調查閲係市政府奉有南京方面明令办理此事　是否有進一步查封本刊之舉尚不知悉　但本刊今後應如何对付

議決：㈠請杜重遠先生負責向市府調查是否有查封進一步之意　如果有意則設法

疏解（三）当局如无查封之意本刊之言论方面除稍缓和外仍继续出版

二、徐伯昕先生报告昨日生活书店曾有捕房探捕法院公安局党部人员会同前来指令搜检本店出版之高尔基创作选集一书认为反动当将该书纸板及书一部一併带去今日余曾于下午二时往法巡捕房拟调法租当局仅负执行之责，所有扣去书籍概解法院听其办理大概此事不致扩大书店损失所损无几

主席

第八次理事会议（临时）

日 下午三时　地点　环龙路环龙别业六号

出席　杜重远　毕云程　王志莘　徐伯昕　邹韬奋（主席）

艾逖生　到席　胡伏生　嚴長衍

以之自動停刊與否今日作最後之正式決定

議決　在未得確實查封命令以前依法仍繼續出版

主席　畢雲程

第九次臨時會議

二月九日上午八時　地點　亞爾培坊之十五號

出席者　杜重遠　王志莘　艾逖生　徐伯昕　胡伏生

徐伯昕先生報告昨晚十時左右據得確實報告市政府已有查封週刊公文轉公

安局当即分方设法令出公文暂搁，但为时已迟，恐翌日即予执行，故当夜拟好停刊启事，往各报馆登广告，因报馆方面留难，未登出。一面连夜全体人事动员，社中所有重要物件包扎停当，搬往他处，即万一系封，损失亦不大。昨夜经过之情如此。

议决　在未来查封前由律师代表本社写一书面报告式之呈文，通过法捕房政治部声明暂行自动停刊，如此捕房即有到公安局转来查封公文亦可不行。

主席

第十次臨时理事会議

一日下午六时　地点　崇德里六号

出席者　王志莘　杜重遠　徐伯昕　艾逖生　韬付生

徐伯昕先生报告昨为星期日捕房未来执行今日上午捕房即派员

查，外传查封不确，照现在情形查封不致执行，週刊事至此可告一段落

因不明真相者多，亟宜登报公告

决　拟好通告如下：「本刊迫於環境，無法出版，结束办法另行通告。通讯处

上海郵政信箱二二六〇号」（此通告于十三日上海各报登出）

第十一次理事會議

[illegible]月十六日下午六時　地點　功德林

出席者　畢雲程　杜重遠　王志莘　徐伯昕　艾逖生　嚴長衍

伯昕先生報告因週刊停止原有工作人員過多及書店今後出版之計劃皆成問題應如何處理特提出今晚會議解決

時事問題叢刊主編胡愈之先生提出辭職後明年一月起即不負責編輯應否發行案

議決　（一）胡愈之先生辭職照准　（二）時事問題叢刊至十六號起停止　（三）時事問題存稿另出單行本　（四）時事年報停止出版

三　應付書店惡劣環境可否本社增聘名譽理事以為掩護案

议决　各书理事不需增聘

停刊原有工作人员过多可否酌裁并如何办理案

议决　(1)过多工作人员应裁去　(2)裁去员工计[illegible]三人[illegible]

人　(3)优待退职社员办法：(1)发给退职薪金两月　(2)发还

请(四)由[illegible]事务员[illegible]通知办理

徐伯昕先生提出减薪，同时邹韬奋先生来函提出徐伯昕先生支薪半[illegible]生

另加薪二十元案

议决　暂时不加亦不减

主席　毕云程

第十二次理事会议（临时）

二月二十九日下午十一时　地址　功德林

出席者　杜重远　王志莘　毕云程　傅东华　徐伯昕

艾逖生　胡伏生　邹长衍

徐伯昕先生报告文学月刊最近被市党部查禁并拟封生活书店，理由为文学杂志宣传普罗文化与阶级斗争。法工部局曾派探来本店查抄文学并警封本店，后经说项，幸未立即封闭，惟恐险恶，大概法捕房方面须用相当金钱（暂时可不睬它）。

·党部撤销查封公文，今后应如何对付，须请理事会议决。

二　东华先生报告：自文学杂志查禁事件发生后本人即未去

了疏通大概已有轉圜餘地潘公展曾提出兩個條件：第一、今後雜誌每期須送市黨部審查，第二、生活書店所出版圖書今後一律須送黨部審查。此二件書店當日已完全答應了，三、審查一點，惟黨部尚故意遷延，大概亦須使用相當金錢。

關於文學與書店事

議決：請徐伯昕先生全權酌量辦理

三、文學叢書出版如何避免審查之事

決：用另一出版機關名義出版

主席 畢雲程

民国二十三年

第一次理事会議

一月十八日下午七时　地点　功德林

出席者　杜重遠　王志莘　畢雲程　徐伯昕　艾逖生

徐伯昕先生報告店務：

經濟情形

(一)上年度下半期結帳報告，本店自去年一月間迭遭生活周刊被禁，略受損失，現已次第恢復原状，印書部本年、、

下來，尚可稍有盈餘，最近經濟情形亦頗佳。

(二)生周刊經濟報告：新生周刊自二月間創刊以來，銷數甚

期可實銷四萬，廣告收費月入可千餘元，因初辦推廣之費多，故稍有虧損，惟絕對可以維持。

出版情形

(一)單行本出版情形　本店新出之書不多，目前多半為文藝性者，中創作甚少，故不甚暢銷，一般看來，尚無十分滯銷之書。

(二)文學雜誌發行情形　文學因受審查影響，致二三期均不能按期出版，故銷數較去年跌得很多，現從第四期起，無論如何不延期，並擬連出四本，多或可恢復過去信譽。

(三)新生周刊與本店合作辦法

議決　新生周刊由杜重遠先生與生活書店各出資本二仟，共四千合办、詳細办法、見另擬双方訂立之合同。

「於文学」合同續訂事項：

「文学」继續發行，对原有合同，无甚更改，惟由書店精備正式函一封致文学社通知之。

关於發行世界知識半月刊事：

議決 通过。

主席 畢雲

第二次理事会议

日　十四日下午四时　地点　霞飞路四明里廿四号

出席者　王志莘　杜重远　毕云程　徐伯昕

艾逖生

徐伯昕先生报告：(一)最近出版情形　上海已设中央图书杂志审查机关，店已接到通告，以后所有出版物皆送中宣会图书杂志审查委员会审查。乙、关于出版方面，除文艺书籍照常出版外，最近尚拟出版「世界知识」刊一种，译文月刊一种。(二)本年度邮购摊存情形，(1)委托银行代收购款不必汇费，已接洽者有下列五银行：中国银行、交通银行、上海银行、新华银行、江苏农民银行。(2)凡本埠购买书报，只须电话通知印刷所承印代送書。(三)本埠特約發行所訂約情形：特約發行所已成立者有四〇處，其他重要商埠亦擬增設，有的正在進行接洽中。

店在法租界，郵購門市均感不便，擬遷至四馬路，房屋正在尋洽。新生周刊社與本店亦擬遷在一處，以便办公。

議決 通過

一、關于職員薪金更動問題

議決 全体職員增加，由人事委員會決定之。

主席 畢雲程

第三次理事会议

二十四日下午六时　地点　功德林

出席人　毕云程　王志莘　徐伯昕　杜重远

徐伯昕先生报告社务，报告事项如左：

(一)二十三年上期结帐报告：

二十二年下期纯益（七月到十二月）　3621.14元

十三年上期纯益（一月至六月）　1264.21元　共计4885.35元

十三年下期七月　损　3998.34

二十三年下期八月　盈　1776.69

二十三年下期九月　盈　3020.19

除损净盈1778.54

(二)出版情形

(1)新生(二十三年二月十日创刊) 四万份(每期) 实户约八千

(2)文学(二十二年七月一日创刊) 一万二千份(每期) 实户约八千

(3)世界知识半月刊(二十三年九月十六日创刊) 八千(每期) 实户约八七百[?]

(4)太白半月刊(二十三年九月二十五日创刊) 一万二千(每期) 实户近一千[?]

(5)译文(二十三年九月十六日创刊) 三千二百(每期) 实户约二百

(三)营业状况

(1)门市 较上期增加一倍,每日平均为二三百元

邮购 较上期增加一倍,最多一天有四五百元之汇款

批发 较上期增加十分之三。

增添社员（练习生七人）

营科添二人　(2)进货科一人　(3)批发科一人　(4)编辑部一人　(5)稽核一人

(六)服务生一人

(五)三楼上再加建一层作为宿舍，楼已打好，今天可以造好。

讨论事项：

1.社员大会日期，书记安排处理

一般社员要求继续加股入社问题

新社员问题

新生书店之关系

议决：因杜重远先生未到，候下次再议。

主席　毕云程

第四次理事會議

十月二十四日下午一時　地点　梅園

出席人　畢雲程　杜重遠　王志莘　艾逖生　徐伯昕

列席　胡愈之

乙　論事件　上次未决各件

一、大会日期，議决，俟会計師查帳後擇日開会

(三)(四)合併討論　杜先生主張一切照旧概不更動並表示辭去職务

乙　生活書店職員全體待遇，辭去，按月津貼生活書店房租五

二果議通过。

主席　畢雲程

民國二十四年

第一次理事会议

十一月二日下午七时　地点　功德林

出席人　王志莘　杜重遠（胡愈之代）

鄒韜奮　徐伯昕（嚴長衍代）畢雲程

主席　鄒韜奮

記錄　畢雲程

(一)鄒韜奮先生提议修正章程草案

議决　修正通過交社員大会

(二)鄒韜奮先生提议本店組織大綱編輯部办

事规程　营业部办事规程　总务部办事规程草

案

议决　通过

(三)毕云程先生报告上年度营业决算并盈

利分配案

议决　股息及职工红利併入下届分派之社

大会

(四)毕云程先生提出本年度营业预算

议决　通过交社员大会

(五)毕云程先生提议定于十一月九日举行年

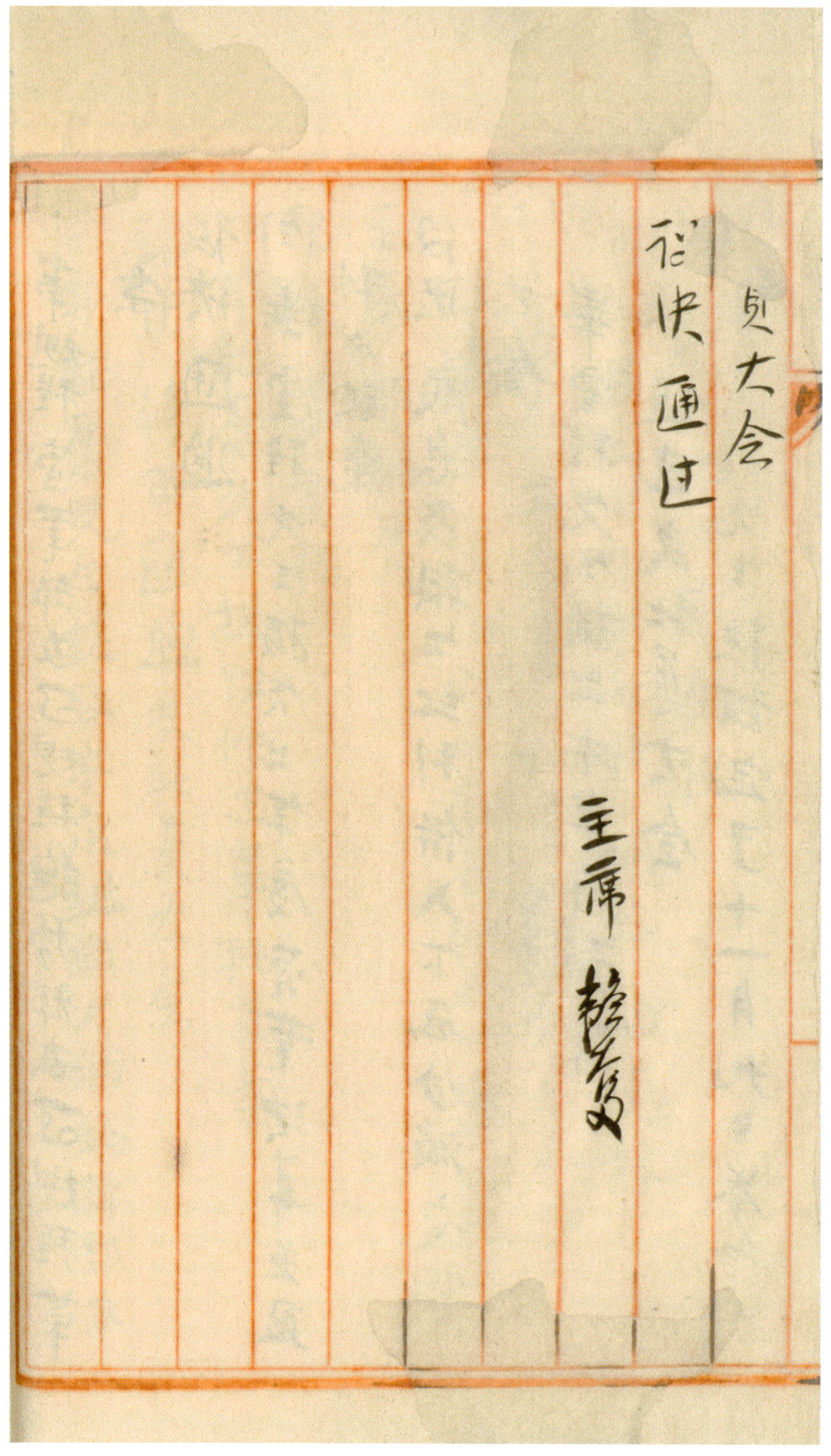

员大会
议决通过

主席 韬奋

生活出版合作社

第二届理事会会议记录

第二届理事会

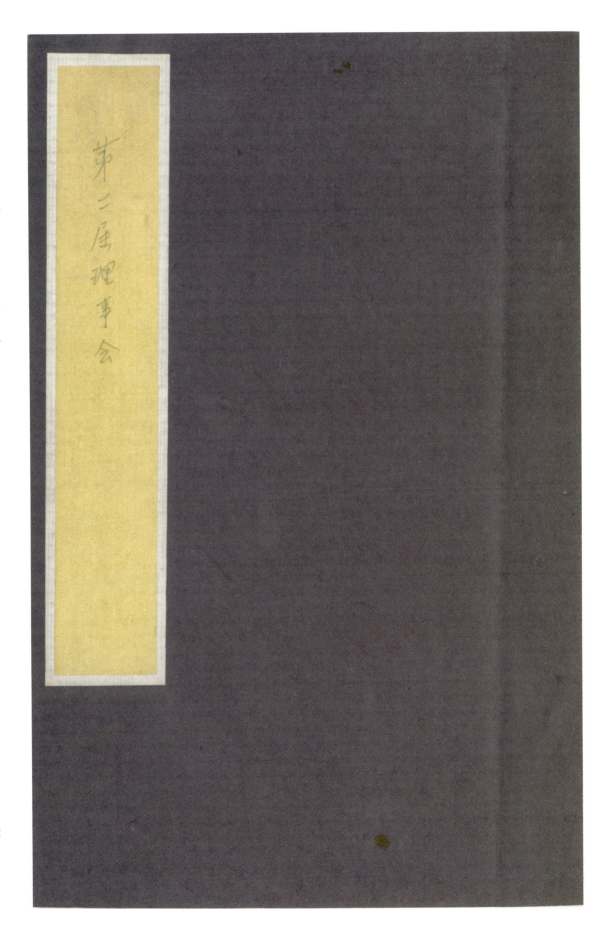

生活出版合作社第二屆理事第一次常会紀錄

開会日期　二十四年十一月十九日下午七時

開会地址　上海福州路梅園

出席理事　王志華　鄒韜奮　張仲實　杜重遠（胡愈之代）

徐伯昕（嚴長衍代）王永德　畢雲程

主席　鄒韜奮

紀錄　畢雲程

討論事件

（一）通過本会办事規則案

決議関於開会程序職权問題秘书問題各要点交秘书整理

（二）選舉常務理事總經理及經理案
鄒韜奮先生得六票当選常務理事
畢雲程先生得六票当選總經理月薪弍百陆拾元正
徐伯昕先生得六票当選經理月薪弍百元正
（三）規定本会常会日期案
議決每月第二星期三為本会常会期
（四）推舉本会秘书案
公推畢雲程兼任本会秘书
散会

主席 鄒韬奋

生活書店稿紙

20×25

第二屆理事會第二次常會記錄

開會日期 二十五年一月十三日

開會地點 本社經理室

出席人

主席

記錄

報告事件

(一)上月付給鄒韜奮先生暫借之一千元係鄒先生另有正用並非畢雲程借用特、報告存案以免引起誤會

（一）一月十一日晚上本社新年茶话会陈锡麟杜国钧等提出各项问题非总经理所能解决特请求理事会提出讨论

讨论事件

（1）文学月刊编辑费陈锡麟君提议减少案

议决

（二）文学书籍如小型文库及文学社丛书陈锡麟杜国钧二君提议停止收稿编辑及印行应如何办理案

议决

（三）作家已经缴稿后商请预支稿费或版税杜国钧君提议一律停止预支案

生活书店稿纸

20×25

议决

（四）世界文库编辑费孙夢旦君提议停止预支案

议决

（五）从前买进稿子如国际政治传记等特约编译稿如郑肯自传等久久延搁应由何人负责案

议决

（六）从前买进稿子如无线电集锦久久尚未印发应由何人负责案

议决

（七）文学月刊六卷出书后陈锡麟君提议应否停刊案

议决

（八）本社对于文学社、文学出版社及本社文艺编辑傅东华先生三种之关系应如何解决案

议决

（九）本社商书馆筹备委员会报告案（计画·审查）

议决

（十）本社业务发展及职员增加甚速应如何统盘筹画整理组织案

议决

（十一）本社职员一月份增加薪水数额应如何规定案

议决

生活书店稿纸

20×25

生活出版合作社第二屆理事會第三次臨時會紀錄

開會日期 二十五年七月二十日下午八時

開會地点 虹橋療養院

出席理事 鄒韜奮 杜重遠 張仲實 徐伯昕

主席 鄒韜奮

紀錄 徐伯昕

討論事件

(一)常務理事報告收到社员李伯彭等二十二人提議召開臨時社员大會，討論人事委員會關于練習生張季良君停止試用事，同時在本案收到，又據得社员、 、江等七人

口[illegible]名召開臨時社員大[illegible]以原因不[illegible]廢是否

有當，應請公決案。

議決　社員二十二人簽名，除自動聲明退出七人外，實際提議人僅十五人，不足社章所規定之法定人數，召開臨時社員大會案，應作罷論。並照下列通告公佈之。

接社員李伯彭等二十二人來函，提議召集臨時社員大會，討論人事委員會關於陳習之、孫秀良君停止試用之議決案一事；旋據社員陳文江等七人來函聲明在前函之簽名作廢，故實際提議人僅十五人，不合社章所規定之法定人數，未便經理事會議決，召集臨時社員大會應作

生活書店

20×25

罷論。人事委員會關于練習生張季良君停止試用之議決案，仍依法有效。

（二）常務理事提議對本社全人之待遇，向來根據營業狀況釐訂標準，本屆加薪標準，因營業較遜，故酌量減低。惟對于薪金較低者，因生活程度日高，似應分別酌增；同時關于宿費津貼一事，以房租頗昂，維持不易，原分爲三、四、五元三種房貼，似應增加爲四、五、六元三種。應否向人事委員會建議案。

議決　應照上項辦法向人事委員會建議。

（三）常務理事提議，應否定期舉行茶話会案。

……二十二日下午七……假八仙橋……二年子茶話

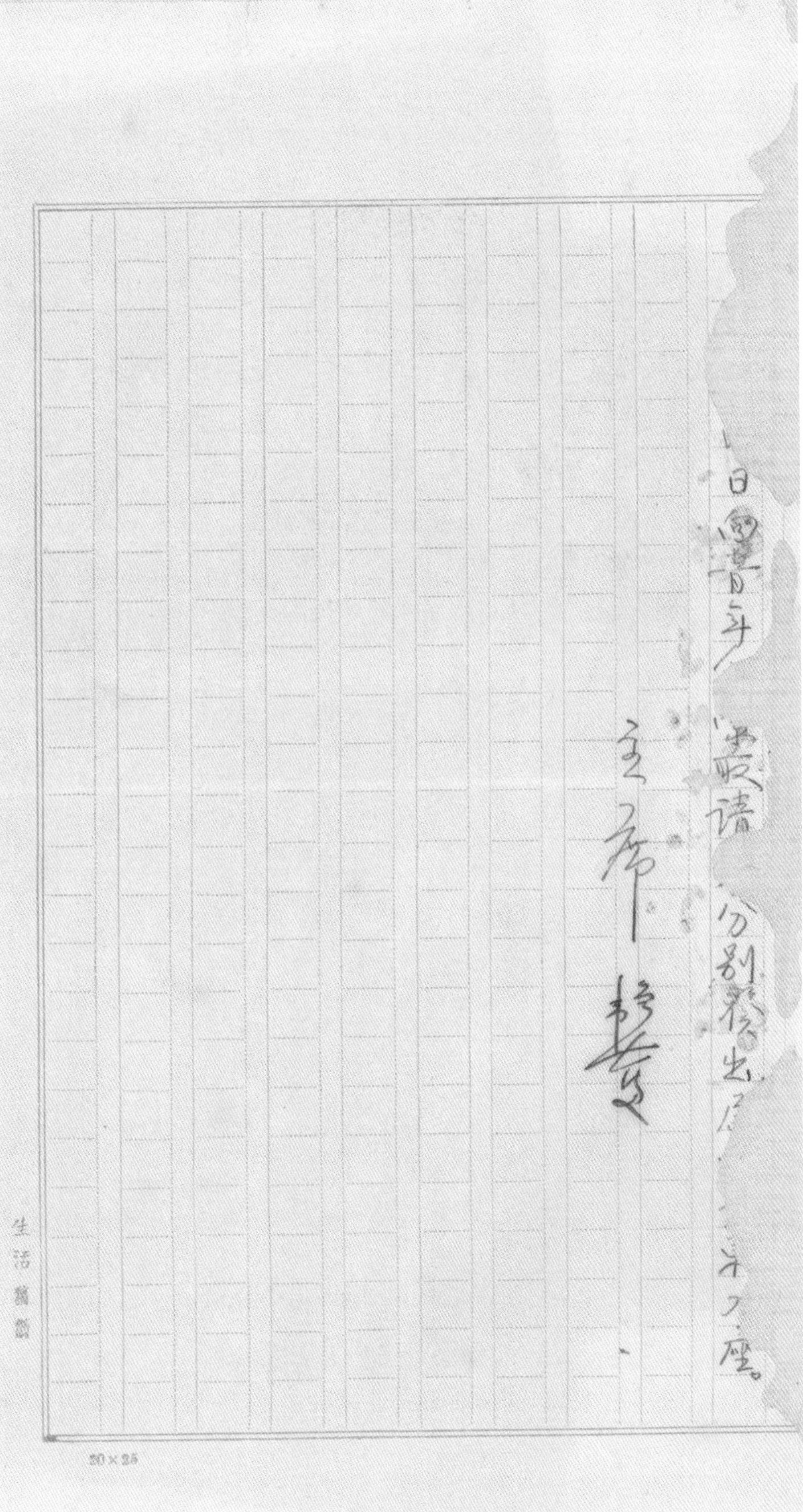

日……青年……邀请……分别……出……座。

主席

第二屆理事會第六次會議紀錄

日期　二十五年七月廿六日

地點　虹橋療養院

出席人　杜重遠　鄒韜奮　張仲實　徐伯昕

主席　鄒韜奮

紀錄　徐伯昕

討論事項

一、生活日報社墊款案

議決　生活日報社墊款第一次式萬元已陸續匯出應由本會追認最近又有需要再墊四千元應照撥

二、香港設立分店及指定負責人案

議決　香港分店由畢雲程先生負責籌劃設立並請畢雲程先生任香港分店經理

三、本店總經理畢雲程先生因改任香港分店經理本店薪水應如何支付案

議決　畢雲程先生薪水自六月份起改支一百二十元由分店支付

四、漢口特約營業所因積欠帳款過多已由嚴長衍先生等往接收改爲分店同時派定嚴長衍先生等往主持應請本會追認案

生活書店

20×25

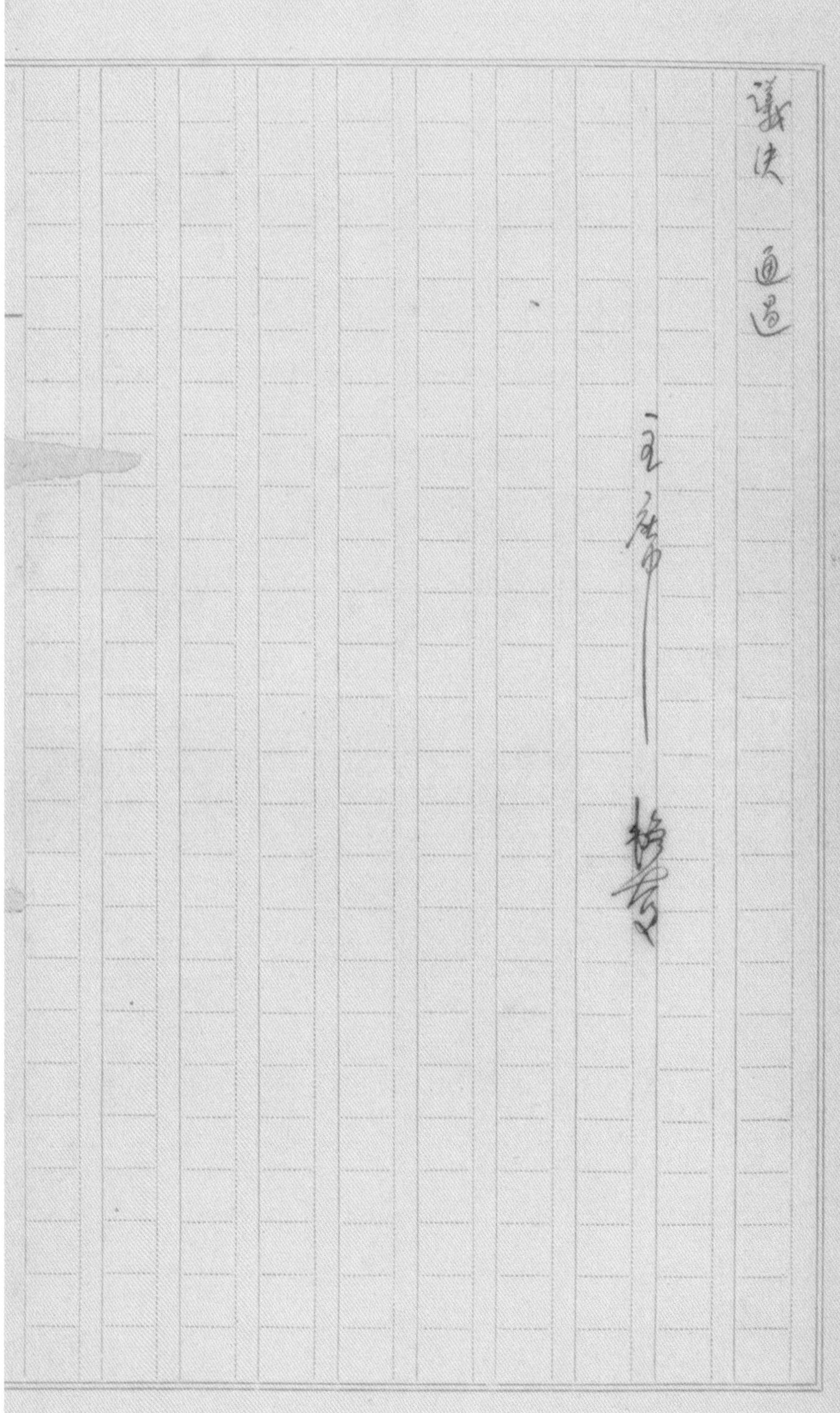
議決 通過

主席 韜奮

生活出版合作社

人事委员会会议记录

人事委員會會議錄

生活出版合作社

第一次會議

廿二年七月十二日上午八時半　地點　亞尔培坊15号

出席者　畢雲程　鄒韜奮　艾逖生

一、鄒韜奮先生提議本社書報代辦部主任胡愈之先生以編輯時事問題叢刊等工作加重應否酌增月薪案

議决　自本月份起改支貳百圓

主席　畢雲程

第二次會議

卅二年八月廿日下午六時　地點　紗布交易所三樓

到席者　畢雲程　艾逖生　徐伯昕

一、「文學」月刊銷數已超過一萬二千冊照今同類增加編輯費需予自動提出要求

議決　每月增加九十元連前共每月支二百元

二、九月份起升副編行文學叢書擬請傅東華先生担任主編要求

議決　請傅東華先生正式加入本社為社員担任編輯兼校閱文學叢書等工作月支薪一

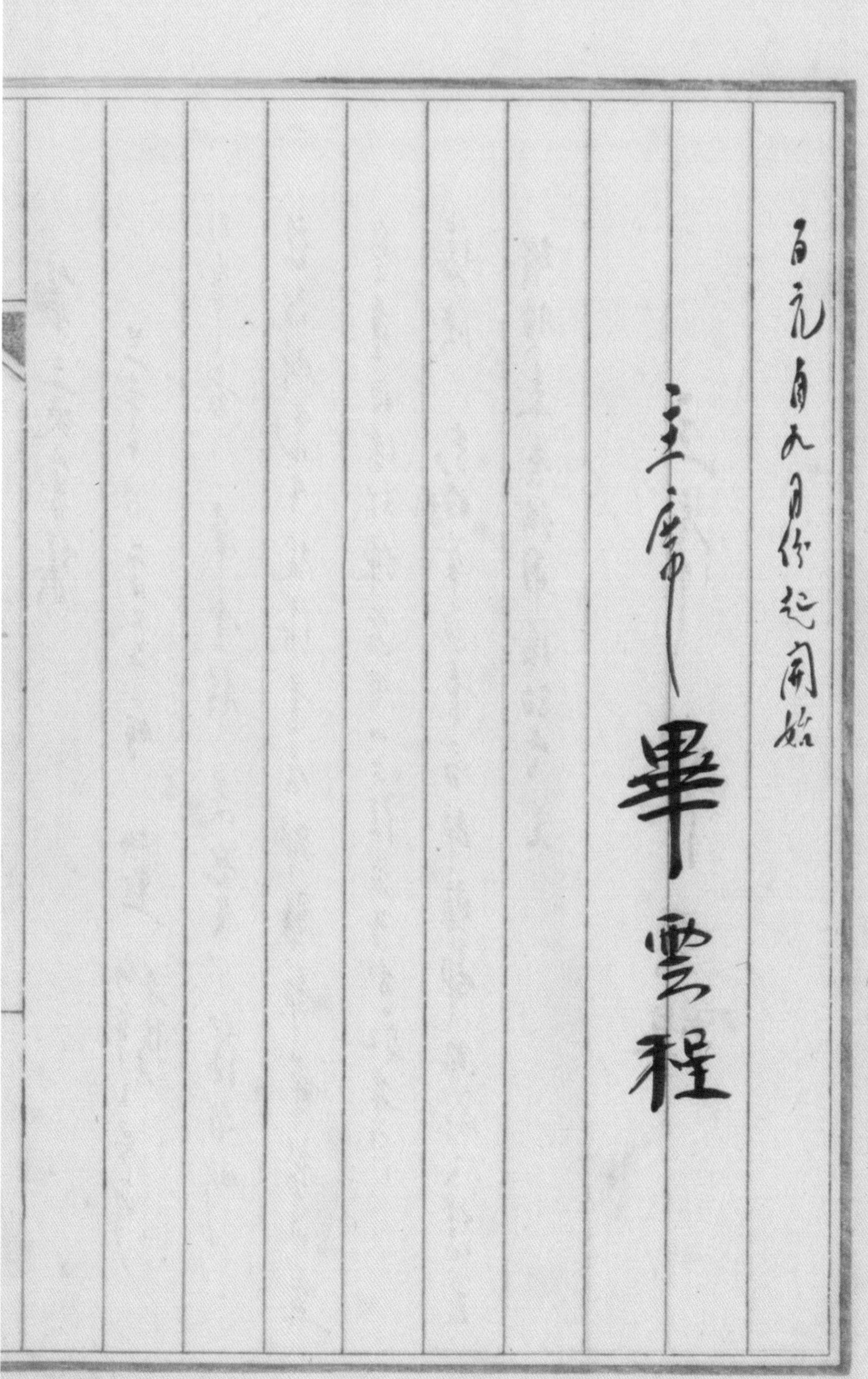

自元月九月份起開始

主席　畢雲程

第三次會議

廿一年十月二日下午二時　地點　[illegible]所　另樓

列席者　畢雲程　艾逖生　徐伯昕

一、徐伯昕先生提議書店部、雜誌部業務日益繁重，須添招練習生一二位，方可分配妥當。

議決　先招華通書局部雜誌部服務之徐君耀楨人來店試用，後酌定之。

主席　畢雲程

上海天生祥西號製

生活出版合作社

人事委员会会议记录（第二册）

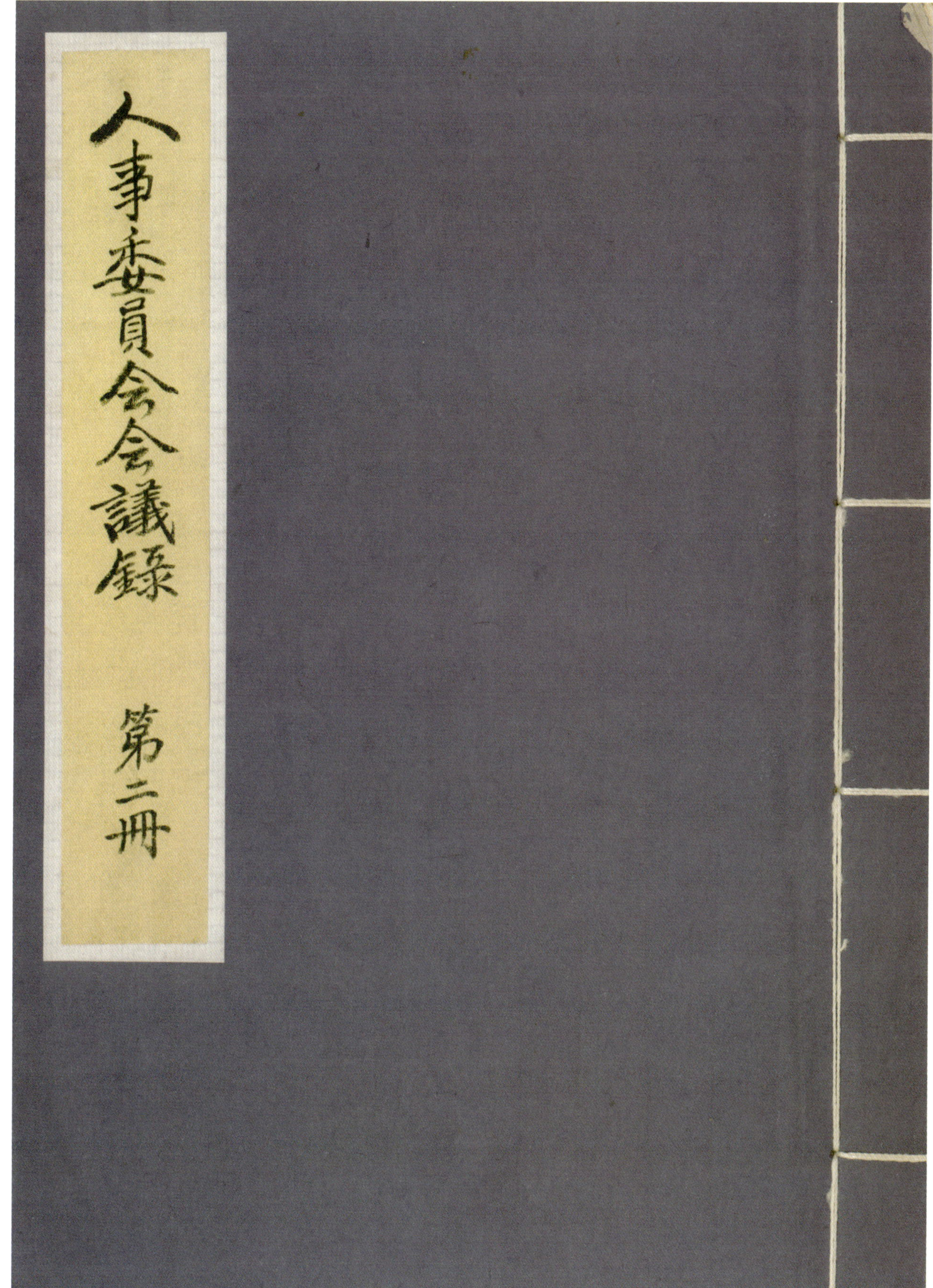
人事委員会会議録
第二冊

生活出版合作社人事委員會開會記錄第二冊

開會日期　二十四年八月三十日上午九時

開會地址　本社會客室

出席者　鄒韜奮　畢雲程　嚴〻〻

陳錫麟　孫明心

列　孫夢旦

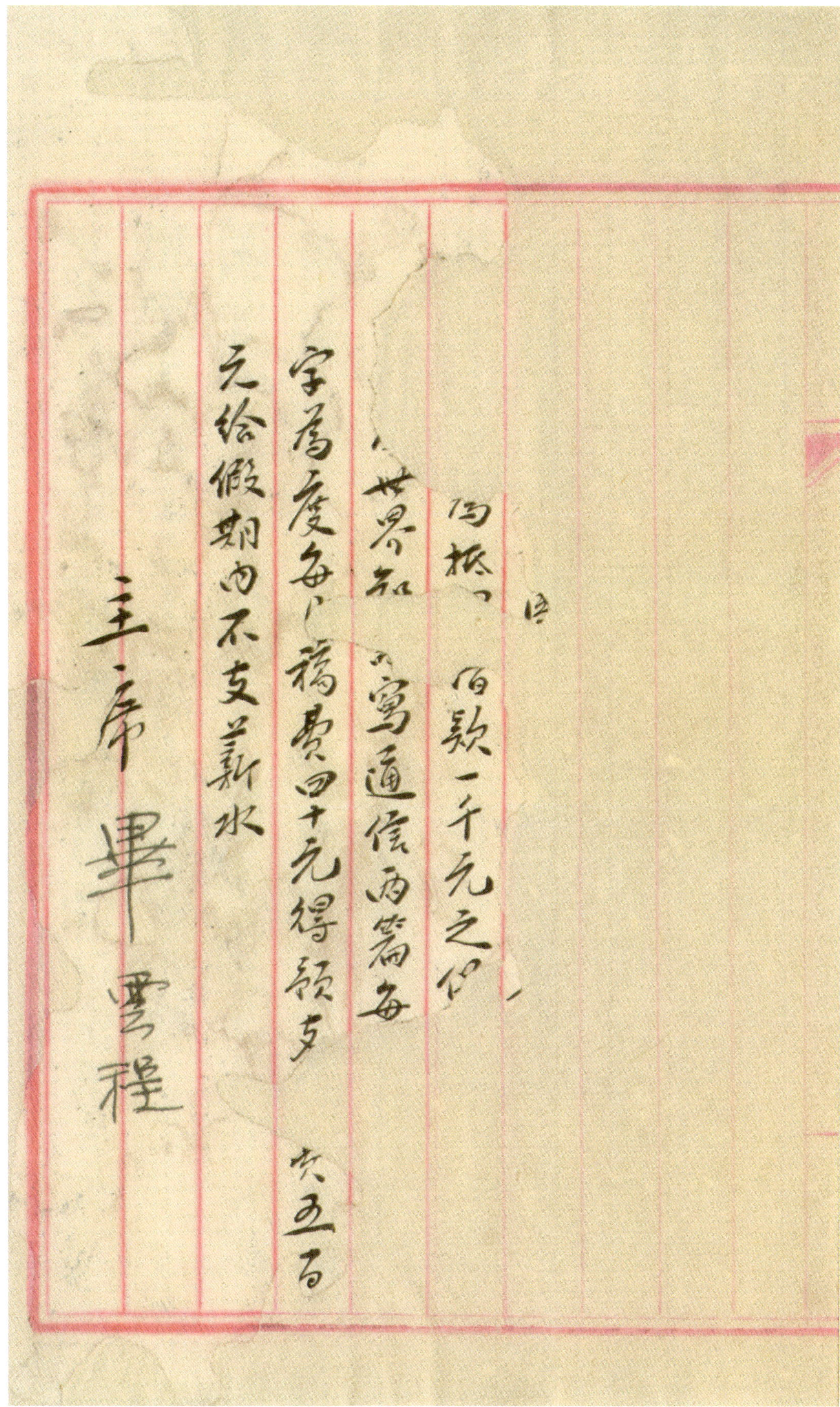

[illegible]日
向抵[illegible]佰款一千元之[illegible]
[illegible]世界知[illegible]寫通信兩篇每
字為度每[illegible]稿費四十元得預支　六五百
元給假期內不支薪水

主席　畢雲程

開會日期　二十四年　三十一日下午二時

開會地址　本社會客室

出席者　鄒韜奮　畢雲程　嚴長衍　孫明心

列席者　孫夢旦　張錫榮　丁君匋　邵公文

薛迪暢

二　畢雲程　記錄

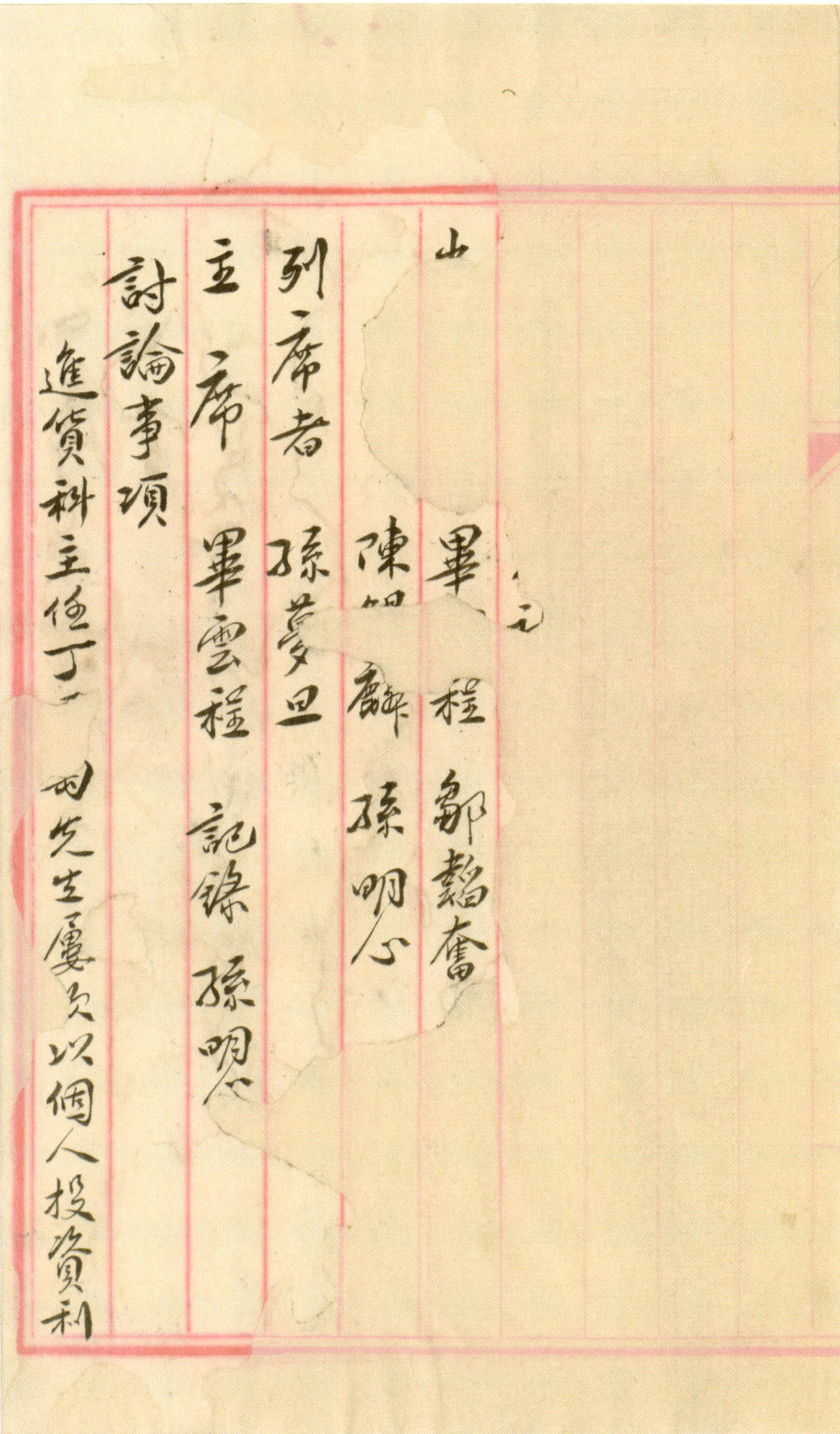
山

畢[illegible]程　鄒韜奮

陳[illegible]麟　孫明心

列席者　孫夢旦

主席　畢雲程　記錄　孫明心

討論事項

進貨科主任丁[illegible]　　君先生屢次以個人投資利

用本社名義經營，以本社同仁性質之業務

此次與鄒先生談話時自承過失並有表示

解雇之意本會對此應如何處置案

議決　丁君匋先生對于本社過去情形不

[illegible]績但決[illegible]利用職務上地位

[illegible]樣此[illegible]務寔有立即解

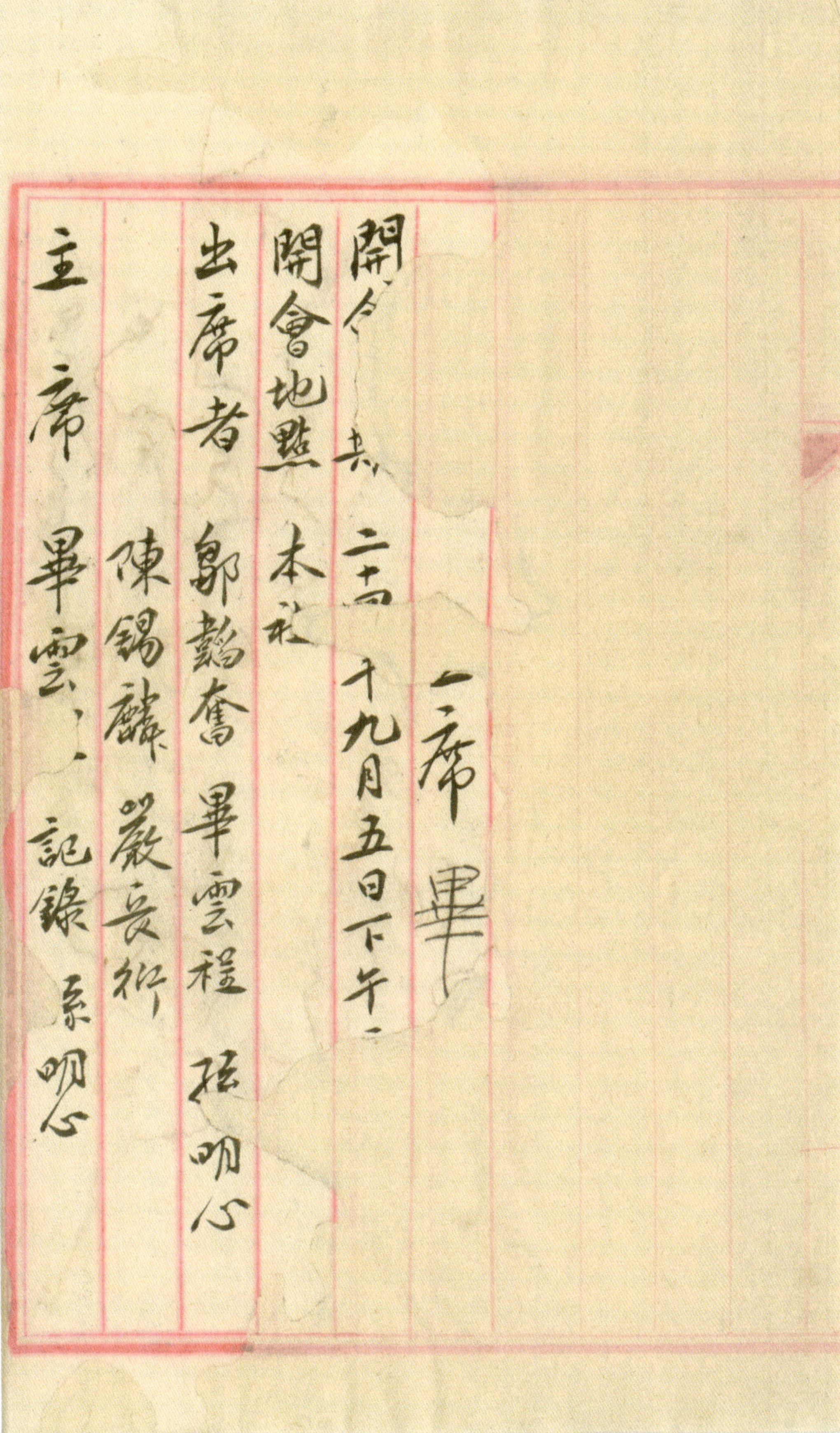

開[illegible]期　二十[illegible]十九月五日下午二[illegible]

[illegible]席　畢[illegible]

開會地點　本社

出席者　鄒韜奮　畢雲程　孫明心

　　　　陳錫麟　嚴長衍

主席　畢雲程　記錄　孫明心

討論事項

鄒韜奮先生提議徐伯昕先生為本社服務十年因為操勞過甚以致損害健康，今先生在本社營業方面艱苦創業勞績，而似應予以優待，爲提議在徐先生以給而醫藥費除之

任

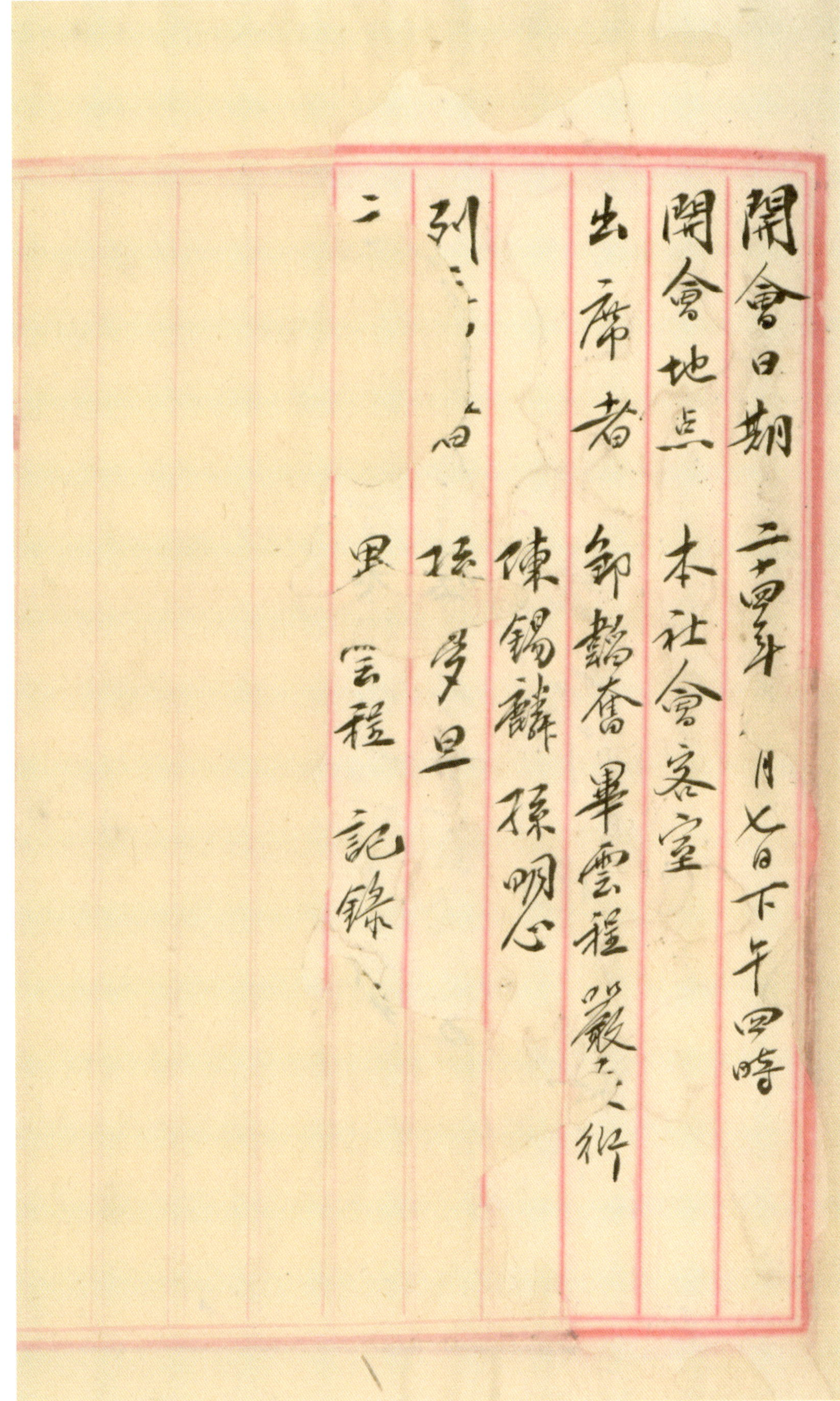

開會日期　二十四年　月七日下午四時

開會地點　本社會客室

出席者　鄒韜奮　畢雲程　嚴長衍

　　　　陳錫麟　孫明心

列　　席　孫夢旦

二　　　　畢雲程　記錄

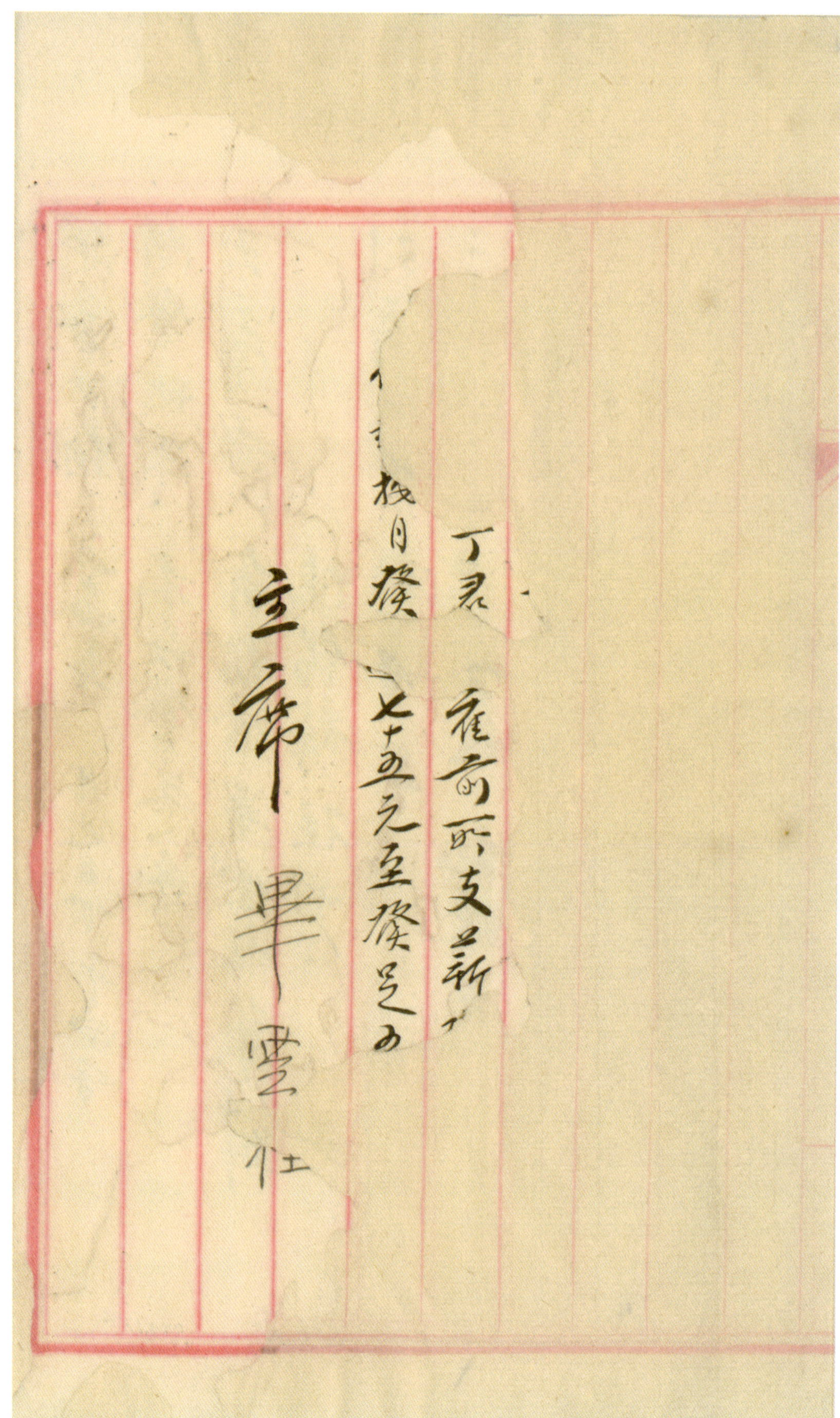
丁君准前所支薪水
仍由按月發七十五元至發足為止
主席　畢雲程

開會日期　二十四年九月十二日下午二時

開會地址　本社會客室

出席者　鄒韜奮　畢雲程　嚴長衍

陳錫麟　孫明心

列席　孫夢旦

主席　畢雲程　記錄　孫

金乃　趙培德李伯吉

[illegible]薪各二元

殷益文王昆元徐啟運從九月份起月薪各

加二元

余守仁從九月份起月薪加一元

(二)鄒韜奮先生提議擬股份一部份償還書店

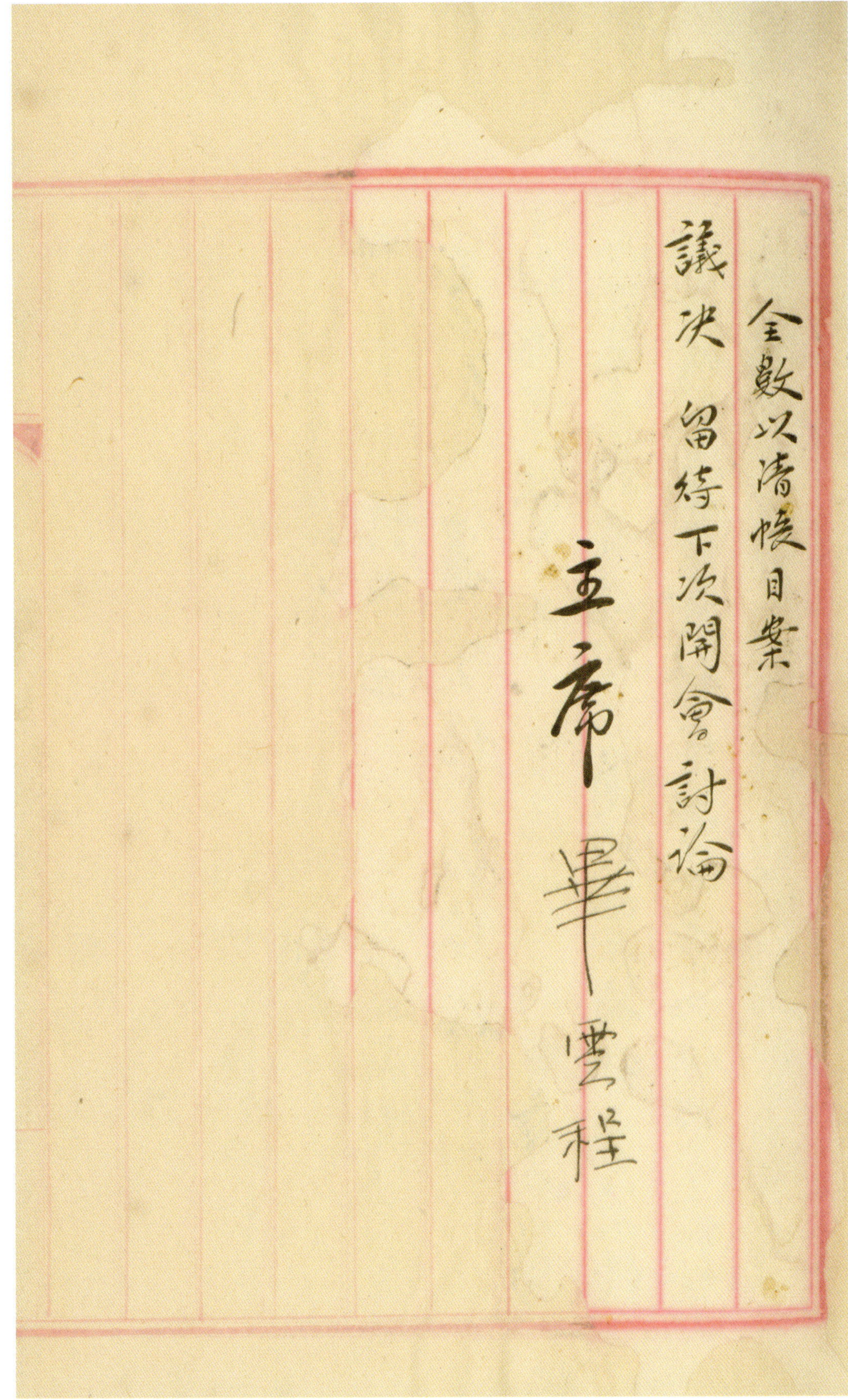

全數以清帳目案

議決　留待下次開會討論

主席　畢雲程

列[illegible] 杜若旦

主席 畢雲程 記錄 孫

討論事項

(一)本店招考練習生用筆試者計二十八人經

考試委員會評定成績應如何決定取捨

案

議決 錄取趙曉恩、孫鶴年、殷勵春三人通知自十月一日起到店試用

(二)上次會議朱贊春先生提出願撥還股款一部份償還舊欠全數以清帳目應如何決

議:

辭

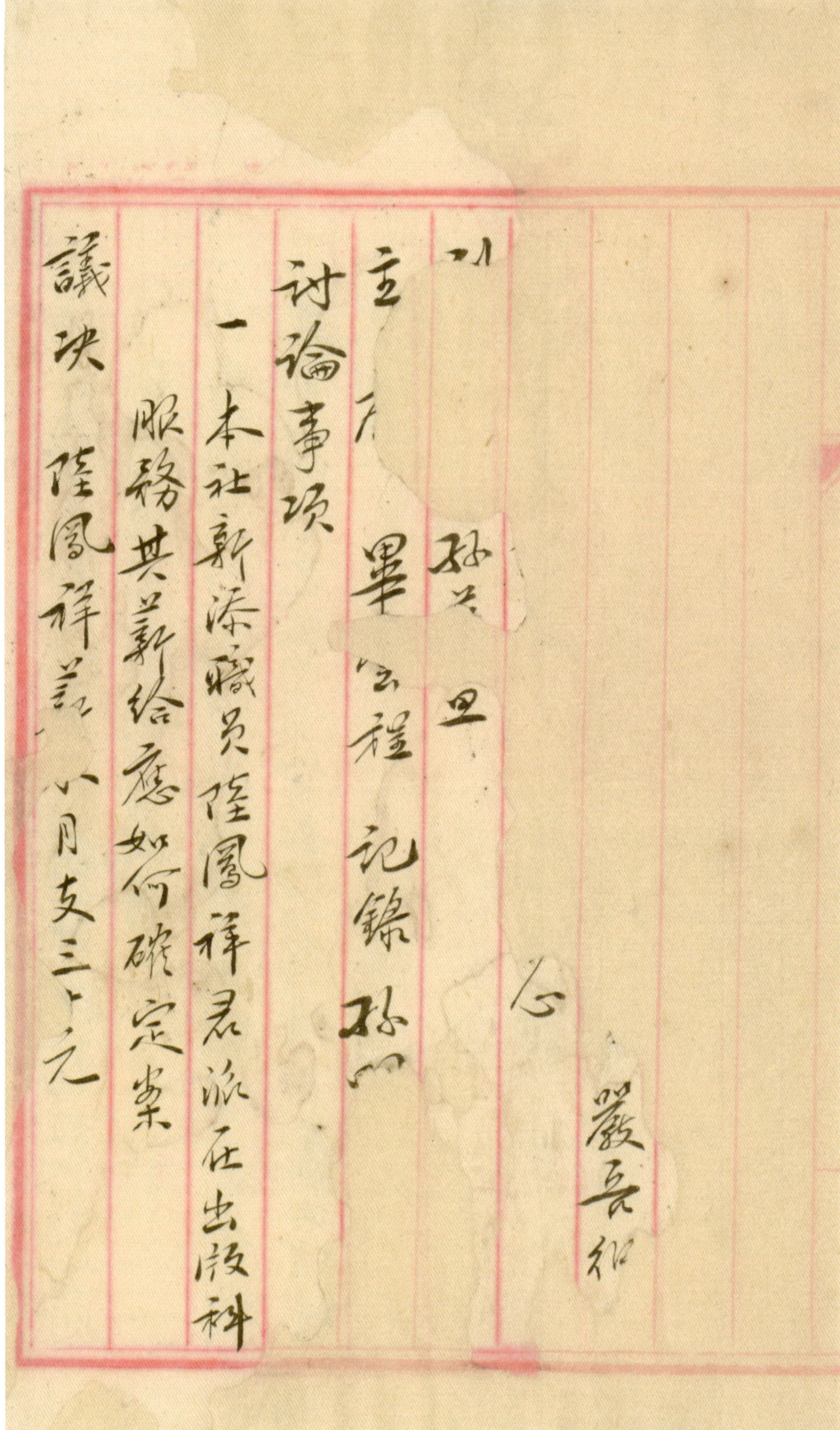

嚴長衎

列席　孫夢旦　心

主席　畢雲程　記錄　孫明心

討論事項

一本社新添職員陸鳳祥君派在出版科服務其薪給應如何確定案

議決　陸鳳祥薪水八月支三十元

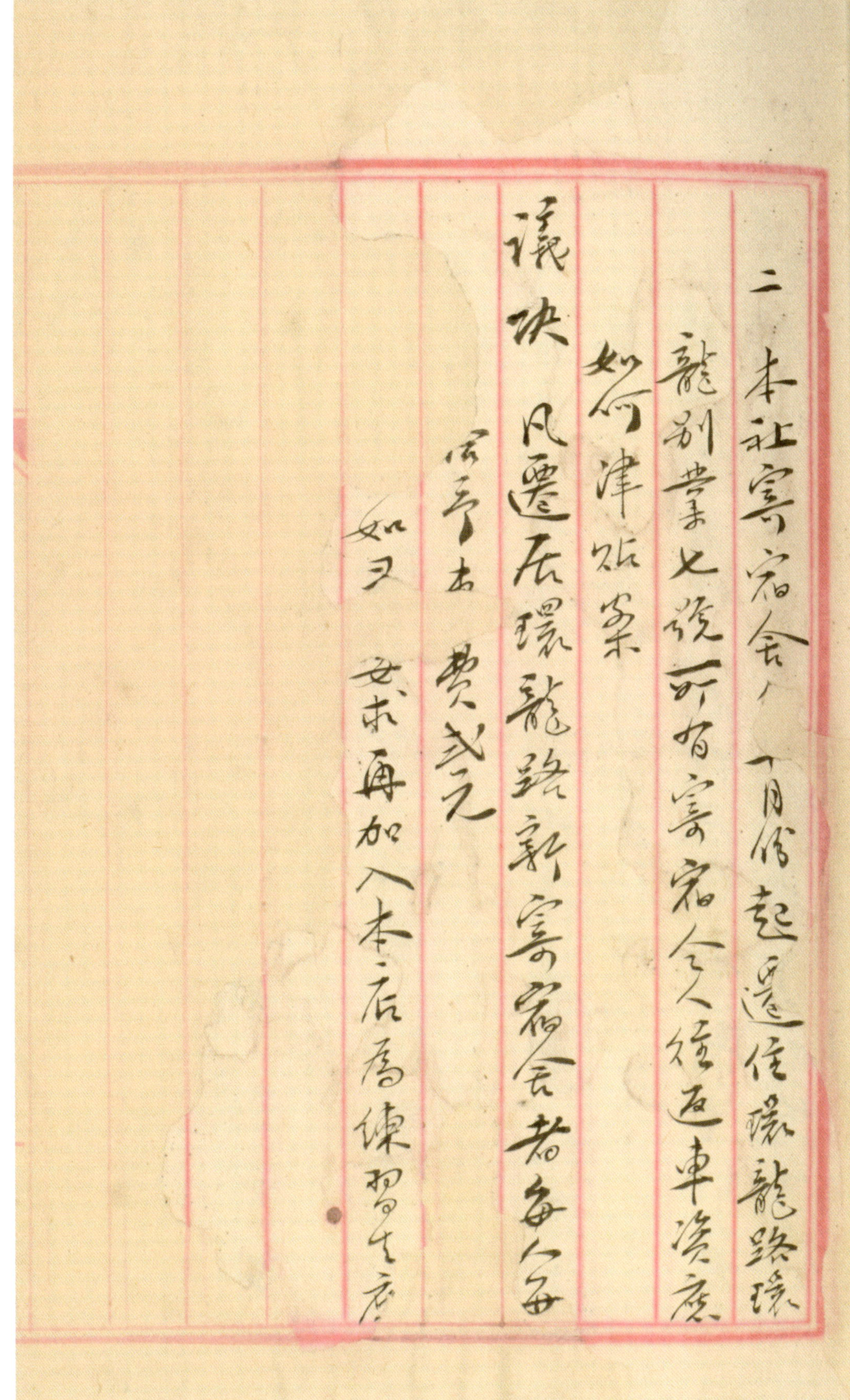

二、本社宿舍八月份起遷住環龍路環龍別業七號，所有宿舍人須交車資，應如何津貼案

議決：凡遷居環龍路新宿舍者，每人每月給予車費弍元。

如有要求再加入本店為練習生店

鄒韜奮　記錄　孫明心

代　陳錫麟

二　討論事項

本店因業務日繁擬請畢雲程先生辭去豫豐紗廠兼職俾得集中全力擔任本店代理經理及總務部主任案

議決　自本月十日起請畢雲程先生擔

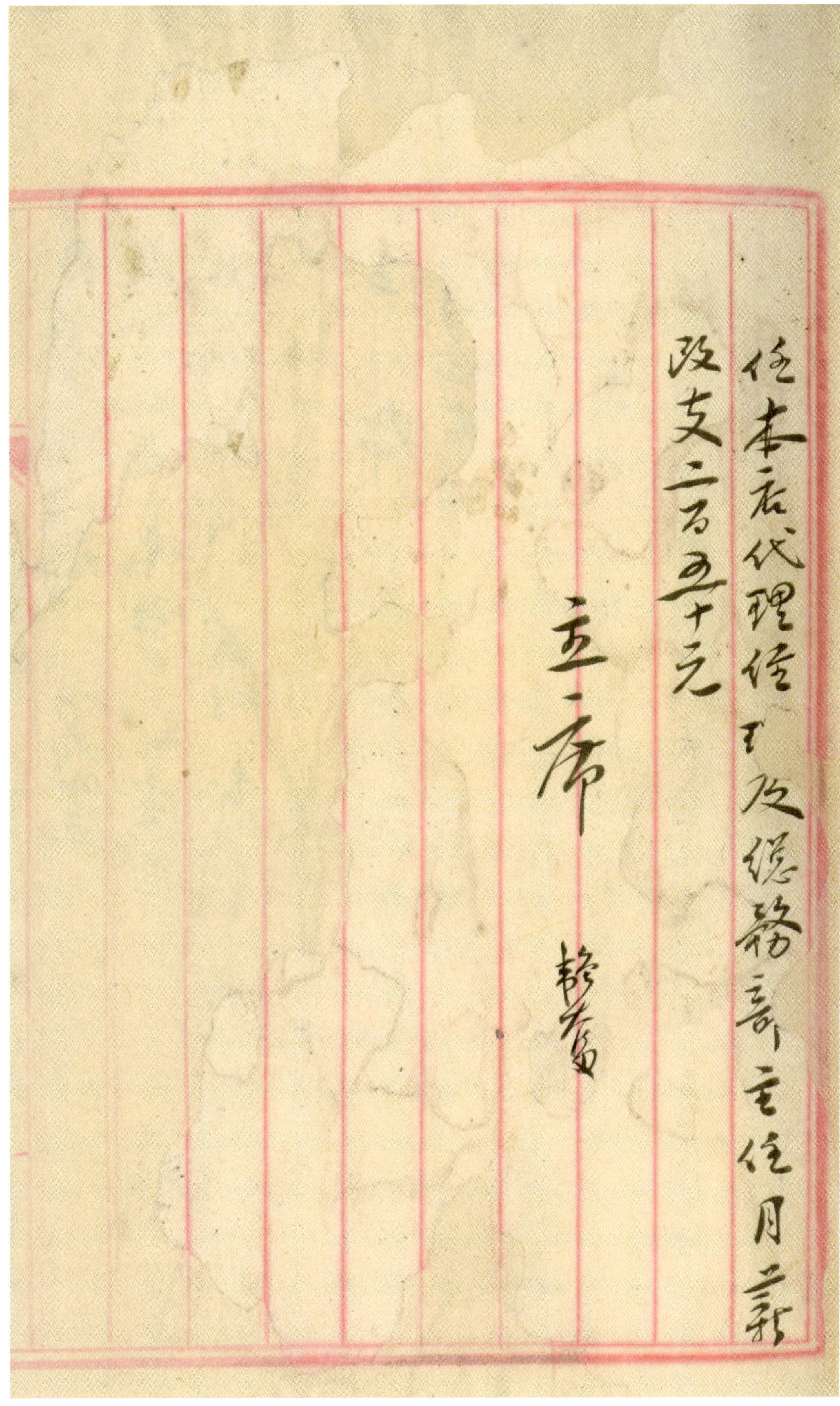
任本店代理经理及总务部主任月薪改支二百五十元

主席
韬奋

開會日期 二六 月十五

開會地點 本社辦公室

出席者 、公程 鄒 嚴長衍

主席 畢 程 記錄 孫明心

討論事項

本社同人不住在本社供給之宿舍者往返車資應否亦由本社給予津貼案

議決

凡本社同人除留住福州路宿舍外其餘無論自理住宿、寄住本社亞龍路宿舍

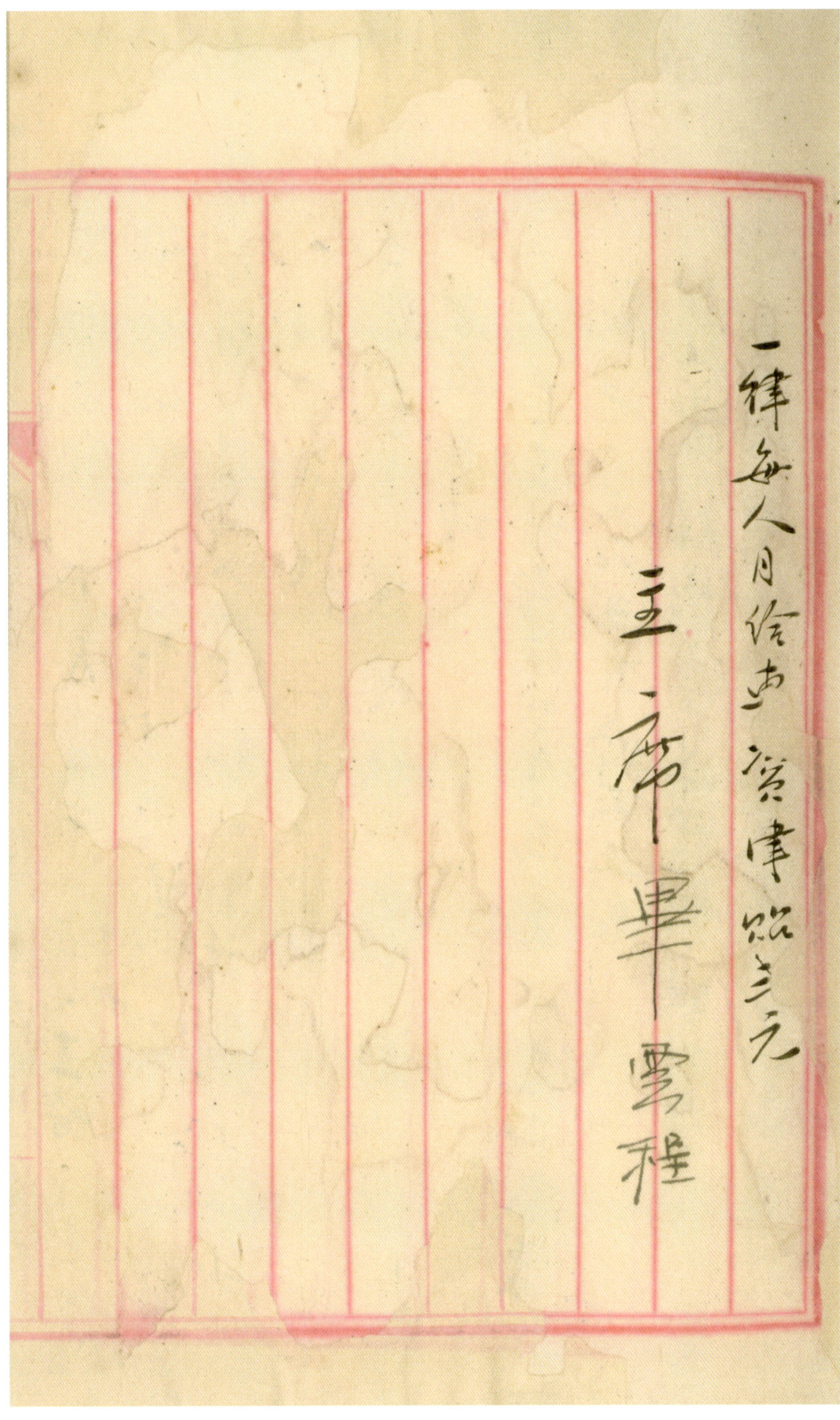

一律每人月給書資津貼三元

主席　畢雲程

開會日期　二〃年十月二十〃　十一時
開會地點　本〃會客〃
出席者　〃〃雲程　鄒韜奮　嚴長衍
〃　〃　明心
主席　畢雲程　記錄　孫明心
討論事項
本店招考練習生應如何決定取捨案
議決　正取五名備取五名
（一）正取　程樹章　江鍾淵　楊振聲
周幼瑞　余逸舟

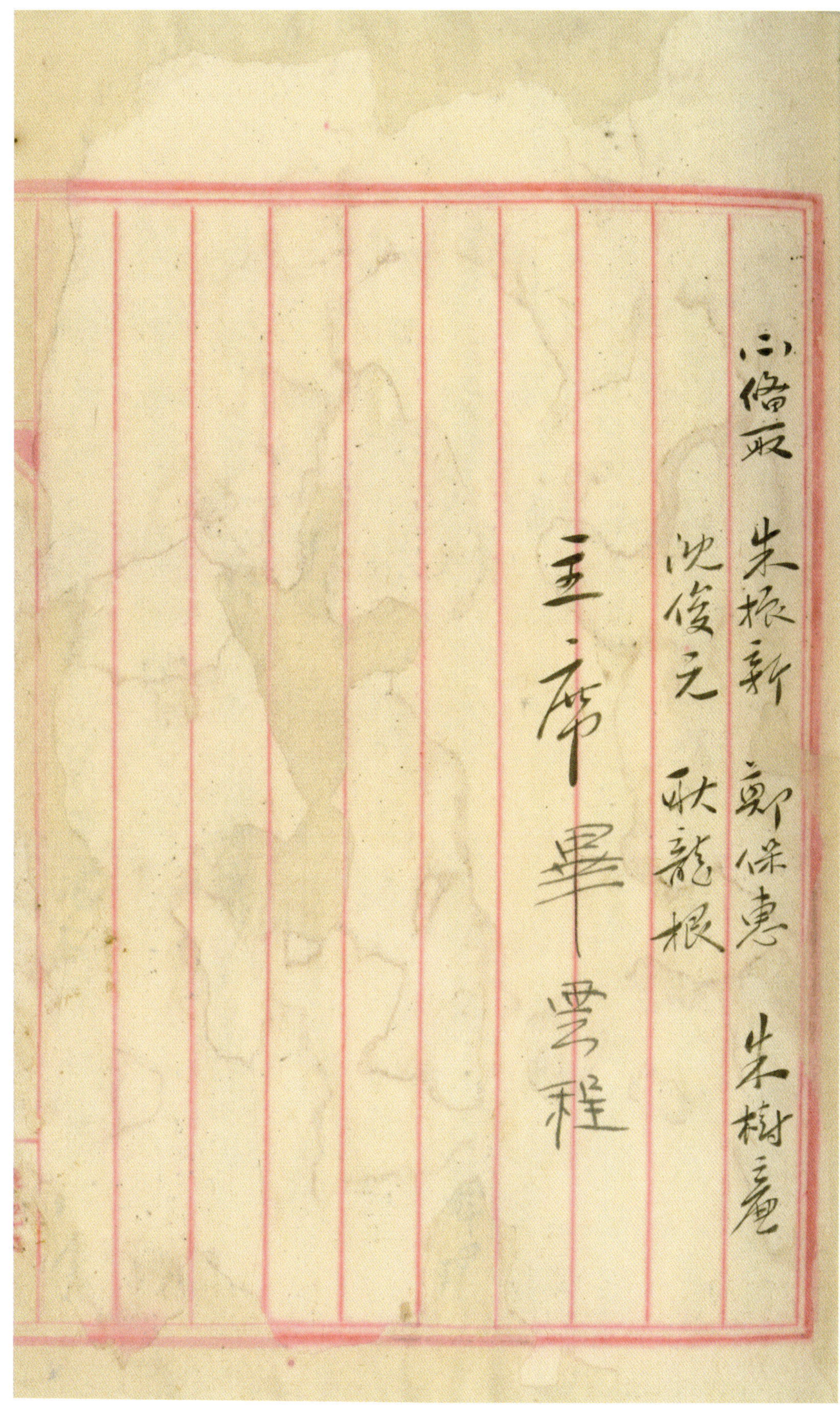
二、僧藏　朱振新　郑保惠　朱树庵
沈俊元　耿龙根
主席　毕云程

開會日期　二十四年十月十三日下午三時

開會地點　本社经理室

出席者　鄒韬奋　嚴長衍　陳錫麟

畢

列席者　孫夢旦

主席　鄒韬奋　記錄　畢雲程

討論事項

（一）徐伯昕孫夢旦嚴長衍三位先生書面請求

退還股款一部份以抵還舊欠案

議决　二十四年九月二十日　議决鄒韬奋先生願撥股

款一部份償還舊欠數一案撤消本社章程草案規定每一社員股份最高額擬改為二百股由鄒韜奮畢雲程二人負責向社員大會提出所有徐孫嚴三位書面請求除嚴君自動撤消外徐孫二位應照社員大會議決案辦理

（二）本社職員元逕來辦事得力社工呂桐林董文椿擬酌增薪工案

議決 自本月份起陳元加薪弍元呂桐林加資弍元董文椿加工資一元

（三）本社合作社員黃寶洵鄒順齡王瑞金

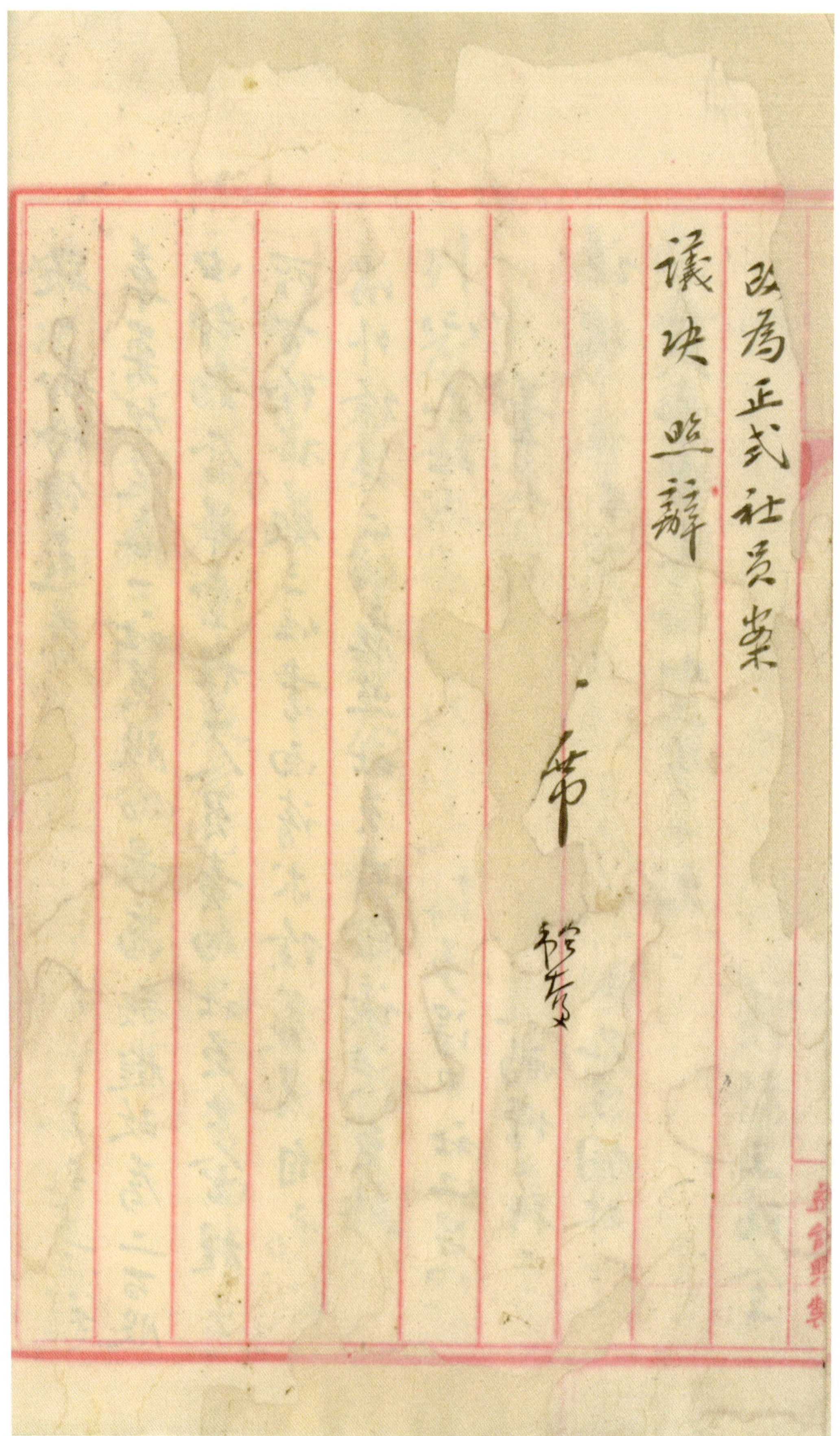
改為正式社員案
議決照辦

常 韜奮

開會日期　二十四年十一月十八日上午十一時

開會地点　本社經理室

出席者　鄒韜奋　畢雲程　嚴長衍

孙明心

主　席　鄒韜奋　記錄　孙明心

討論事項

為大众生活[illegible]擬添一練習生案

議決　賁寶均社員介紹之賁洪年經考試

後准予試用六個月期內双方均可隨時提出

解約

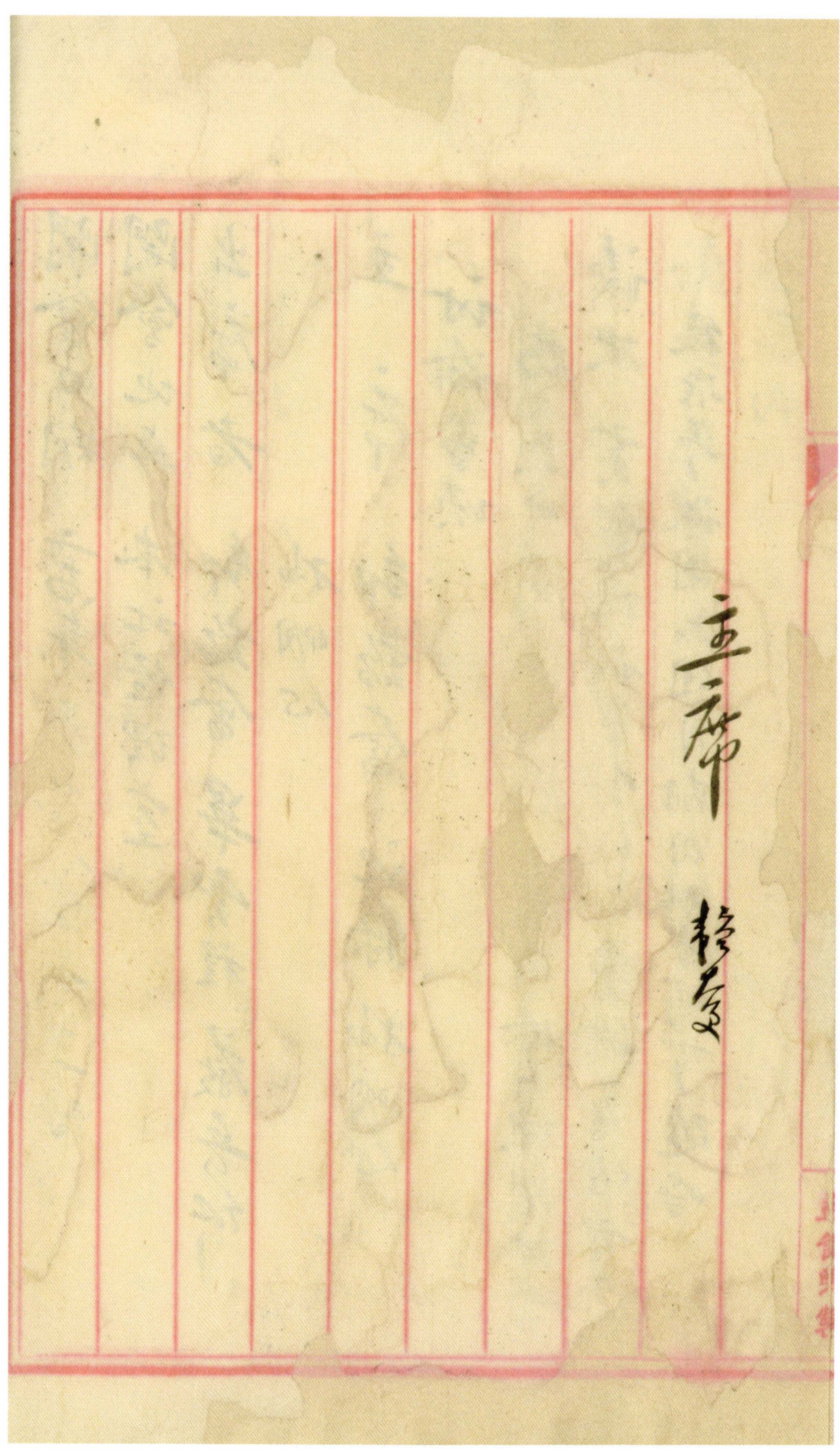
主席　韬奋

生活出版合作社第三十八次人事委员第一次常会纪录

开会日期 二十四年十一月二十日下午七时

开会地址 本社经理室

出席者 邹韬奋 徐伯昕（严长衍代）毕云程

孙梦旦 陈锡麟 杨明心 邹颂龄

主席 邹韬奋

记录 毕云程

报告事项

邹韬奋先生报告第二届理事第一次常会

选举邹韬奋为常务理事，毕云程为总经理

徐伯昕為經理照章程均為當然人事委員

討論事項

(一)推舉人事委員會主席及書記案

公舉畢雲程先生為人事委員會主席孫明心先生為書記

(二)推舉起草委員起草本會辦事細則及整理服務規程案

公舉畢雲程孫明心為起草委員

(三)決定鄒韜奮先生薪水案

議決鄒先生專任，從生活編輯仍支原薪

稿費照付

(四)添派職員案

議決下列二人准予試用三個月在期內雙方均可隨時解約

胡伯懇職員月薪四十元正

許長馥職員月薪三十元正

原擬添練習生三人派委 社服務現因兩種日記係短期工作不必另添議決由出版科派汪鍾機務科派杜鶴年推廣科派趙曉恩到長編科幫忙

五）社員社費未滿六十個月者應如何補足案

議決凡未繳足社費滿六十個月者從廿五年一月份起照扣

六）人事委員工作應如何分配案

議決由委員會推陳錫麟、邵順齡二人主持組織並草擬規則提出下次人事委員會

請假及考勤事項推孫明心、徐伯昕二人主持辦理並草擬請假規則提出下次人事委員會

增加工薪水標準推孫夢旦、陳錫麟、邵順齡三人徵求各社員意見，草擬辦法提出下次人事

委員會

(七) 規定本會常會日期案

議決每月二次第一星期四及第三星期四各一次

(八) 組織讀書會案

公推鄒順齡張仲實王永德周積涵張梓玉五人起草辦法提出下次人事委員會由鄒順齡召集

(九) 改用新簽到簿定十一月二十二日開始實行由主席通告

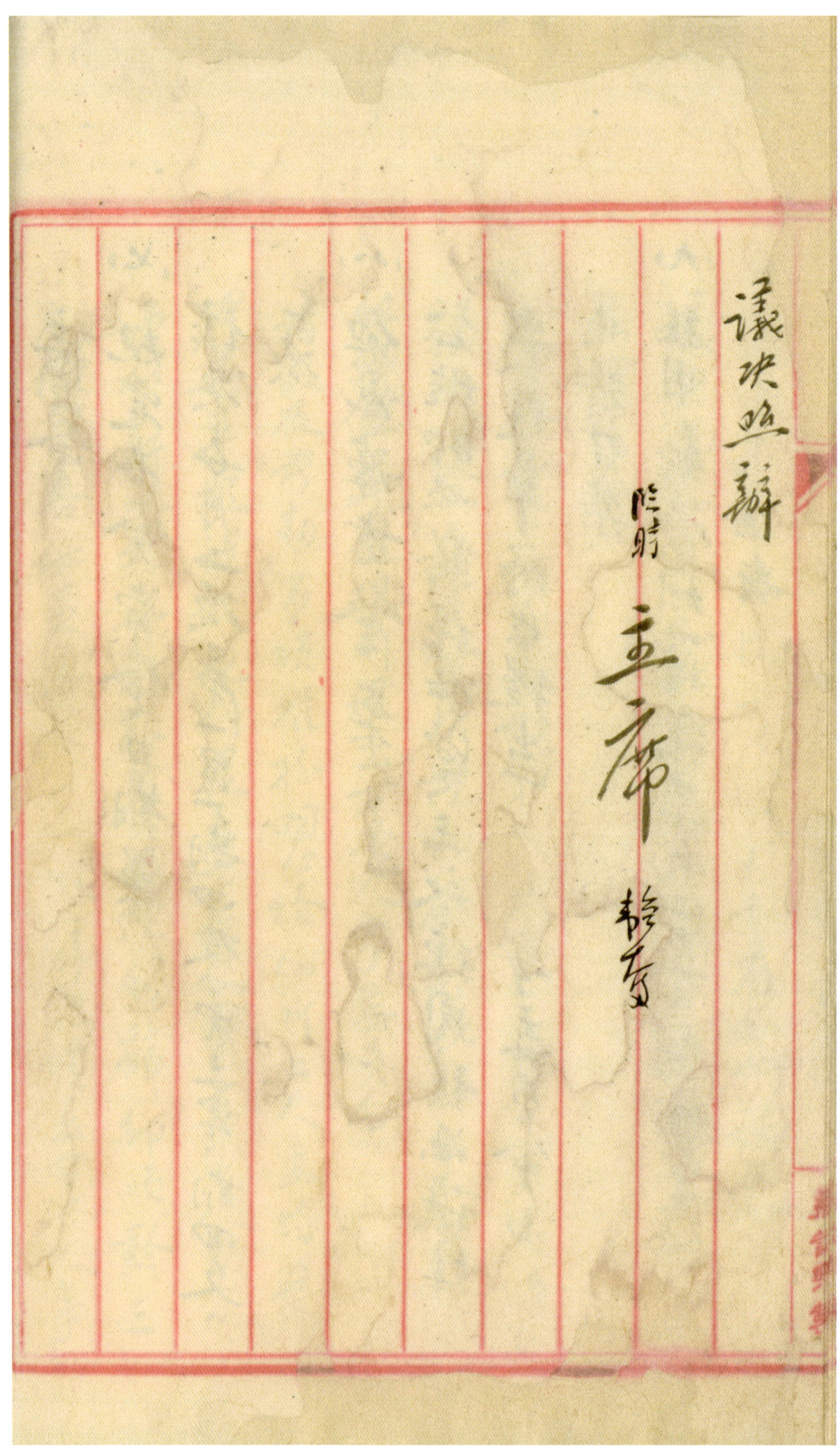
議決照辦

臨時主席 静秀

第三屆人事委員會　第一次臨時會記錄

開會日期　二十四年十一月二十九日下午七時

開會地點　本社經理室

出席者　鄒韜奮　畢雲程　徐伯昕（嚴長衍代）　孫夢旦　鄒順齡　陳錫麟　孫明心

主席　畢雲程

記錄　孫明心

報告事件

主席報告上次議決添雇職員胡伯懇許長馥

因事不能成議作為罷論

討論事件

(一)聘請金仲華先生為本社編輯部主任案

議決照辦月薪弍百元因為工作上之便利起見到店時間准予優待

(二)試用陸九華為本社文書科助理案

議決照辦月薪三十元准予试用三個月期内双方均可隨時提出解约

主席 畢雲程

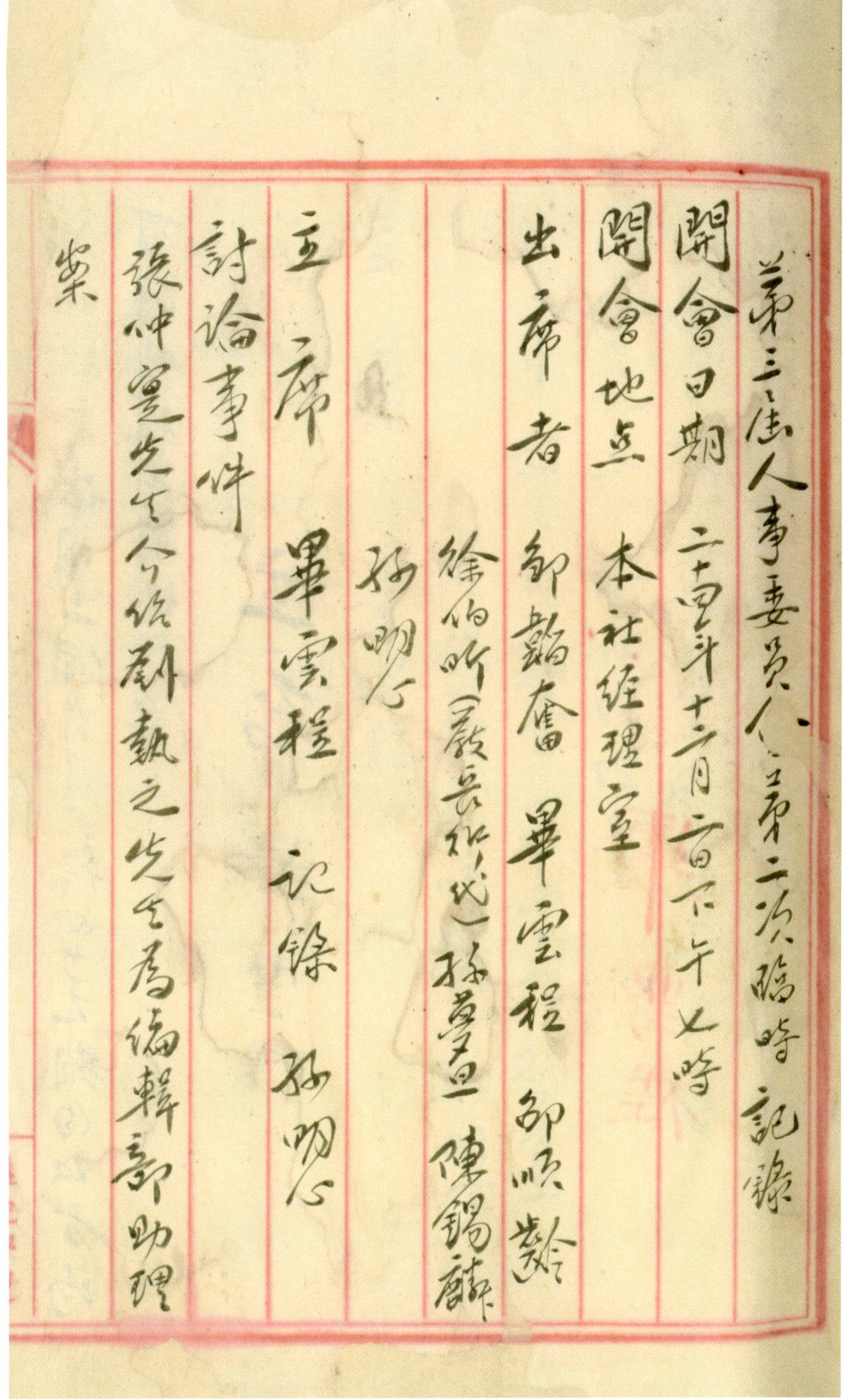

第三届人事委員會第二次臨時記録

開會日期　二十四年十二月六日下午七時

開會地點　本社經理室

出席者　鄒韜奮　畢雲程　邵順齡

徐伯昕（嚴長衍代）孫夢旦　陳錫麟

孫明心

主席　畢雲程　記錄　孫明心

討論事件

張仲實先生介紹劉執之先生為編輯部助理

案

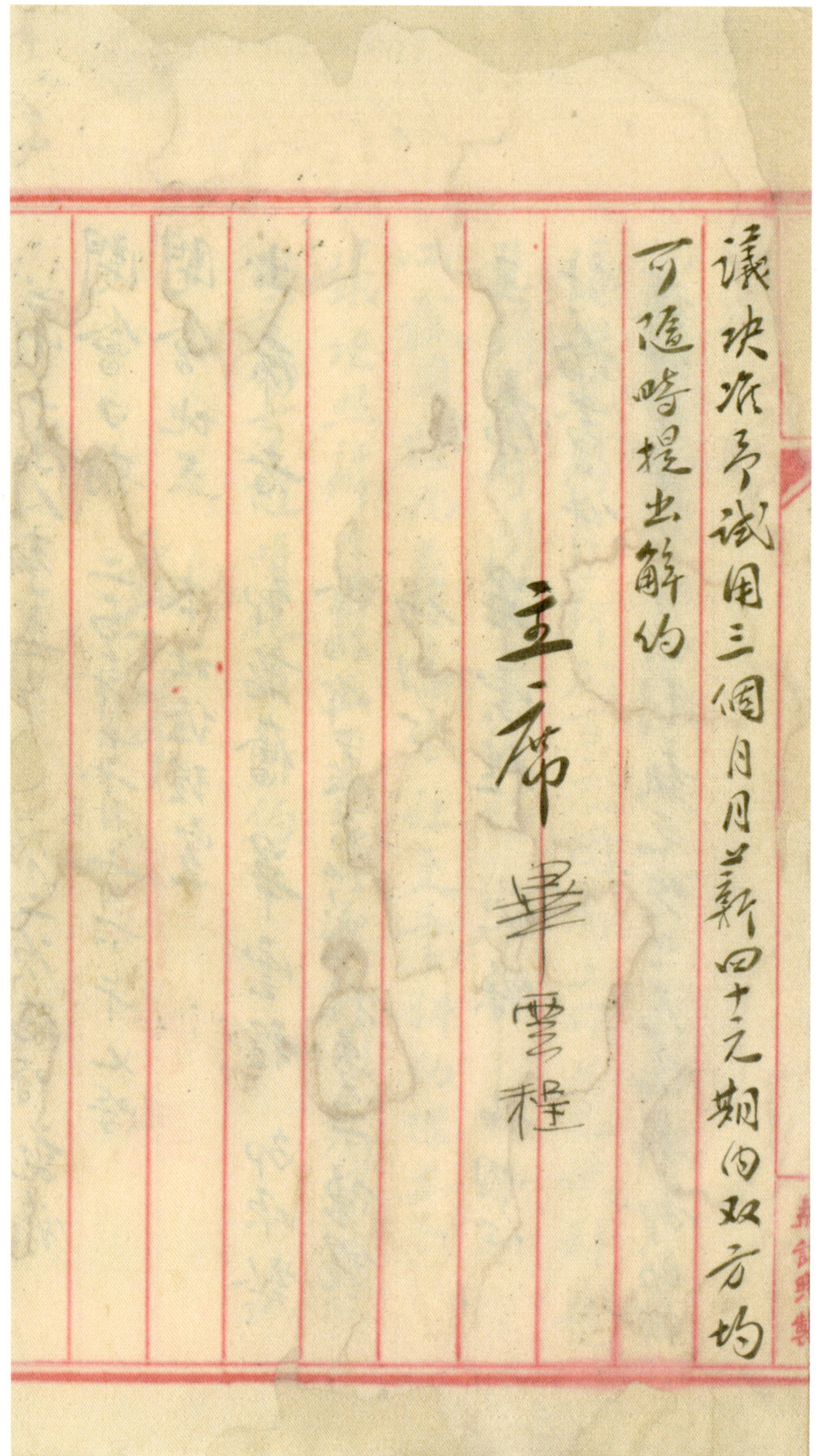
議决准予試用三個月月薪四十元期内双方均可隨時提出解約

主席　畢雲程

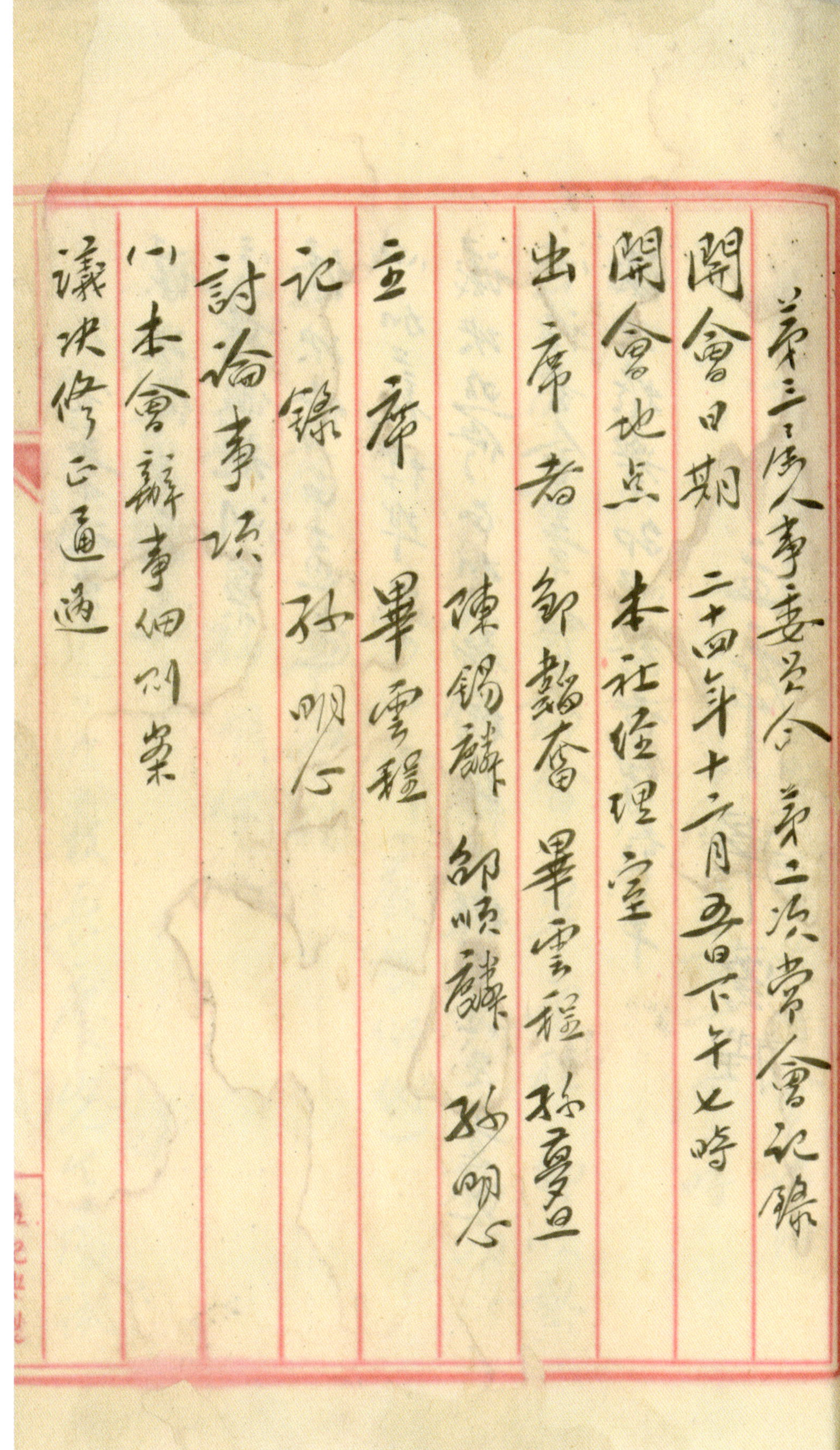

第三次人事委员会　第三次常会记录

開會日期　二十四年十二月五日下午七時

開會地点　本社经理室

出席者　鄒韜奮　畢雲程　孫夢旦　陳錫麟　鄒順麟　孫明心

主席　畢雲程

記錄　孫明心

討論事項

(一)本會辦事细則案

議决修正通過

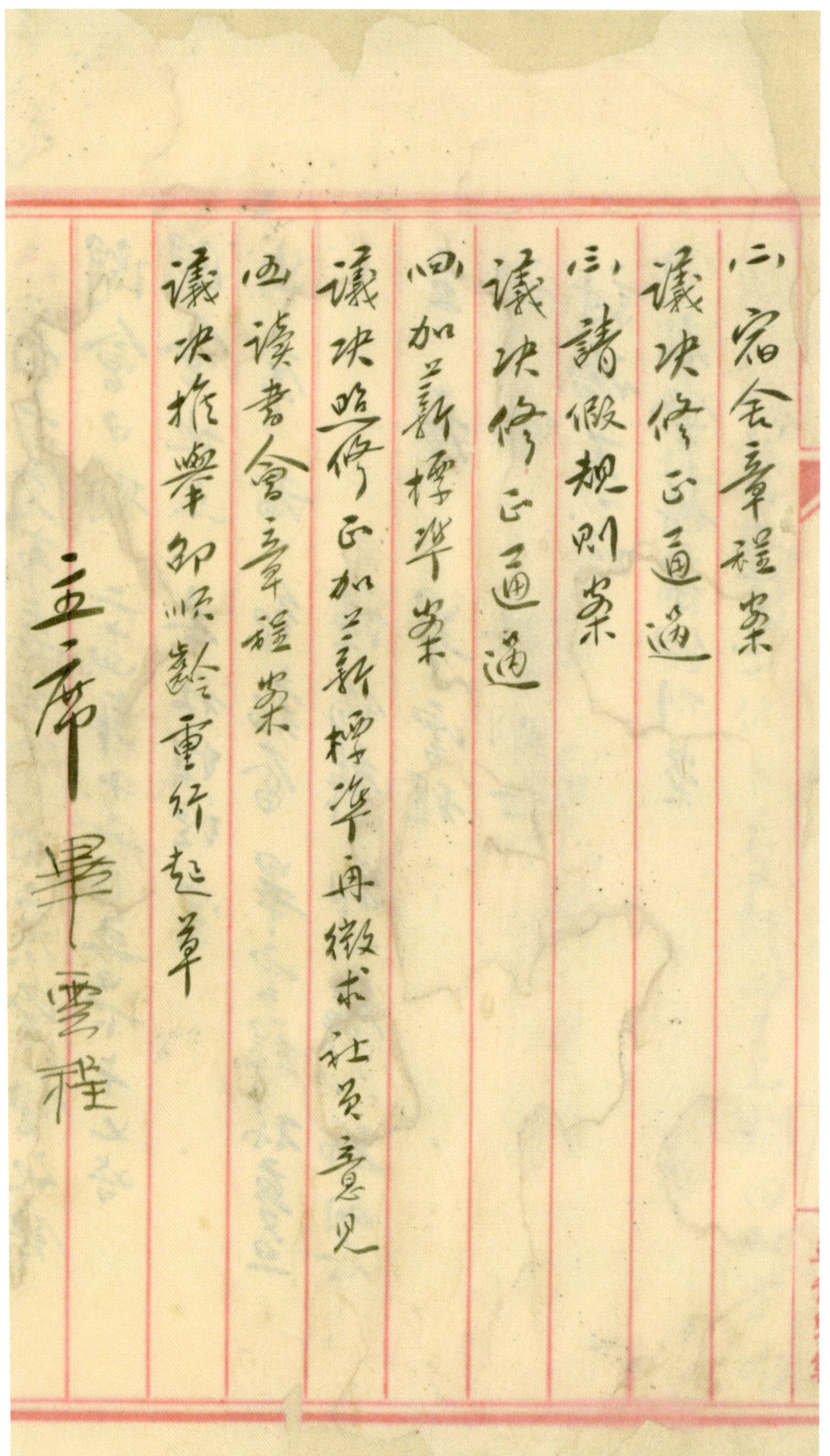

（二）宿舍章程案

議決修正通過

（三）請假規則案

議決修正通過

（四）加薪標準案

議決略修正加薪標準再徵求社員意見

（五）讀書會章程案

議決推舉邵順齡重行起草

主席　畢雲程

第三屆人事委員會第三次臨時會記錄

開會日期 二十四年十二月十三日下午一時

開會地點 本社經理室

出席者 鄒韜奮 畢雲程 鄒順齡

陳錫麟 孫夢旦 孫明心

徐伯昕（嚴長衍代）

主席 畢雲程

記錄 孫明心

討論事項

一、鄒公文先生介紹嚴長慶先生為試

用職員案
議決准予試用三個月月薪三十元
(二)添雇社工案
議決添雇李德輝一人試用三個月月支薪
二十六元
(三)通知各部各科主任報告各該部科職員
工作成績案
議決推定陳錫麟鄒順齡孫夢旦嚴長衍
孫明心五人草擬辦法提出下次人事委員會

主席 畢雲程

第三屆人事委員會第四次臨時會記錄

開會日期　二十四年十二月十六日下午一時

開會地點　本社經理室

出席者　畢雲程　陳錫麟　鄒頌齡　孫明心

鄒韜奮　孫夢旦　徐伯昕（嚴長衍代）

主席　畢雲程　記錄　孫明心

討論事件

本月十日收發股發出致劉麟生一函擱在送

科未發案

議決　一方面應責成收發股以後發文信差之回

编者注：本次会议记录原装订于「第五次临时会议记录」之后，本次出版以时间为序调整到此处，特此说明。

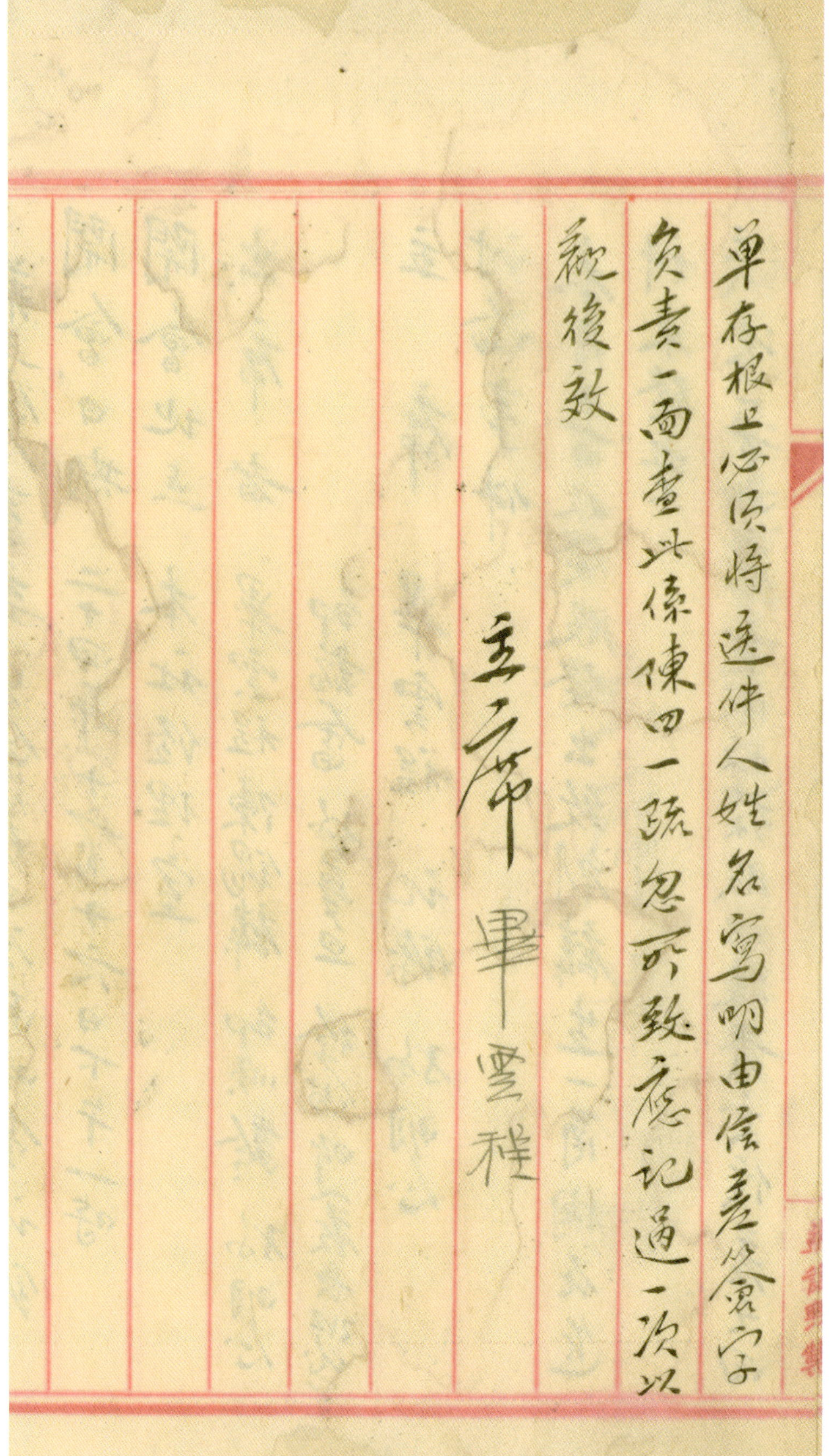

单存根上必须将送件人姓名写明由信差签字负责一面查此条陈四一疏忽所致应记过一次以

儆后效

主席 毕云程

第三屆人事委員會第四次臨時會記錄

開會日期 二十四年十二月二十一日上午九時

開會地點 本社經理室

出席者 畢雲程 徐伯昕（嚴長衍代）

孫夢旦 陳錫麟 鄒順齡

孫明心 鄒韜奮

主席 畢雲程 記錄 孫明心

討論事件

本社社工王瑞全因病故世擬酌予撫恤案

議決 送給撫恤費壹百六十元除扣還預借薪

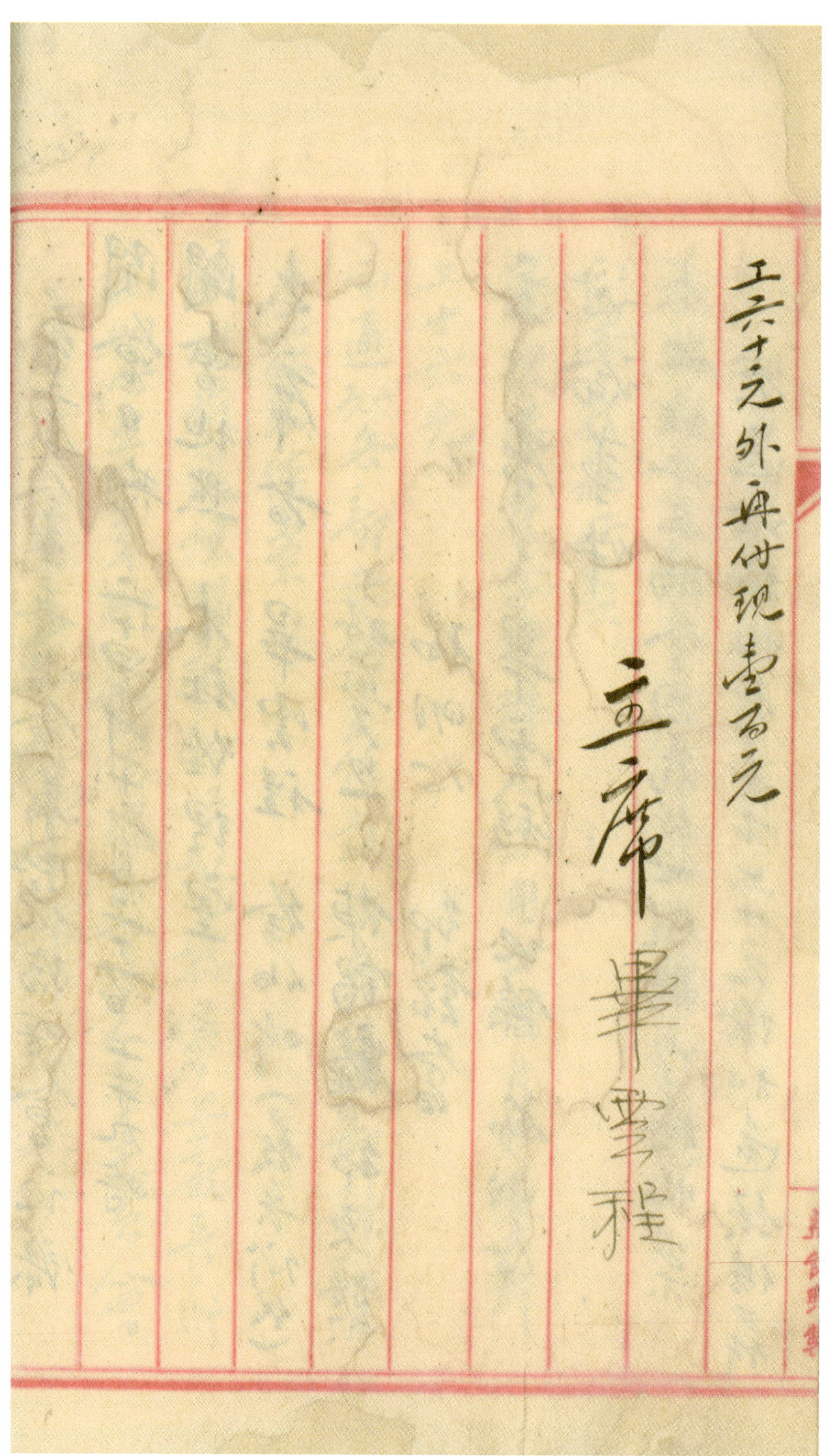

工六十元之外再付现壹百元

主席 畢雲程

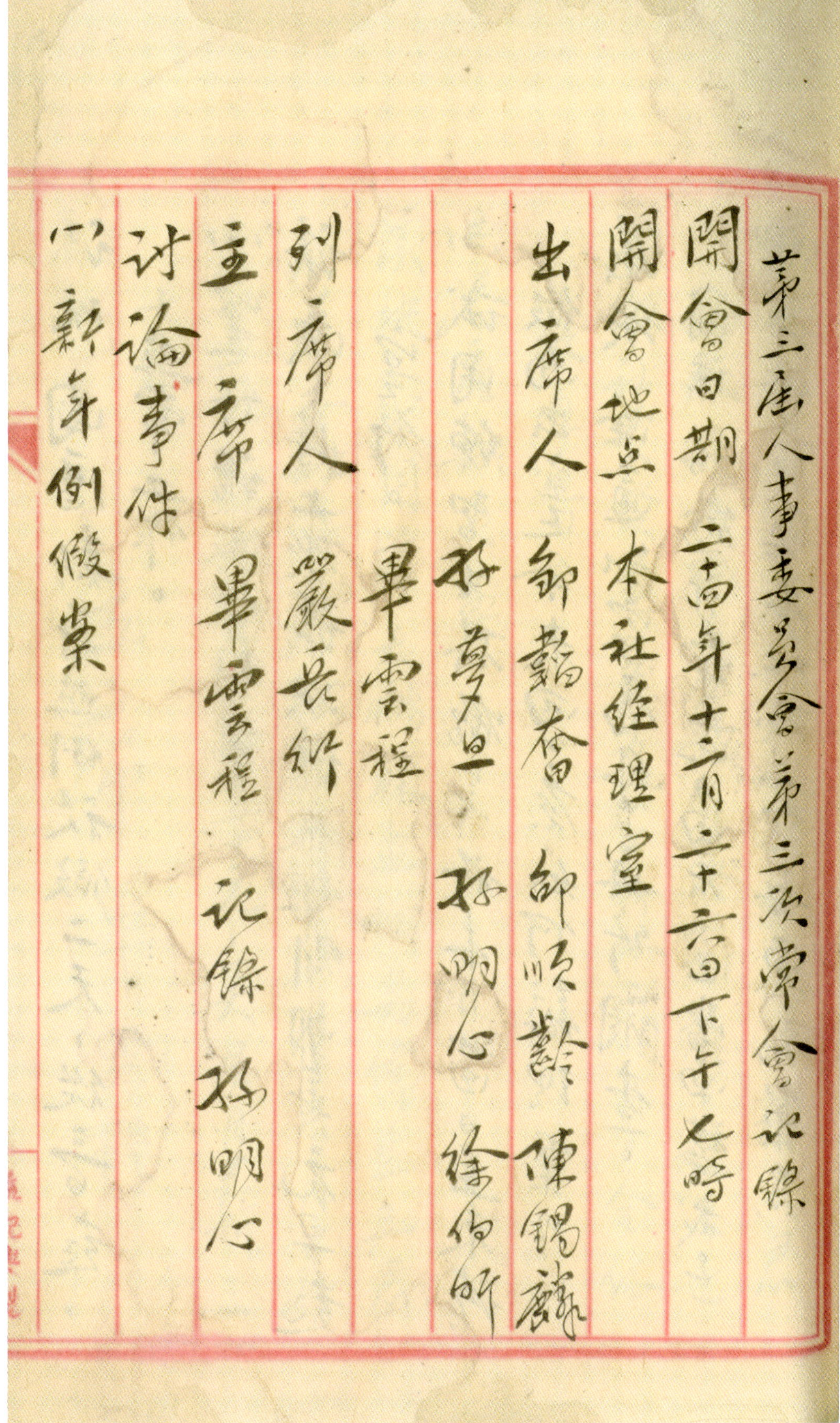
第三屆人事委員會第三次常會記錄
開會日期　二十四年十二月二十六日下午七時
開會地点　本社經理室
出席人　鄒韜奮　鄒順齡　陳錫麟
孫夢旦　孫明心　徐伯昕
畢雲程
列席人　嚴長衍
主席　畢雲程　記錄　孫明心
討論事件
一、新年例假案

議決 國曆新年照例放假二天，從三日起，照常工作。

(二)宣佈請假規則案

議決 將上次議決請假規則明年元旦起宣佈。

(三)試用練習生孫鶴年於本月廿四日並未請假而出，迄今未回，應如何辦理案。

議決 除通知家屬外，再行調查。

(附註 孫鶴年已于廿七日回店，已當面警戒。)

(四)年終考慮本社職工有無更動案。

議決 考核平日工作，趙培德、楊振聲兩君均未能稱職，應於年終解雇。趙君已繳社費發還，並另給薪水二個月。全体一致通過。

五、添雇職員案

議決 試用薛天鵬、林孟愉、吳偉生三君爲本社職員，試用三個月。薛君月薪廿五元，林君月薪三十元，吳君月薪三十元。

主席 畢雲程

第三届人事委员會第六次臨時會記錄

開會日期 廿五年一月四日下午一時

開會地点 本社经理室

出席人 鄒韜奮 徐伯昕 孫明心 鄒順齡

陳錫麟 孫夢旦 畢雲程

列席人 嚴長衍 張錫榮

主席 畢雲程

记錄 孫明心

讨論事件

(一)添雇新職员案

因為大众生活社遷移及郵購科發行科增加發行外埠收據添工作需要添雇職員由張錫榮先生介紹王錦雲先生由楊衛玉先生介紹沈敦先生應如何任用案

議決　王錦雲試用三個月月薪二十元沈敦因考試成績平常不擬試用

(二)吳偉生薪水案

議決　月薪三十元

(三)余守仁鄭保惠曠職案

議決　余守仁停職　鄭保惠停止試用

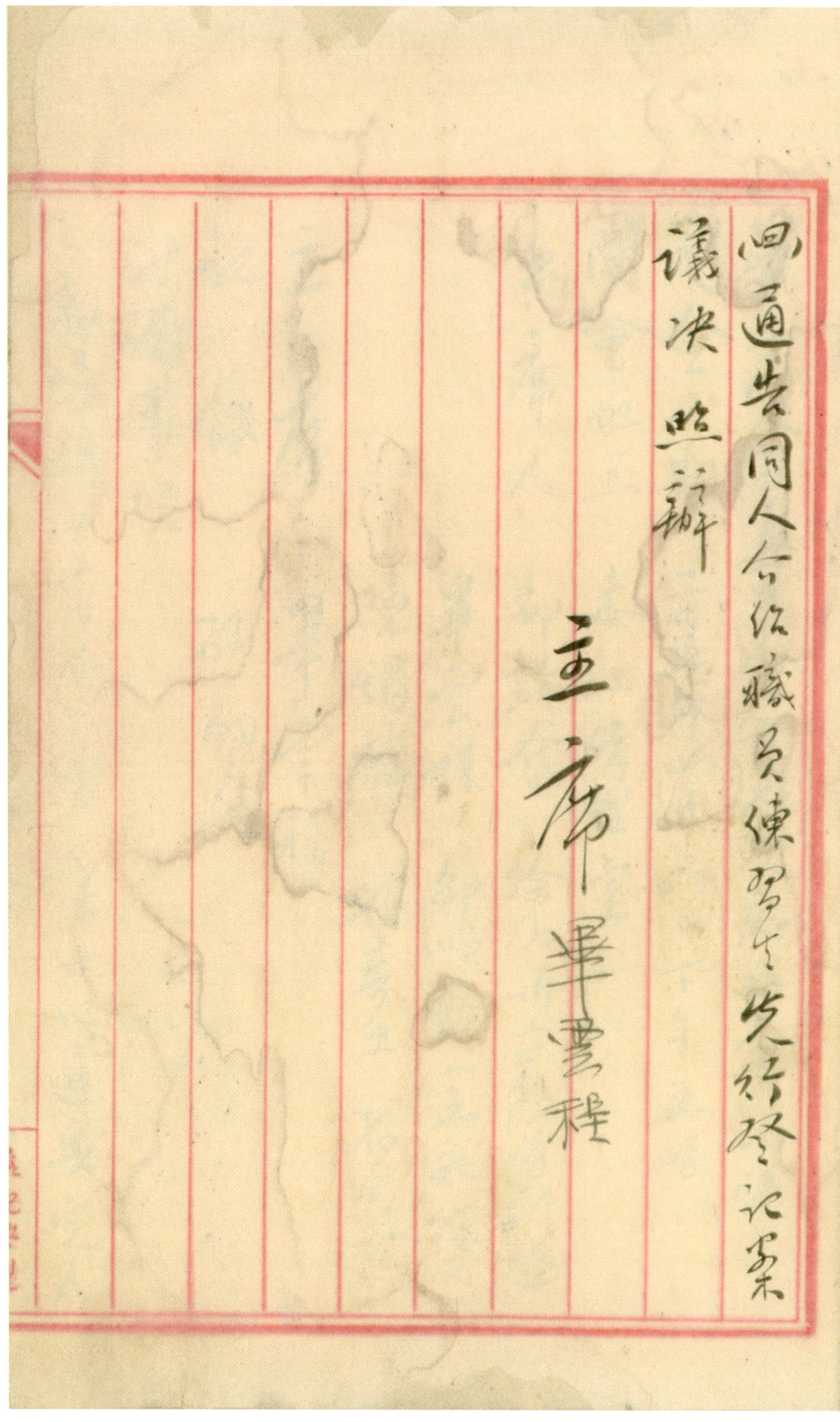

（四）通告同人介紹職員練習生先行登記案

議決　照辦

主席　畢雲程

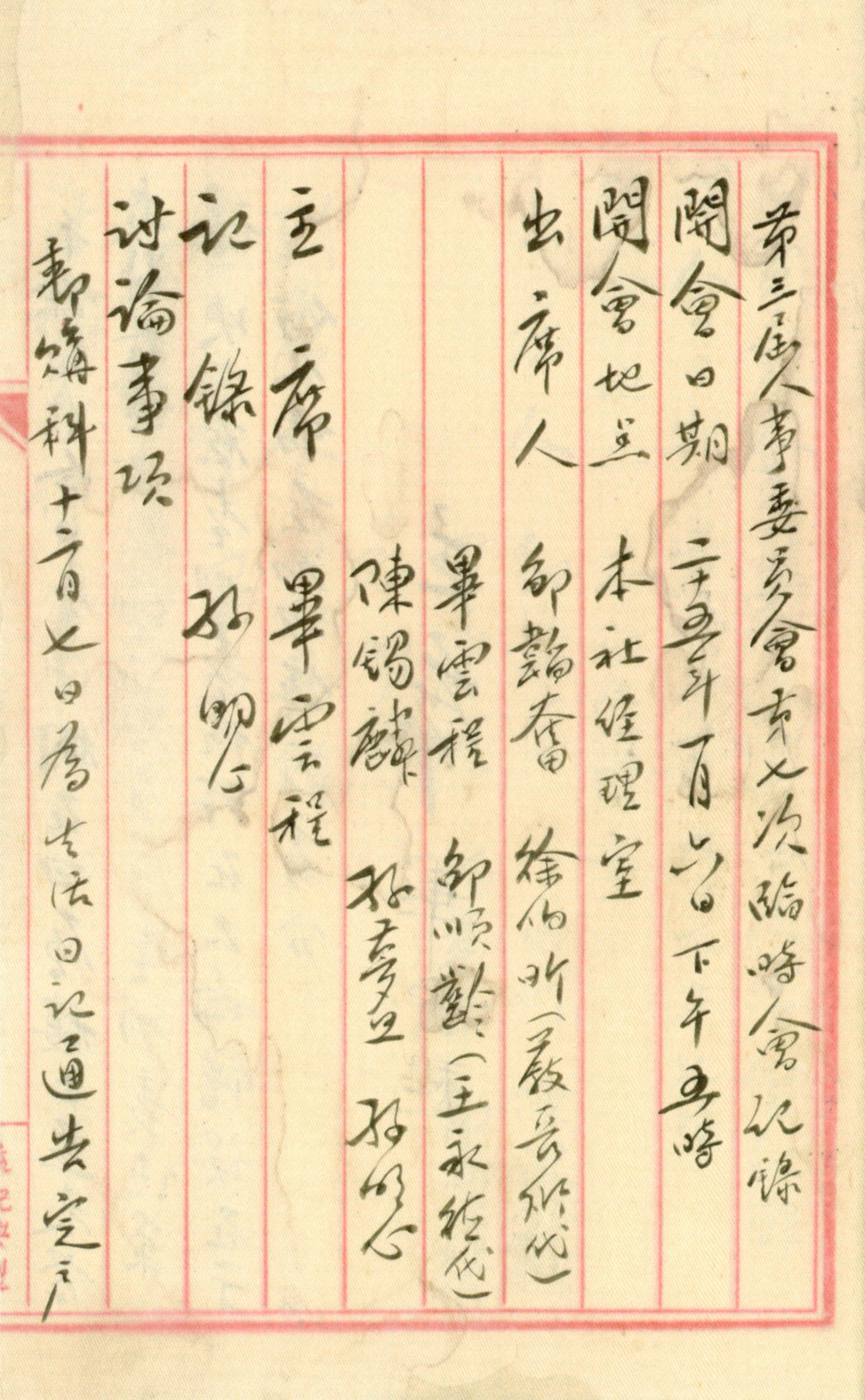

第三届人事委员会第七次临时会议记录

開會日期　二十五年一月六日下午五時

開會地點　本社經理室

出席人　鄒韜奮　徐伯昕（嚴長衍代）

畢雲程　鄒順鑾（王永德代）

陳錫麟　孫夢旦　孫明心

主席　畢雲程

記錄　孫明心

討論事項

郵購科十二月七日為去法日記通告定六人

一千餘封信今日查得捆在回廊樓上並未發出對於讀者影響非常惡劣應查明責任案

議決應查明責任所在不論錯誤在于何人均應加以儆戒處分

主席 畢雲程

第三届人事委员会第八次临时会记録（一月九日補記）

開會日期 二十五年一月七日午十時

開會地点 本社經理室

出席人 畢雲程 鄒韜奮 徐伯昕 孫夢旦

陳錫麟 鄒順齡 孫明心

主席 畢雲程

記録 孫明心

討論事項

一、招考營業員及練習生辦法及廣告如何

擬定案

编者注：本次会议记录原装订于「第四次常会记录」之后，本次出版以时间为序调整到此处，特此说明。

議決 推徐伯昕先生擬定辦法刊登申新兩報廣告各一天

(二)添派職員案

議决 楊義方派予試用三個月月薪二十五元

主席 畢雲程

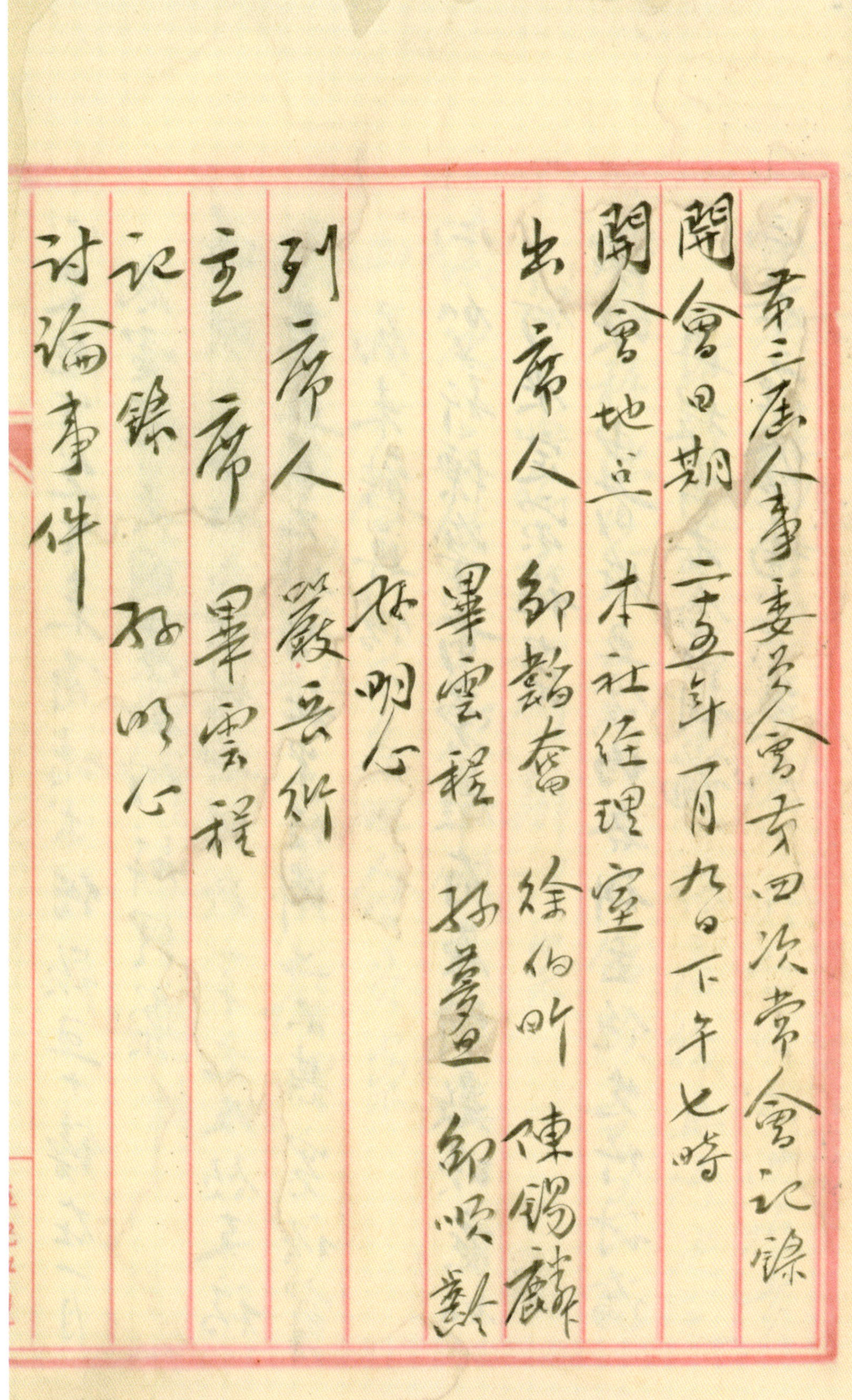

第三届人事委员会第四次常会记录

开会日期　二十五年月九日下午七时

开会地点　本社经理室

出席人　邹韬奋　徐伯昕　陈锡麟　毕云程　孙梦旦　邹恩敦　孙明心

列席人　严长衍

主席　毕云程

记录　孙明心

讨论事件

(一)艾逖生先生來函請求借款五十鎊在一月底前匯英國應如何辦理案
議決 本社已經借與借款一千元及預支稿費五百元此時社中經濟亦不甚寬裕實屬未能再借
(二)加薪標準前曾擬有原則數項應如何決定實施案
議決 由前推五位約各科主任先行討論再提出本會討論
(三)添雇繪圖員案

議決　擬向金仲華先生所介紹之沈振黃先生取得裝飾畫樣張看後再行決定

四、周積涵先生來函請求借款二百五十元即日匯給應如何辦理案

議決　准借五十元分十個月扣還

五、讀書會徵求各組會員案

議決　由鄒順人負責辦理

主席　畢雲程

第三屆人事委員會第五次常會記錄

開會日期　二十五年一月十五日下午七時

開會地點　本社經理室

出席人　徐伯昕　孫明心　陳錫麟　孫夢旦

鄒順齡　畢雲程　鄒韜奮

列席人　嚴長衍

主席　畢雲程

記錄　孫明心

報告事件

主席報告本月十一日新年茶話會陳錫麟先

生等提出詢問情形，有六点必須注意：

（一）談話會，係陳其襄先生等聯名要求，具名者約五十人，其請求理由為貢献意見。

（二）開會時除由張錫榮、鄒公文、王泰来、嚴長衍、畢子桂、孫明心諸君報告外，有陳錫麟、杜國鈞、孫夢旦三人提出種々詢問。

（三）第一個發言杜國鈞先生，要求本人報告各部份工作情形，而各部份工作情形，向例做了就算，並無對總經理作報告之習慣，故本人對於杜先生要求，無法答復，且又不便當衆說明各部份沒有報告。

四、陳錫麟先生等提議減少文學編輯費、停止發支稿費，或停刊文學及文學書籍等，確〔事實上難〕有為難。因為本社經濟活動，全靠各刊物之費有五六萬元之鉅，足以週轉。倘然照陳先生之議，必然使各編輯人及作者方面，不能與本社合作。而各刊物停刊危險，亦有擾亂定費使本社經濟根本搖動之危險。但此種情形，必須保守秘密，不能對眾說明。至於文學及文學書籍此後編輯方針，當然可以商量。

因此次陳先生等最大錯誤，在於事前未與鄒先生徐先生接洽，而突然提出嚴重質問，使本人猝不及防，又不能對衆説明真相。萬一此項消息流露出去，引起各刊物編輯人惡感，或竟因感到辦事棘手而辭職，尤足以使本社業務大受影響。此本人為顧全大局起見，對于陳錫麟先生等亦可以原諒。但希望此後同人如有意見，儘可隨時面談，不要未開會或仍集多人同談。關於本社業務，大家可以密切合作，除非本人有營私舞弊行為，可以請求理事會撤換，此外一切均可以友誼態度當面商談。

討論事項

職工加薪案

議決 自廿五年一月起加薪如下：

邵順齡 拾元

嚴長衍 孫明心 陳錫麟 邵公文 黃寶珣 各八元

張錫榮 卞鍾俊 李濟安 各七元

張子晊 六元

王永德 薛迪暢 畢子桂 陳元 諸祖榮 孟康庭

金延梓陸鳳祥李伯彰張明西陳冠球各五元
杜國鈞王泰來陳文仁桂石水張洪濤周積涌
金乃洪張梓玉王昆元徐琯蓮趙曉恩施勵眘
各四元
卜兆麟吳元章顧根榮周名震陸中飛
程樹章朱根新耿龍根各三元
朱頤松殷壹文畢有華孫鶴年朱樹康
秦逸舟各二元
汪子純江鏡湘沈俊元周幼瑞袁洪年各一元
濮品元陳文鎧董文椿劉桂璋陳四一殷榮

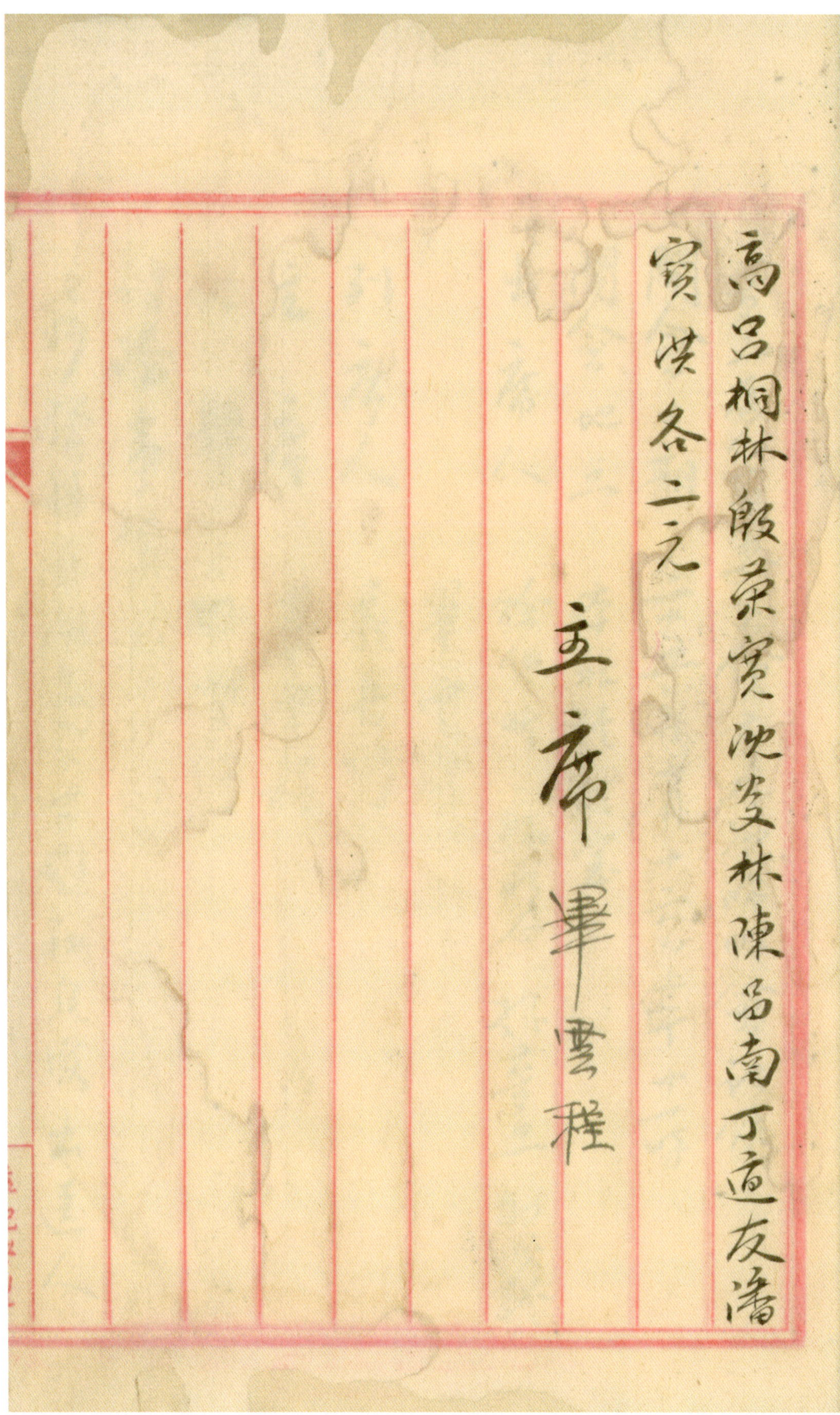

高吕桐林殷景实沈炎林陈品南丁道友潘

宾洪各二元

主席　毕云程

第三屆人事委員會第九次臨時會記錄

開會日期　二十五年一月十六日上午十一時

開會地点　本社經理室

出席人　徐伯昕　孫明心　孫夢旦　鄒恩齡

畢雲程

列席人　嚴長衍

主席　畢雲程

記錄　孫明心

討論事項

江煥發將本版文學百題私自携出送人

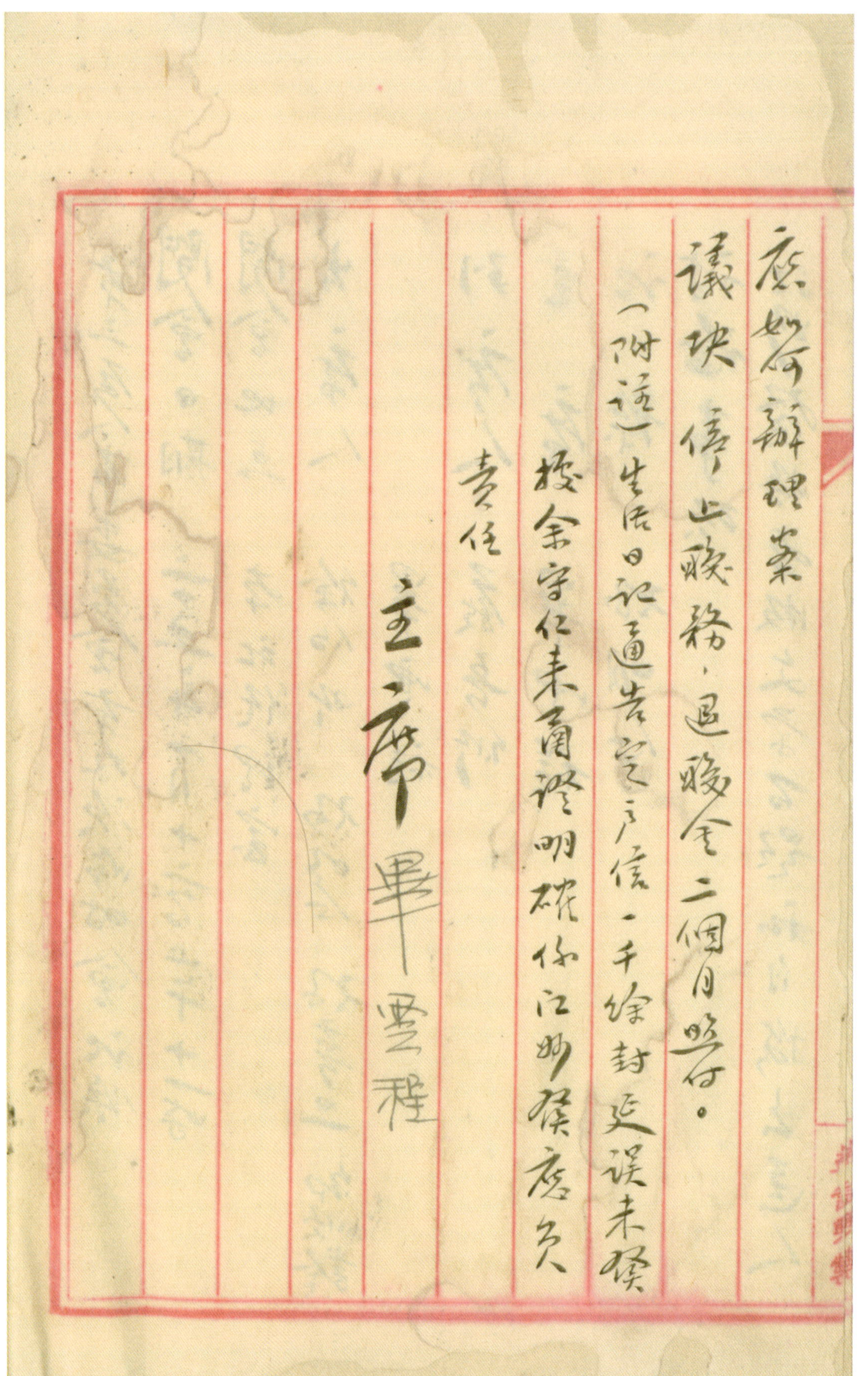

應如何辦理案

議決　停止職務，退職金二個月照付。

（附註）生活日記通告定戶信一千餘封延誤未發

按余守仁未有證明確係江妙發應負

責任

主席　畢雲程

第三屆人事委員會第十次臨時會記錄

開會日期　二十五年一月十七日

開會地點　本社經理室

出席人　孫明心　陳錫麟　鄒順齡　孫夢旦

徐伯昕（嚴長衍代）　畢雲程

鄒韜奮（畢雲程代）

主席　畢雲程

記錄　孫明心

討論事件

（一）舊曆新年例假案

議決 按照向例，放假三天，但因一月廿六日係星期日，應補假一天。自一月廿八日（即舊曆正月初五日）起，照常辰。

（二）添雇社工案 本社需添用社工二人，而各方介紹及短工試用者，計有三人可以試用，請選用二人。

議決 添雇朱坤瑞、朱庚林二人，試用六個月，每月工資各十六元。

主席 畢雲程

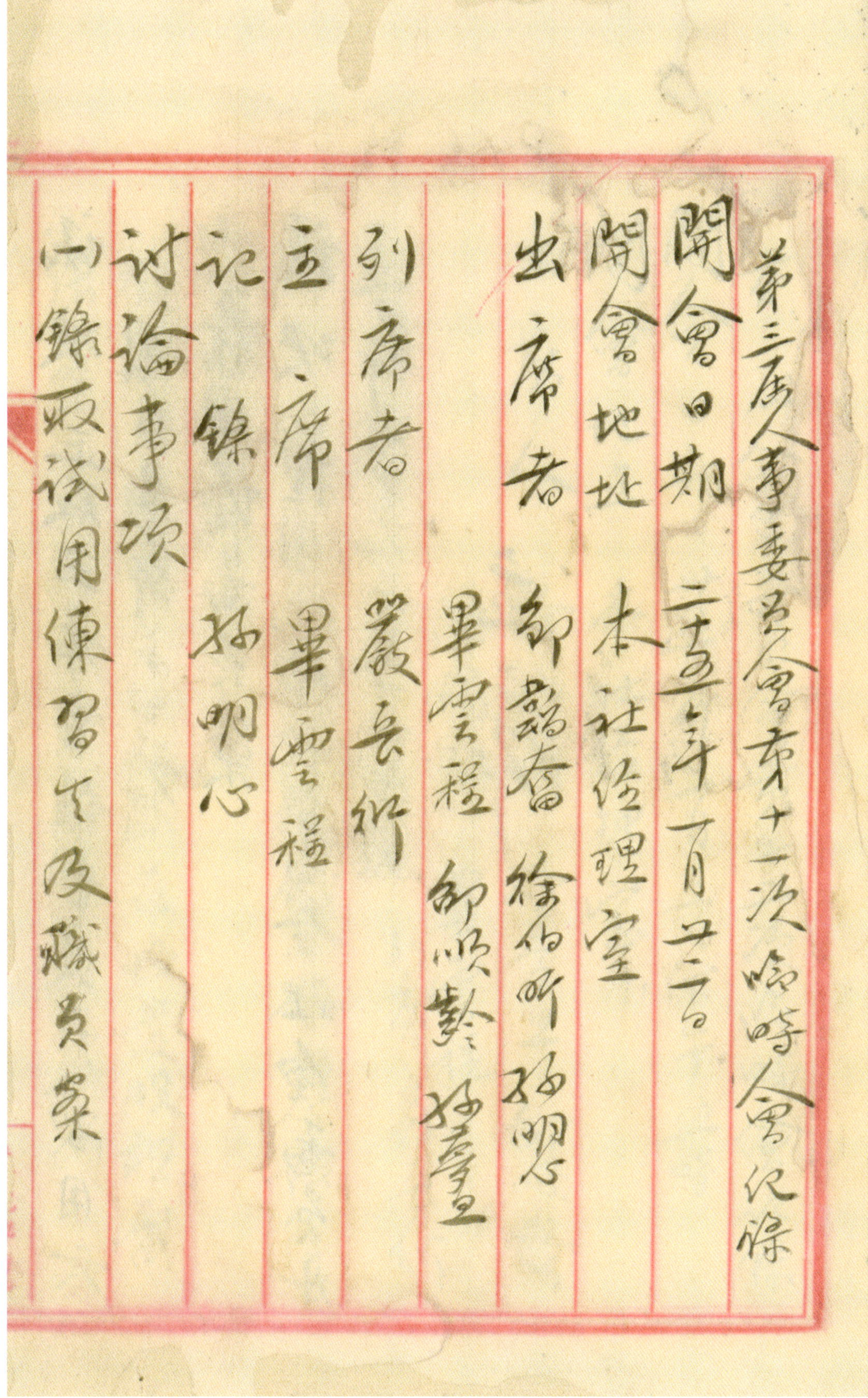

第三届人事委员会第十一次临时会议纪录

開會日期　二十五年一月廿二日

開會地址　本社經理室

出席者　鄒韜奮　徐伯昕　孫明心
　　　　畢雲程　鄒順鑫　孫夢旦

列席者　嚴長衍

主席　畢雲程

記錄　孫明心

討論事項

(一)錄取試用練習生及職員案

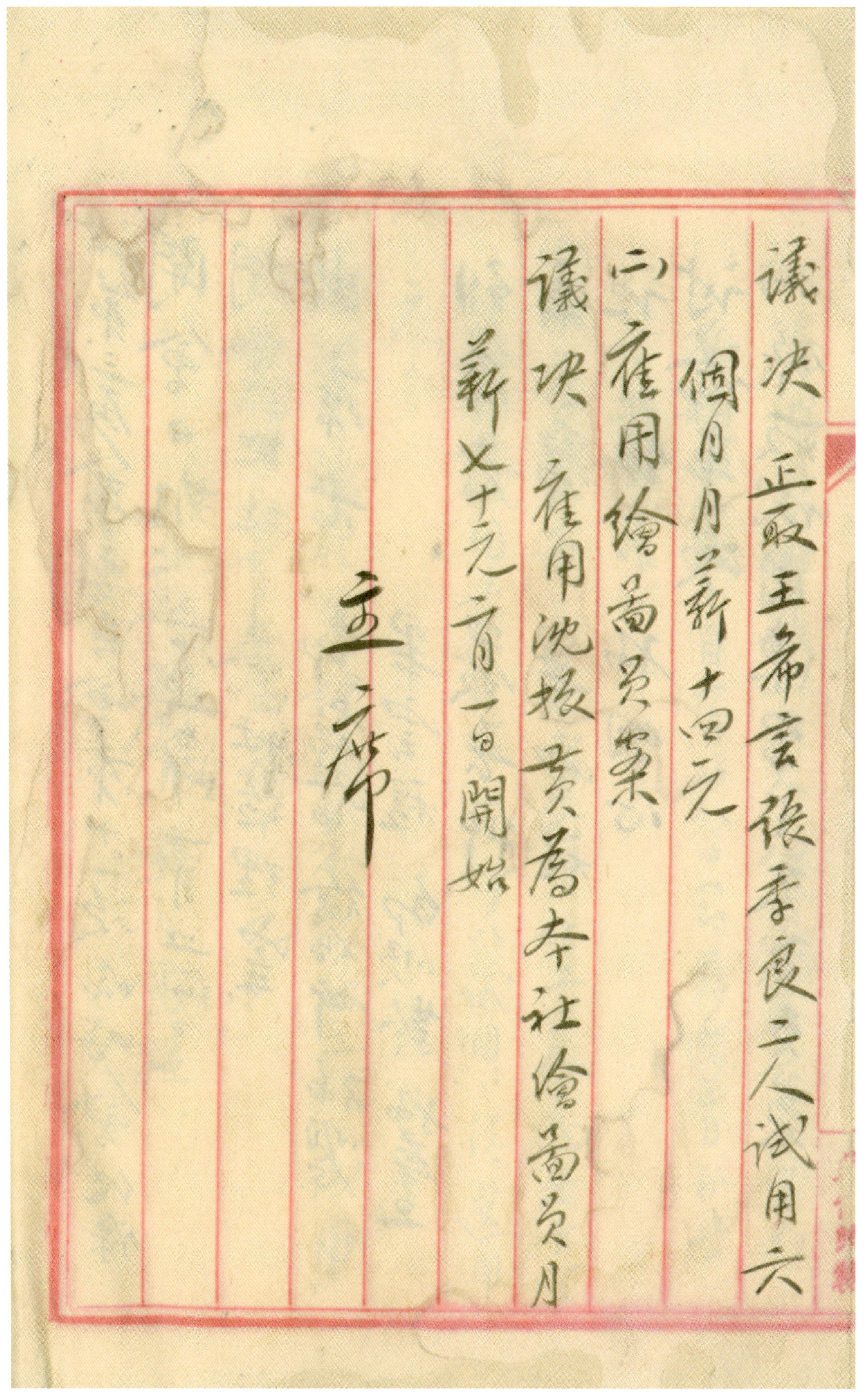
議決　正取王希言張季良二人試用六
個月月薪十四元
(二)雇用繪圖員案
議決　雇用沈振黄為本社繪圖員月
薪七十元自一日開始
主席

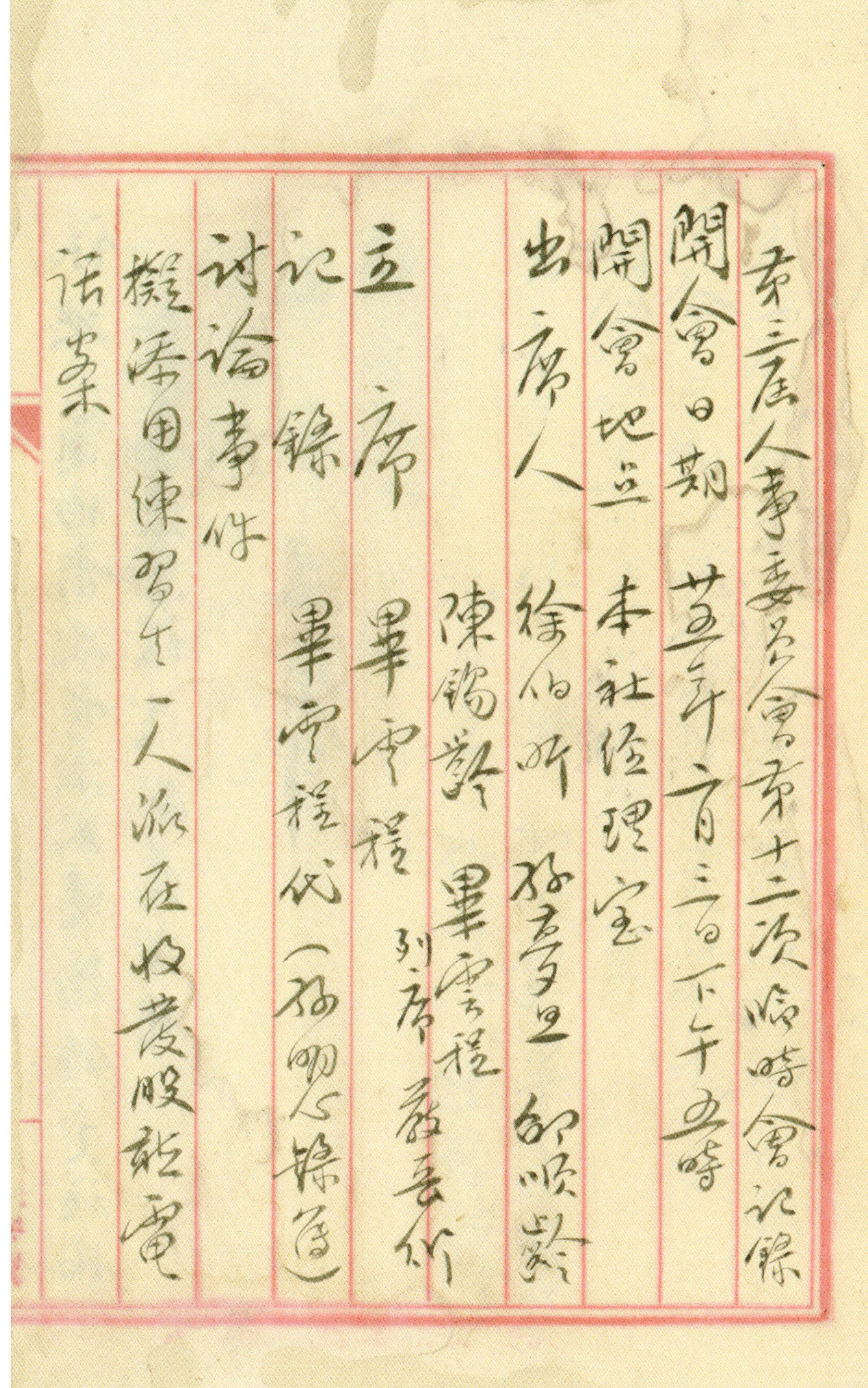

第三届人事委员会第十二次临时会记录

開會日期 廿五年十一月三日下午五時

開會地點 本社經理室

出席人 徐伯昕 孫夢旦 邵順麟 陳錫麟 畢雲程

列席 嚴長衍

主席 畢雲程

記錄 畢雲程代（孫明心缺席）

討論事件

擬添用練習生一人派在收發股聽電話案

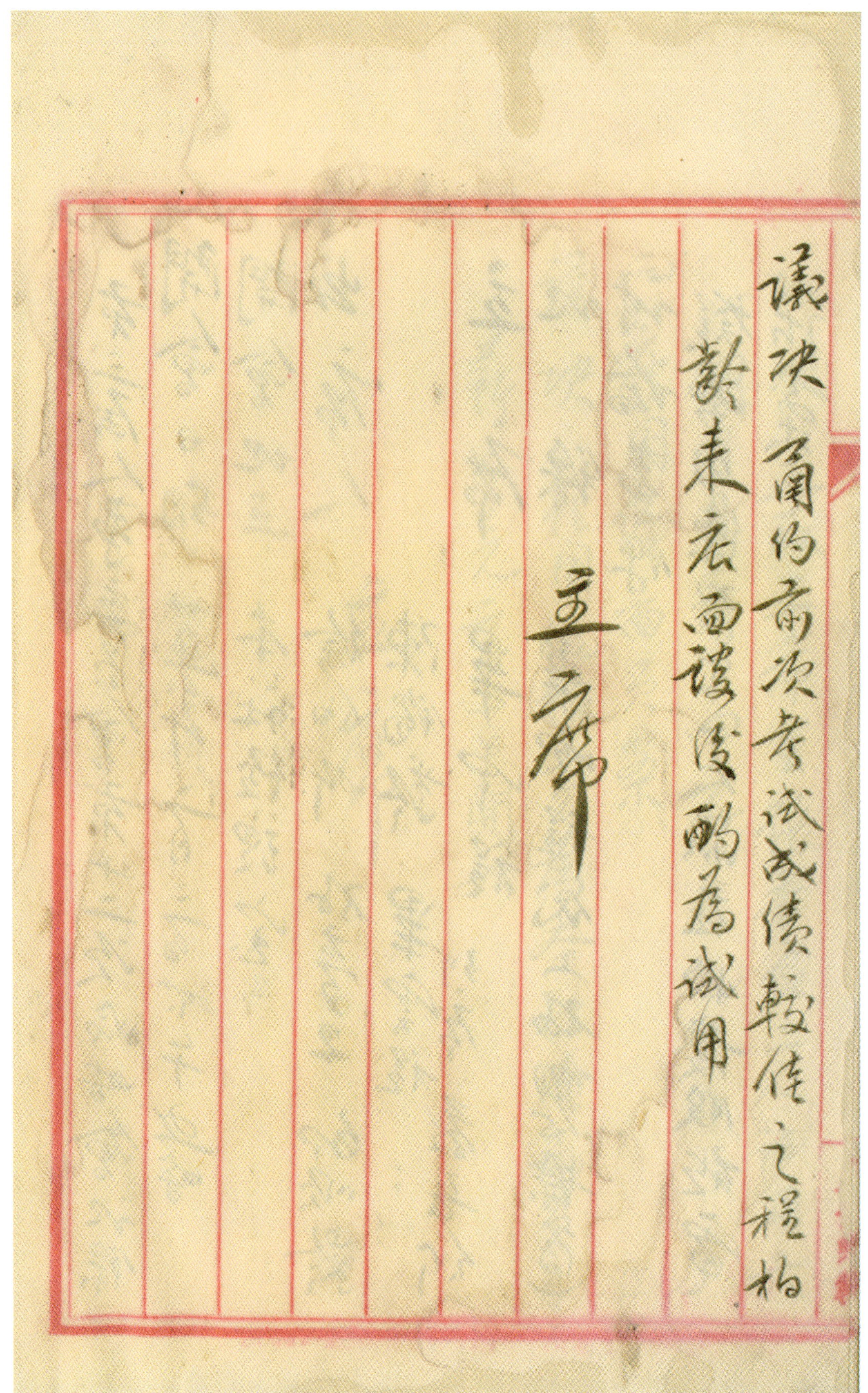

議決　函約前次考試成績較佳之程柏
蓀來店面談後酌為試用
主席

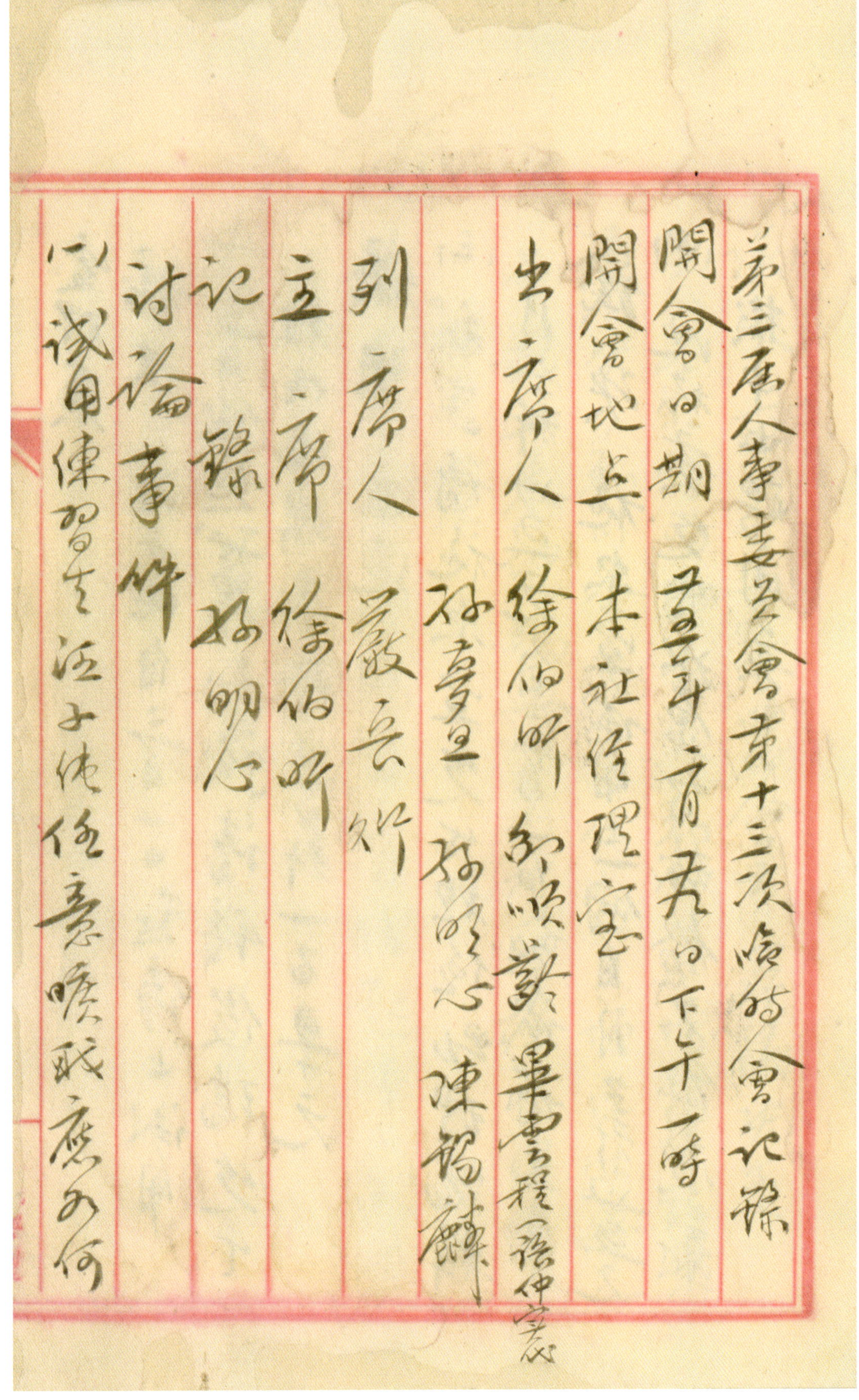

第三屆人事委員會第十三次臨時會記錄

開會日期　卅三年六月九日下午一時

開會地點　本社經理室

出席人　徐伯昕　邵順懿　畢雲程（張仲實代）孫夢旦　孫明心　陳錫麟

列席人　嚴長衍

主席　徐伯昕

記錄　孫明心

討論事件

一、試用練習生汪子純任意曠職應如何

處理案

議決 汪子純自三月一日起停止試用

(二)三月份起世界知識請錢俊瑞先生担任編輯事務月薪一百五十元

議決 通過

(三)永生請施爾宜先生担任助理編輯月薪卅五元自三月一日起試用三月

議決 施爾宜試用三個月月薪卅五元

(四)沈振黃先生以原有職務不能脫離擬中止聘用案.

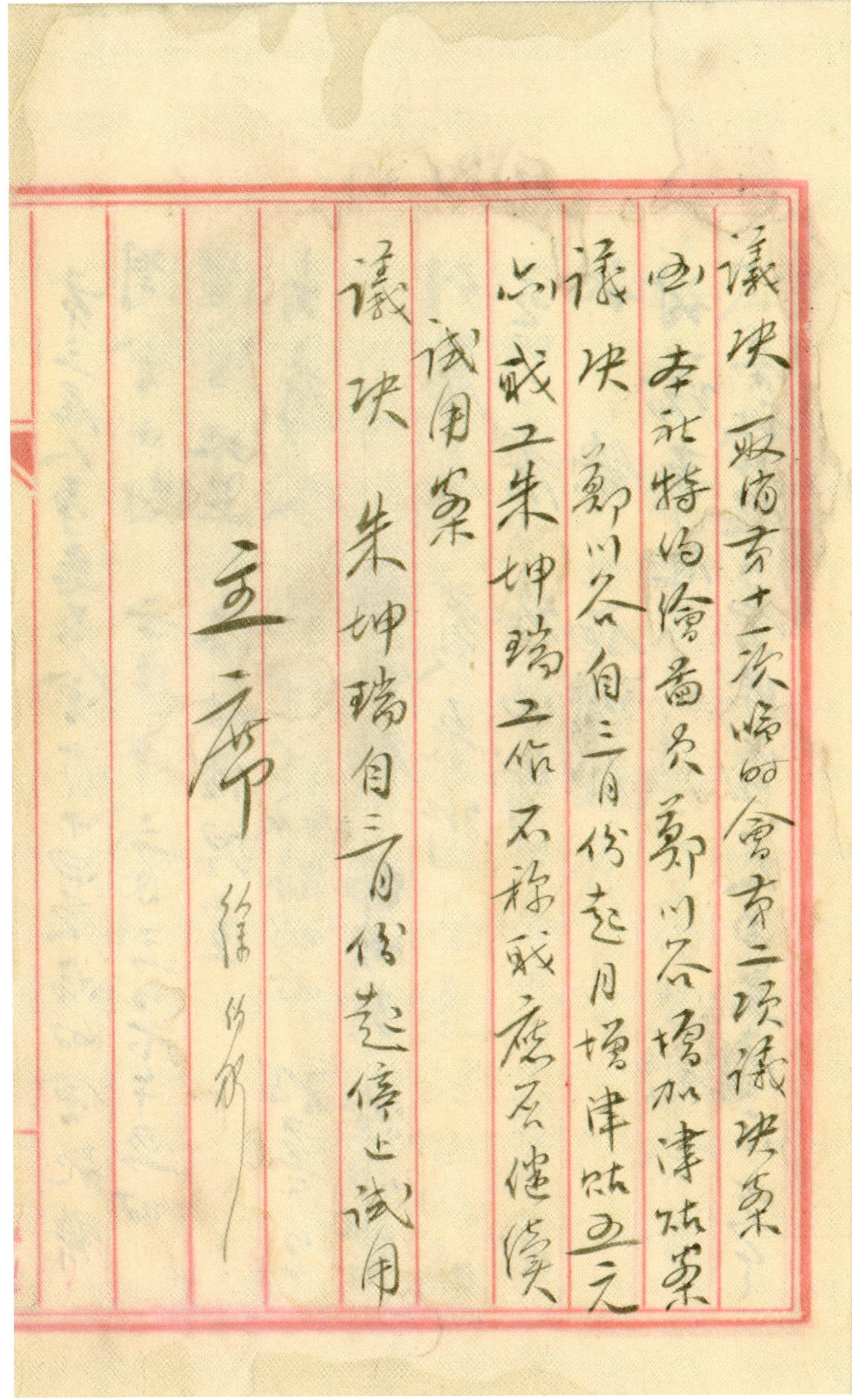

議決：取消第十一次臨時會第二項議決案

五、本社特約繪畫員鄭川谷增加津貼案

議決：鄭川谷自三月份起月增津貼五元

六、職工朱坤瑞工作不稱職應否繼續試用案

議決：朱坤瑞自三月份起停止試用

主席 徐伯昕

第三屆人事委員會第十四次臨時會記錄

開會日期　二十五年三月三日下午五時

開會地點　本社經理室

出席人　張仲實畢代　孫明心　孫夢旦

陳錫麟　邵順懿　徐伯昕

列席人　嚴長衍

主席　徐伯昕

記錄　孫明心

討論事件

(一)本社宿舍需添茶工一人由查啓臣先生

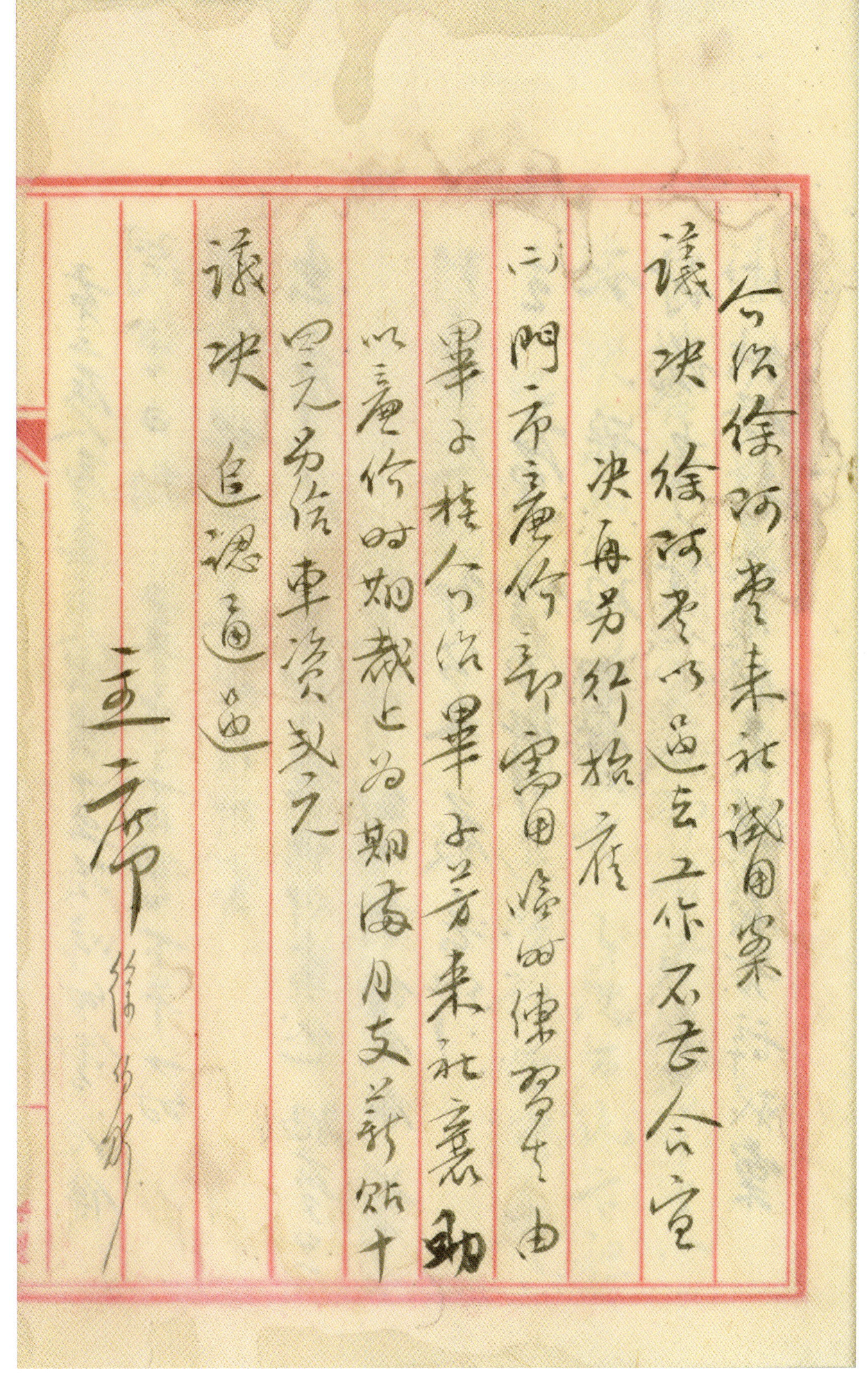

介紹徐河書來社試用案

議決　徐河書以過去工作不甚合宜

　　決再另行招雇

（二）門市廣告部需用臨時練習生由

畢子桂介紹畢子芳來社襄助

以廣告時期截止為期每月支薪洋十

四元另給車資弍元

議決　追認通過

主席　徐伯昕

第三屆人事委員會第十五次臨時會議記錄

開會日期 廿五年三月四日下午七時

開會地點 本社經理室

出席人 畢雲程（張仲實代） 孫夢旦 徐伯昕 鄒韜奮 陳錫麟 孫明心

列席人 鄒公文 嚴長衍

主席 徐伯昕

記錄 孫明心

討論事件

（一）批發部試用職員楊義方辭職案

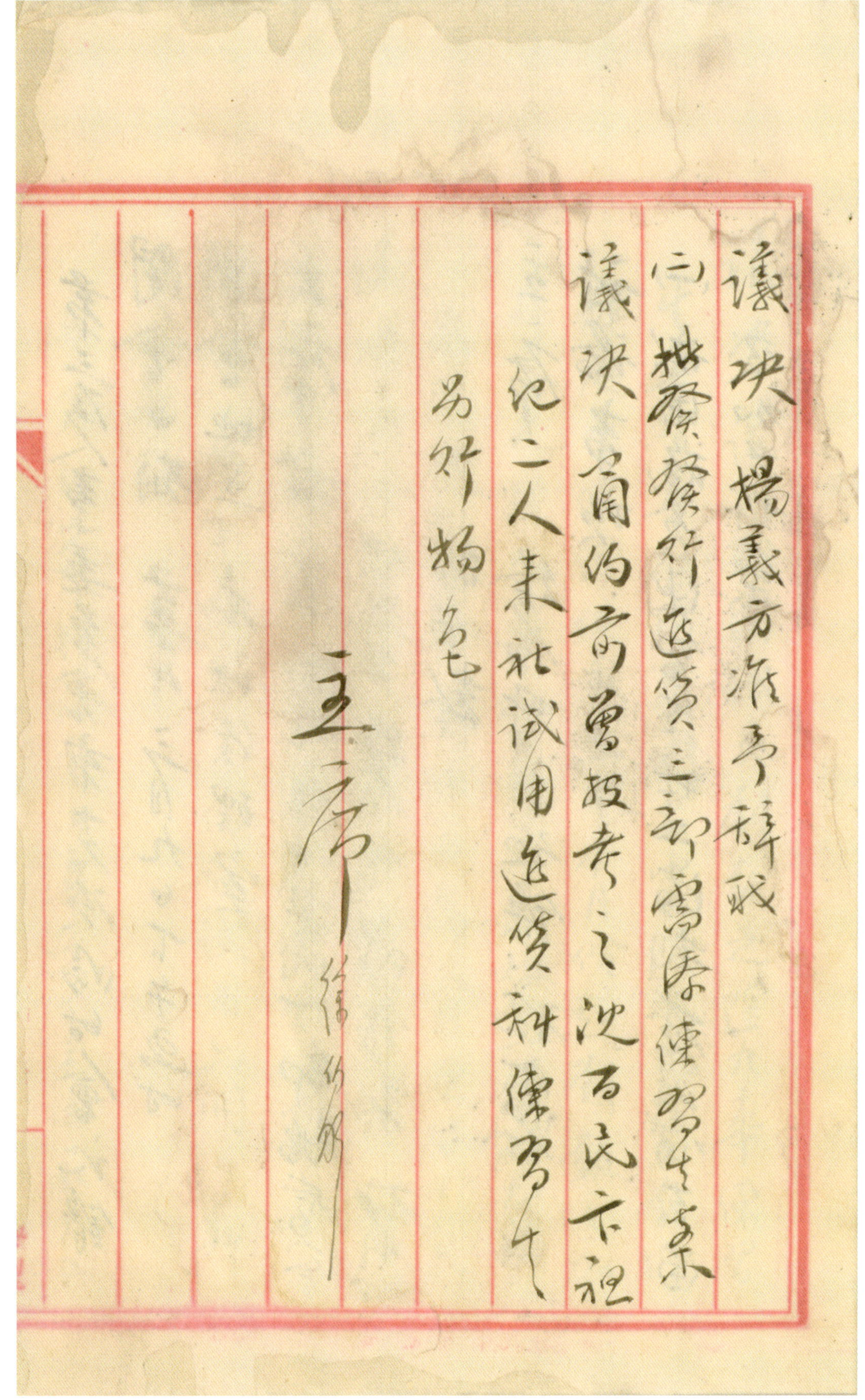

議決　楊義方准予辭職
(二)批發發行進貨三部需要練習生案
議決　通知前曾投考之沈百良卞祖紀二人來社試用進貨科練習生另行物色

主席　徐伯昕

第三届人事委員會第十六次臨时會記錄

開會日期 廿五年三月九日下午五时

開會地点 本社经理室

出席者 畢雲程（張仲实代）鄒韜奮（金仲華代）徐伯昕 陳錫麟 孙明心 鄒頌齡

主席 徐伯昕 記錄 孙明心

討論事項

（一）試用職員陳賈生社工滿期應如何去留及加薪案

議決　試用期滿職員劉執之、陸九華、練習生畢有華、顧根原、周名震、陸中飛、社工李維輝，決予繼續任用，並自本月份起劉執之加薪三元，陸九華加薪五元，林孟瑜加薪三元。

(一)進貨科擬添用周保昌為試用練習生案

議決　周保昌試用六個月，薪水十四元。

(二)門市部添用畢子芳為練習生案

議決　畢子芳自三月份起試用六個月，薪水十四元。

(一)畢先生、鄒先生提議金仲華先生主編永生工

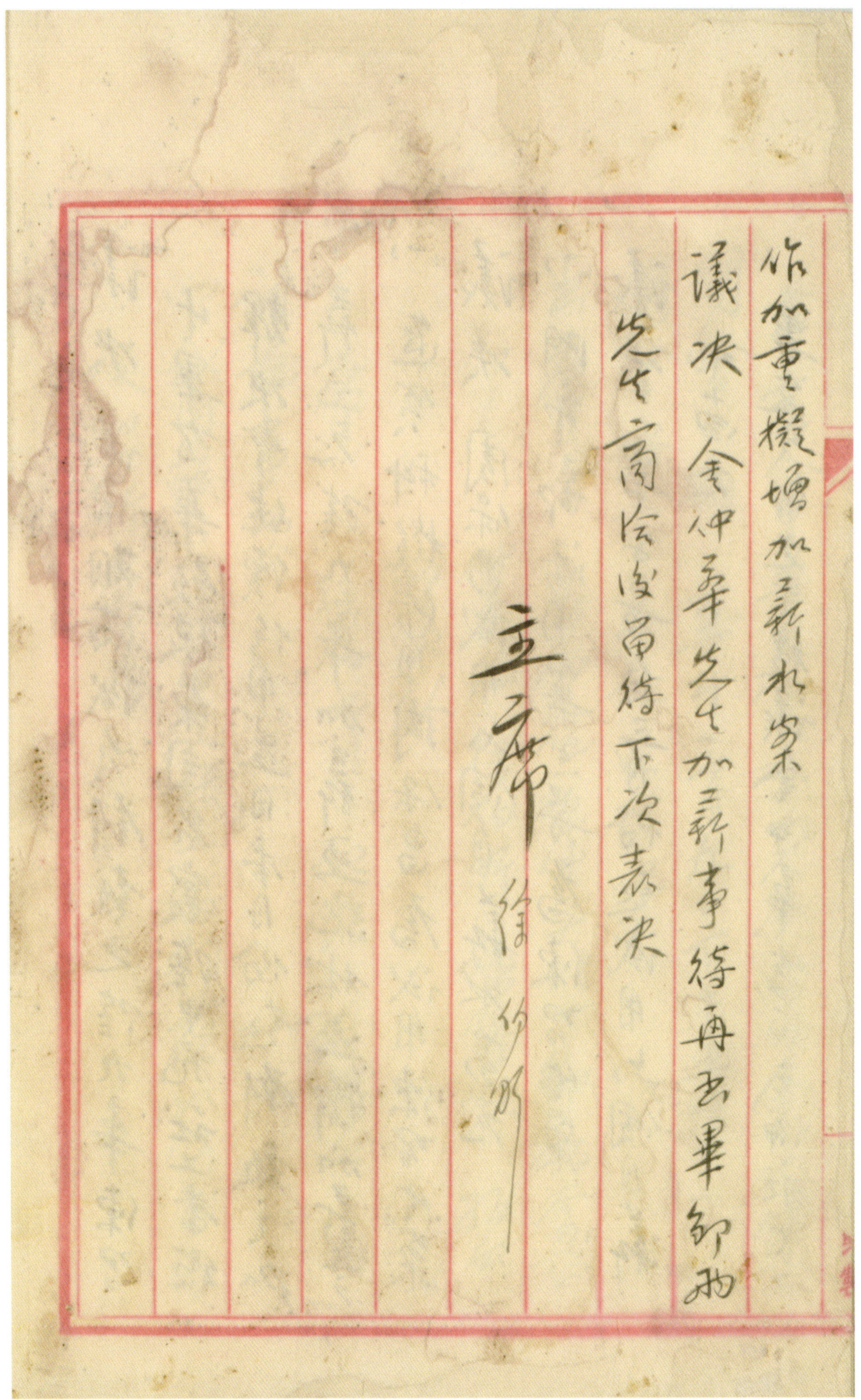

作加重擬增加薪水案

議決：令仲華先生加薪事待再查畢即兩先生商洽後留待下次表決

主席 徐伯昕

第三屆人事委員會第八次常會記錄

開會日期　本社經理室

開會時間　廿五年十二月廿日

出席人　畢雲程（仲華代）　鄒韜奮（張仲實代）　鄒順齡　陳錫麟　徐伯昕

列席人　嚴長衍

主席

記錄　徐伯昕

討論事項

添用社工周清大應否試用案

編者注：本次會議記錄原裝訂于《人事委員會會議録（第三册）》「第二十四次臨時會議記録」之后，本次出版以時間爲序調整到此處，特此説明。

議决 准予先行試用

主席 徐伯昕

十一月十三日補記

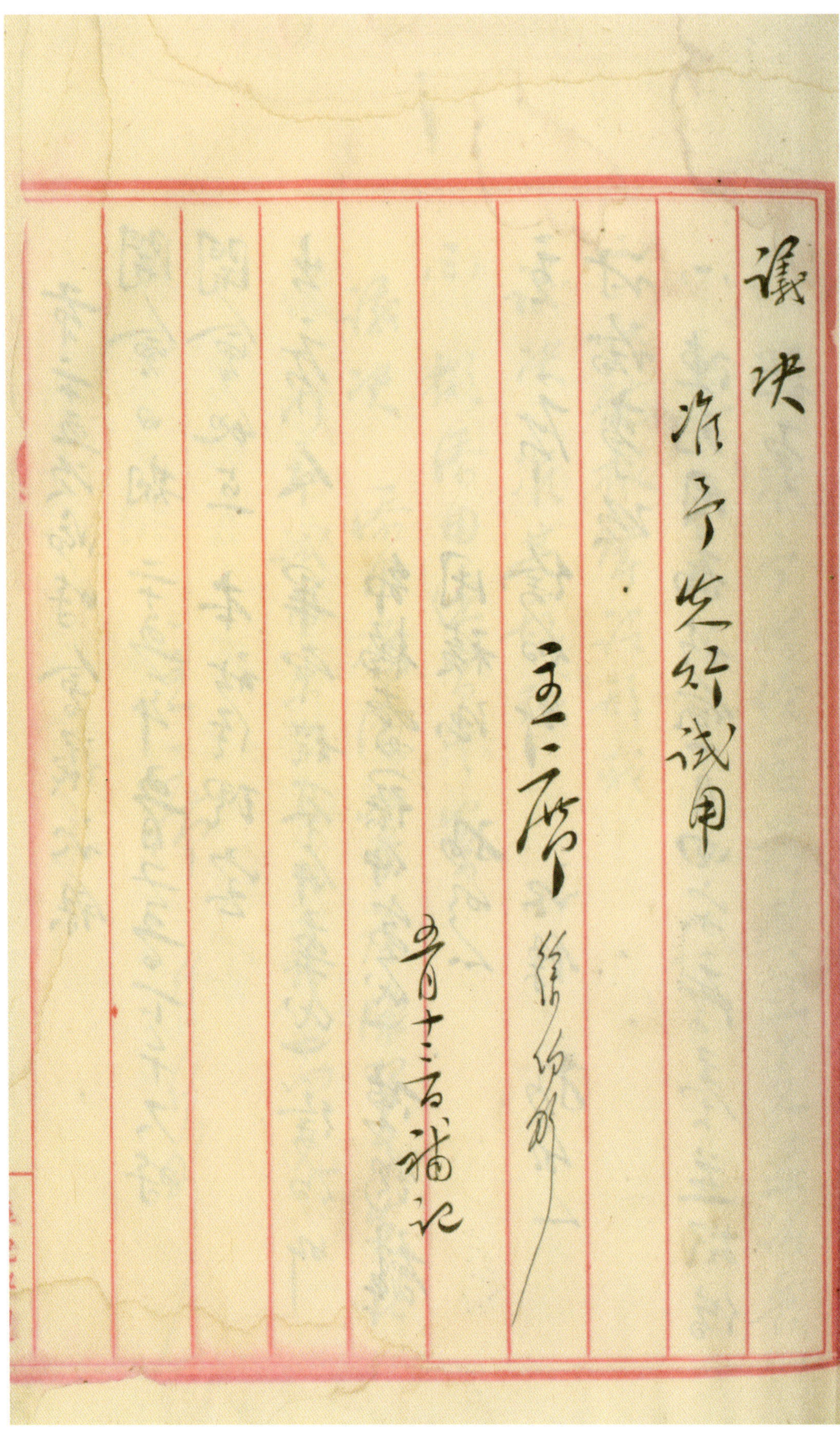

生活出版合作社

人事委员会会议记录（第三册）

人事委員會會議錄

生活出版合作社

生活出版合作社人事委員會會議記錄第三冊

開會日期 二十五年三月三十日下午五時

開會地点 本社會客室

出席人 陳錫麟 孙夢旦 徐伯昕 孙明心 邹韬奋 畢雲程（金仲華）

列席人 嚴長衍

主席 徐伯昕

记録 孙明心

讨論事項

一 金仲華張仲實兩先生加薪案

議決　金仲華先生薪水照舊帳繕三月份起為永生世知等另外寫稿另支稿費孫仲寬先生薪水繕三月份起加薪廿元

二　分店用人問題案

議決　徐伯昕先生提議畢先生來信人係畢捷華吳印生二人擬在分店試用案認為尚須考慮暫緩決定

三　本社辦公室更動後工作須重行支配案

議決　邵頌齡沈俊之兩先生調至新刊發行部孫梓玉調至會計科卜兆麟調至

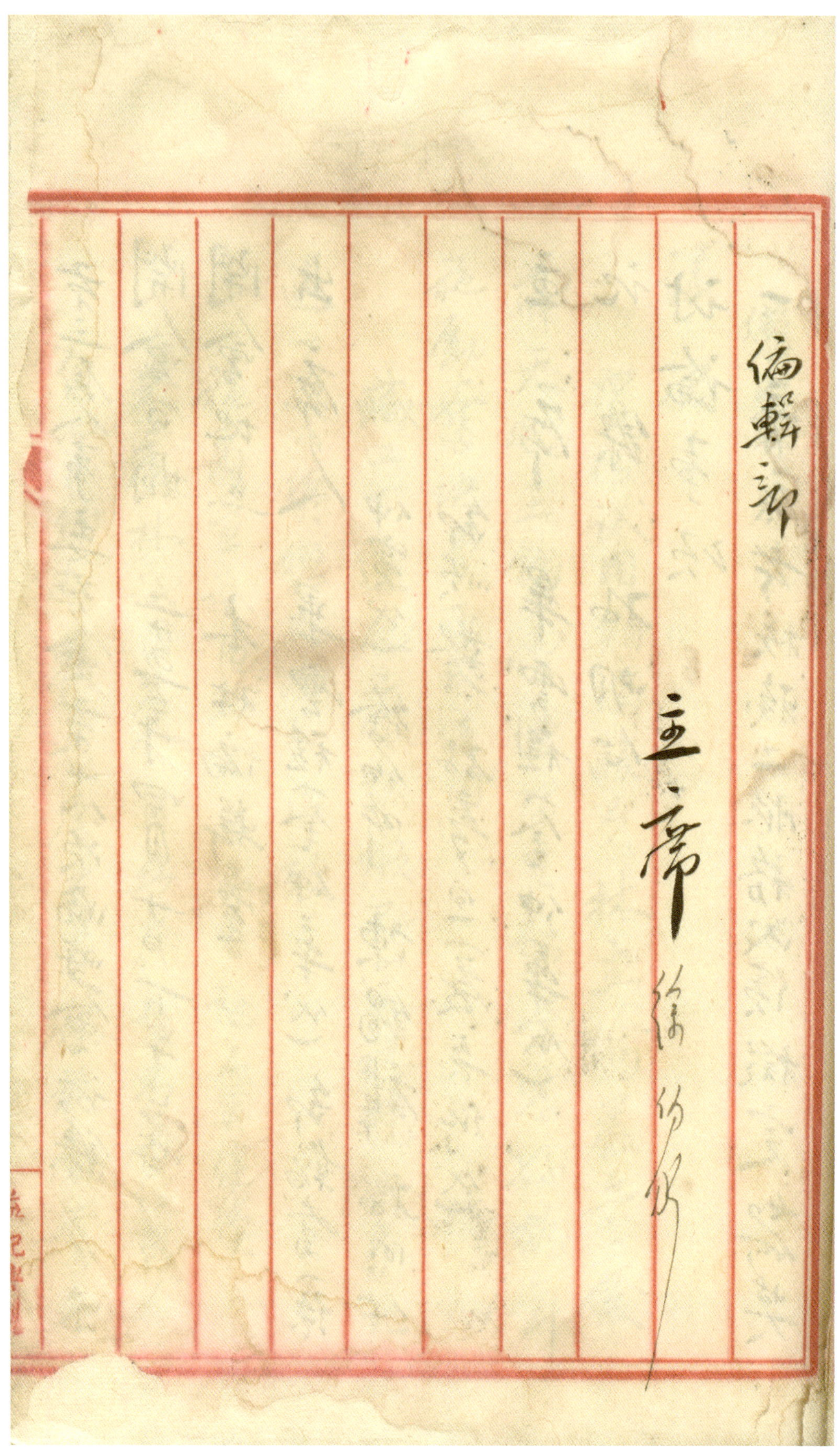

编辑部

主席 徐伯昕

第三屆人事委員會第十六次臨時會記錄

開會日期 二十五年四月十日下午六時

開會地点 本社編輯室

出席人 畢雲程（金仲華代） 鄒韜奮（張仲實代） 徐伯昕 陳錫麟 孫明心 邵順懿 孫夢旦（嚴長衍代）

主席 畢雲程（金仲華代）

記錄 孫明心

討論事項

一、三月底考核職工服務成績擬定如何獎

懲案

議決

四月份試用期滿職員林益愉嚴長慶薛天鵬王錦雲練習生趙曉恩孫鶴年施勵奮決予正式任用

職工丁道友工作疏懶不守禮貌決予記過一次以資懲戒而觀後效

施爾宜試用不合自即日起不再繼續

朱廣林試用不合自五月份起不再繼續

自四月份起嚴長慶薛天鵬施勵奮參

加薪三元　趙曉恩加薪五元　陳冠球　林鶴年各加薪四元　畢雲程　周名寰　王錦雲　顧根榮　陸中飛各加薪二元　李德輝加薪一元

朱照松工作不負責任自四月十日起決予解雇

卜兆麟工作不負責任自四月十日起決予解雇

王永德工作不稱職自四月十日起決予解雇

邵順齡工作不適宜自四月十日起決予解雇

朱照松　卜兆麟　王永德　邵順齡解雇後各給退職津貼兩個月薪水以示優待所有已繳社股照數發還

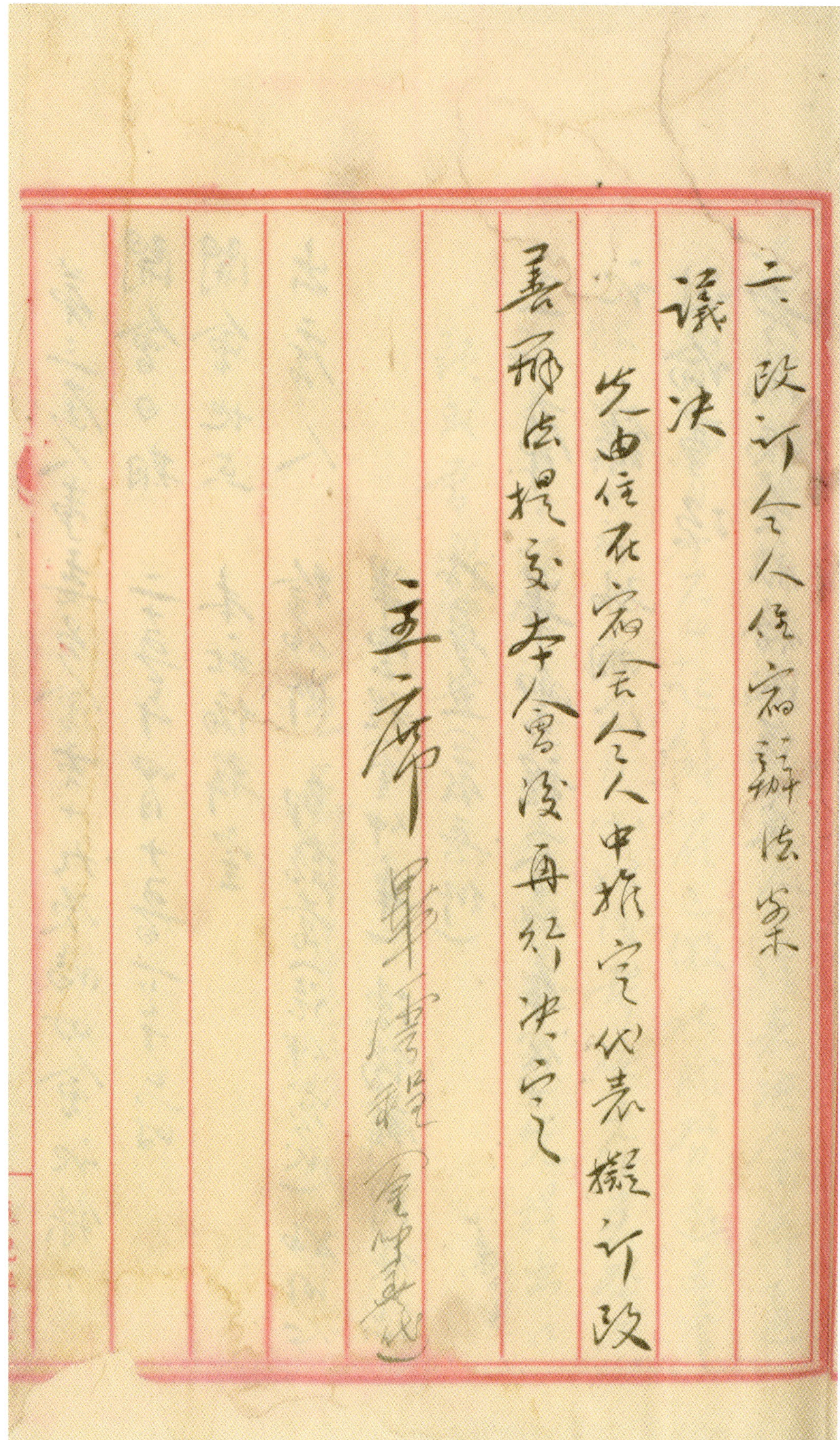

二、改訂全人住宿辦法案

議決

先由住在宿舍全人中推定代表擬訂改善辦法提交本會議後再行決定之

主席 畢雲程（金仲華代）

第三屆人事委員會第十九次臨時會記錄

開會日期　二十五年四月十五日下午七時

開會地點　本社編輯室

出席人　徐伯昕　鄒韜奮（張仲實代）　孫明心
畢雲程（金仲華）　陳錫麟　周積涵
孫夢旦（嚴長衍）

主席　畢雲程（金仲華代）

記錄　孫明心

討論事項

考核職員服務成績案

議決(1)張梓玉因工作不合經表決全体通過自八月十六日起解雇已繳社股發還並津貼退職工薪水兩個月(2)以後考核工作若發覺社員工作有錯誤或不盡責時應先提出口頭或書面警告

主席 畢雲程(金仲華代)

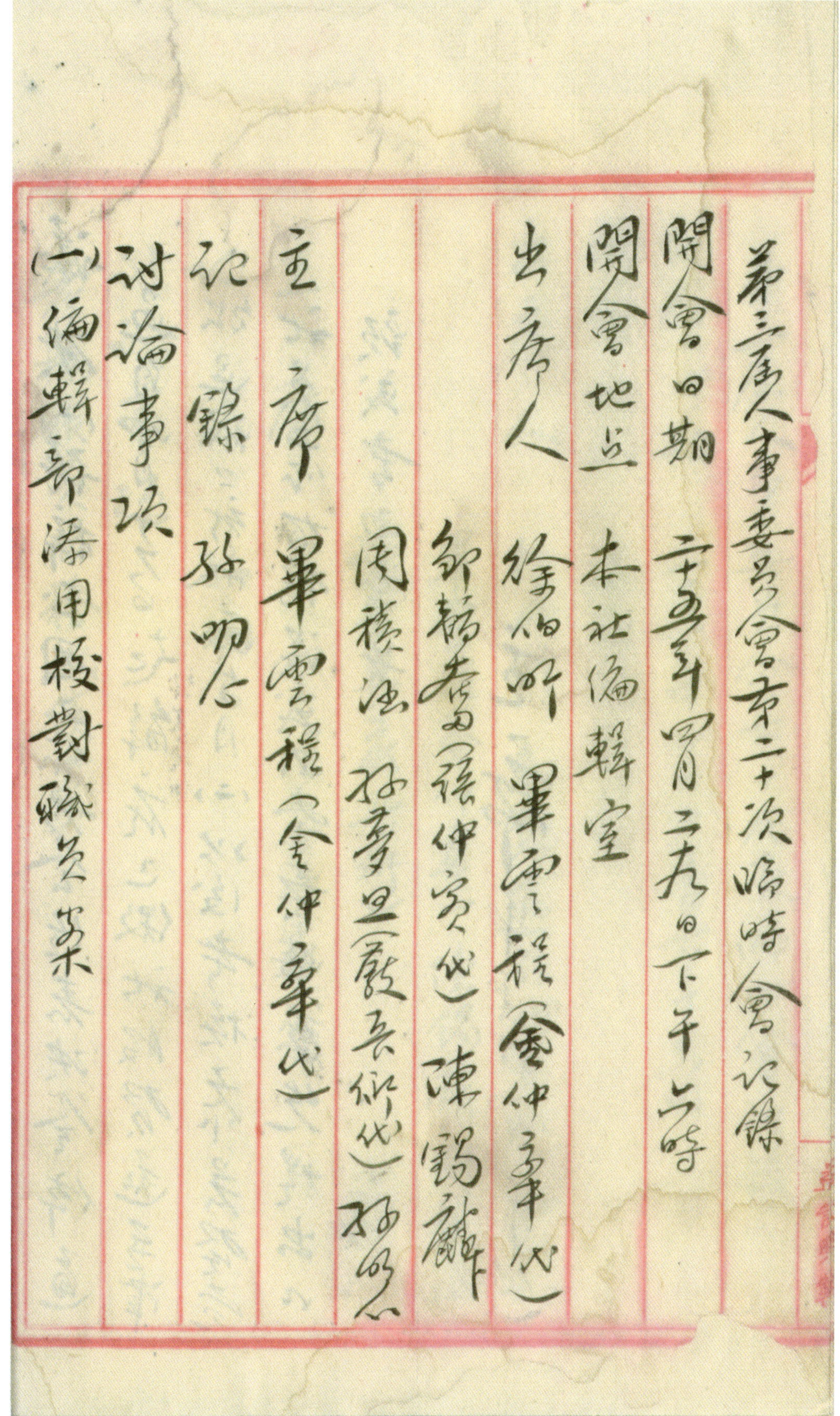

第三屆人事委員會第二十次臨時會議記錄

開會日期　二十五年四月二十九日下午六時

開會地點　本社編輯室

出席人　徐伯昕　畢雲程（金仲華代）　鄒韜奮（張仲實代）　陳錫麟　周積涵　孫夢旦（嚴長衍代）　孫明心

主席　畢雲程（金仲華代）

記錄　孫明心

討論事項

（一）編輯部添用校對職員案

議決　錄用袁信之為編輯部練習生，自五月起先行試用六個月，月薪十四元。

吴全衡、張明靜自薦願為校對員案，約期考試後決定取捨。

（二）永生添用職員案

議決　由金仲華先生通知吴並恒約期試用。

（三）試用期滿練習生決定應否繼續任用案

議決　本月份試用期滿練習生朱樹寬、秋龍根、沈俊之繼續任用，並自五月份起每加

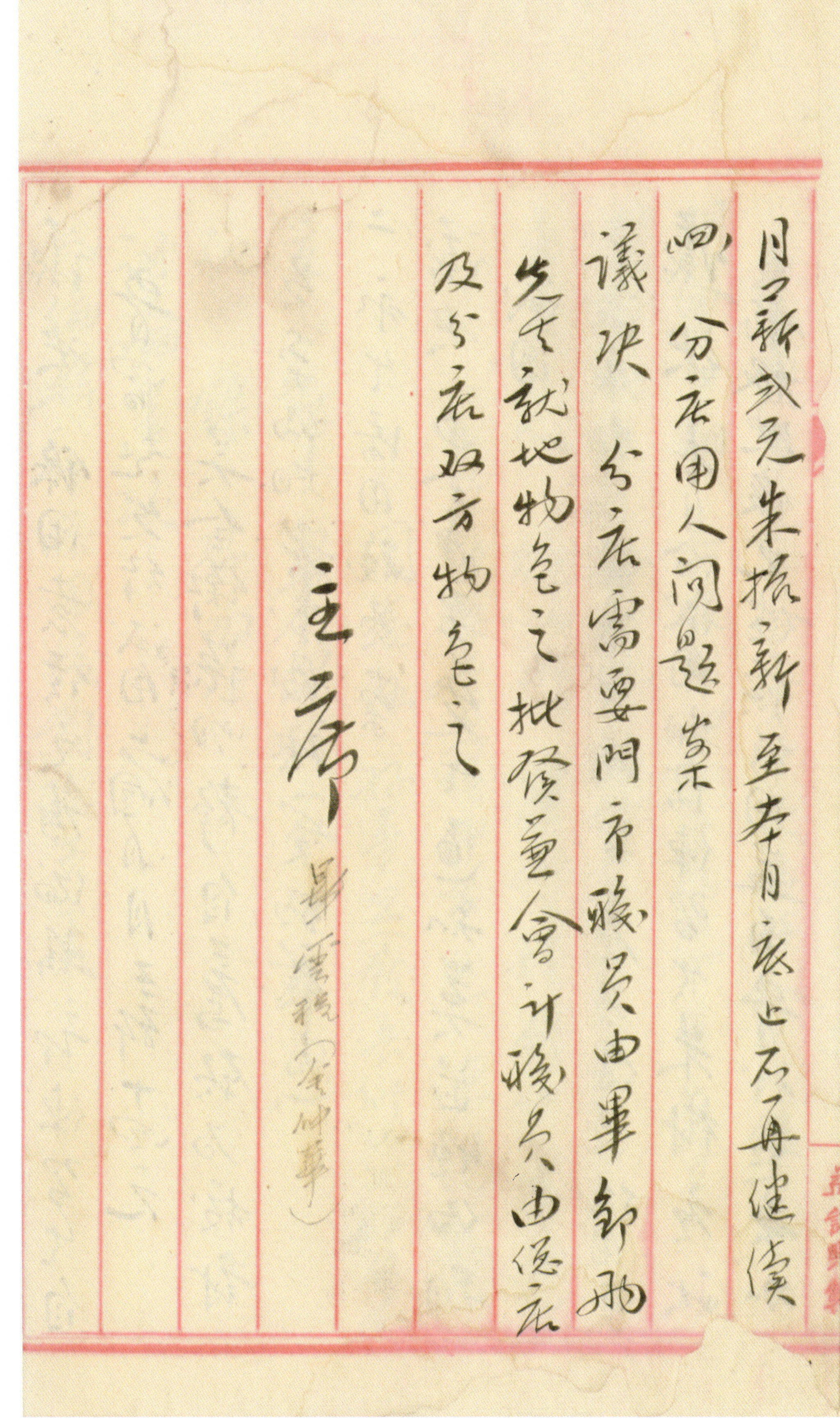

月薪贰元，朱振新至本月底止不再继续。

四、分店用人问题案

议决：分店需要门市职员由毕卿雨先生就地物色之，批发兼会计职员由总店及分店双方物色之。

主席　毕云程（金仲华）

第三屆人事委員會第二十一次臨時會記錄

開會日期　二十五年四月三十日下午

開會地點　本社經理室

出席人　畢雲程（金仲華代）　陳錫麟

孫夢旦（嚴長衍代）　周積涵

鄒韜奮（張仲實代）　徐伯昕

孫明心

主席　畢雲程（金仲華代）

記錄　孫明心

討論事項

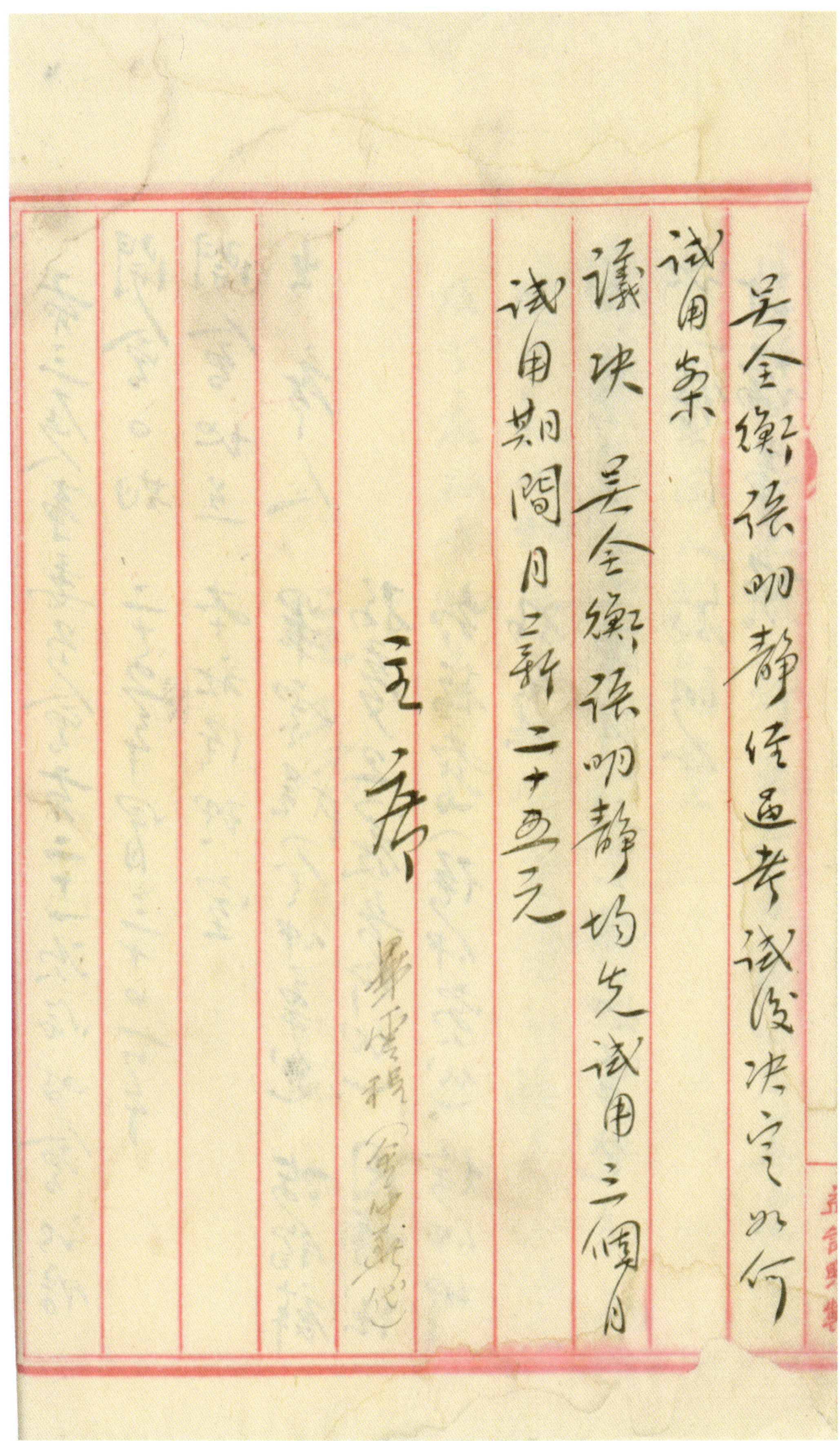

吳全衡、張明靜經過考試後決定如何試用案

議決　吳全衡、張明靜均先試用三個月

試用期間月薪二十五元

主席　畢雲程（金仲華代）

第三届人事委员会第二十二次临时会议记录

開會日期 二十五年五月七日下午六时

開會地點 本社编辑部

出席人 徐伯昕 陈锡麟 周积涵

邹韬奋（张仲实代） 孙明心

毕云程（金仲华）

主席 毕云程（金仲华代）

记录 孙明心

讨论事项

一、批发科拟添用职员案

議決 通知前寧波新生書店張又新君來店考試後再行決定

（二）世界知識擬請錢亦石先生為編輯案

議決 自六月一日請錢亦石先生為世知編輯，月薪一百五十元，與錢俊瑞先生全樣情形

（三）永生周金仲華先生須請長假，擬調錢俊瑞先生專任編輯案

議決 錢俊瑞先生自本月十六日起調任永生編輯，月薪待遇與金仲華先生全樣辦理

（四）擬請柳乃夫先生為永生助理編輯案

議決 請柳乃夫先生為永生助理編輯，月工薪六十元

（五）永生職員交調工作案

議決 自柳乃夫先生開始工作日起調黃寶珣先生至書店做事

主席 畢雲程（徐伯昕代）

第三届人事委员会第二十三次临时会记录

開會日期 二十五年五月八日下午五时

開會地点 本社经理室

出席人 毕云程（缺） 徐伯昕 周积涵

陳錫麟 邹韬奋（孫仲寬代）

孙明心

主席 徐伯昕

记録 孙明心

讨論事項

孫又新經過考试應否録用案

議決 張又新派在批發科試用三個月月薪三十元

主席 徐伯昕

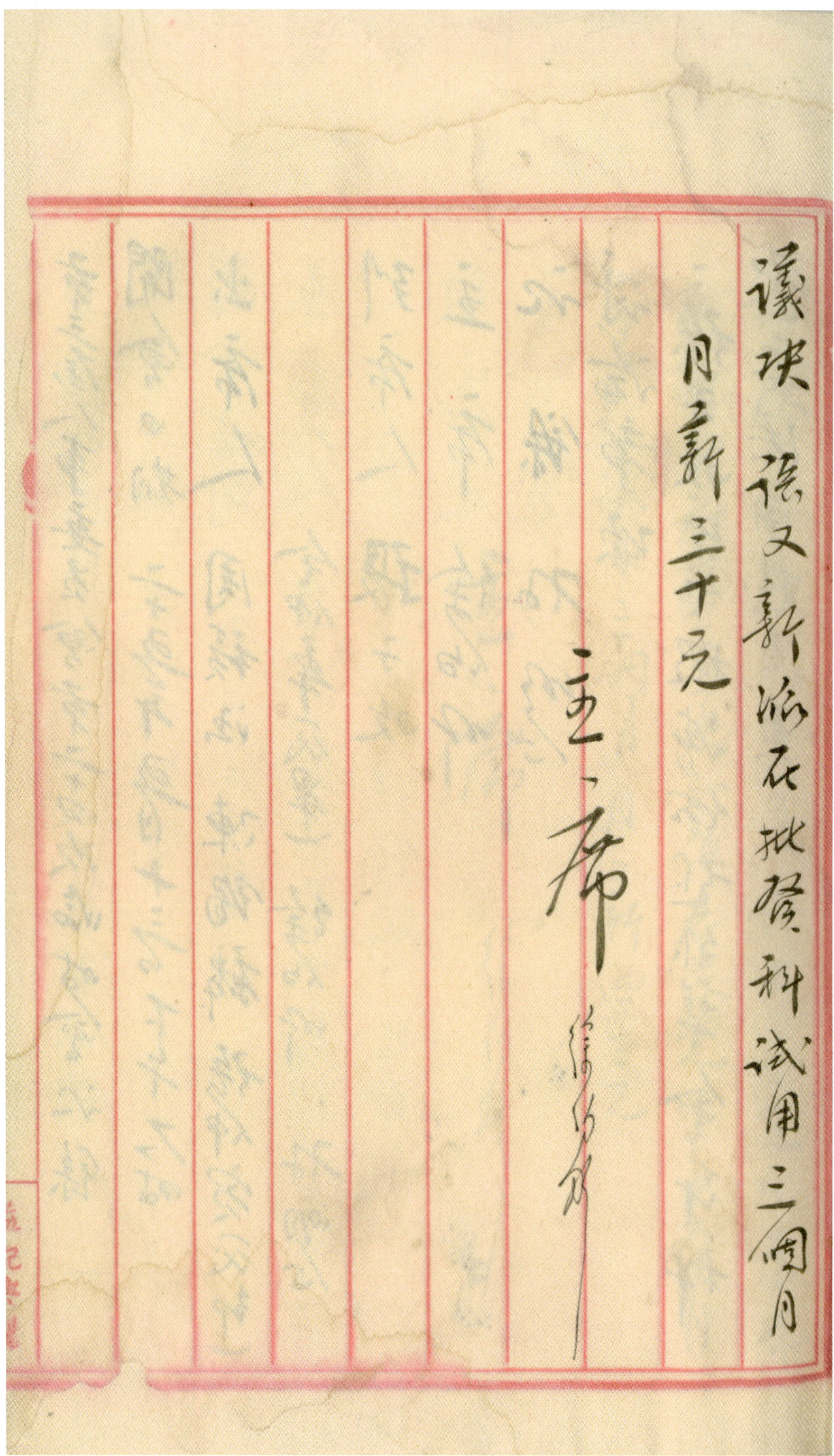

第三屆人事委員會第二十四次臨時會記錄

開會日期 二十五年五月十三日下午六時

出席人 周積涵 陳錫麟 張仲實（代郭） 金仲華（代畢） 徐伯昕 孫明心

列席人 張子政

主席 徐伯昕

記錄 孫明心

討論事項

張子政先生擬請假赴外埠會計科需要添用職員案

議決　准予借給醫藥費五十元並請長

假一个月

（二）耿龍根韓請辭職

議決　准其辭職

（三）擬添用練習生案

議決　添用馮德寧為練習生先行

試用六个月月薪十四元

主席　徐伯昕

第三屆人事委員會第二十四次臨時會記錄

開會日期　二十五年五月十二日下午六時

出席人　周積涵　陳錫麟　張仲實(代鄒)　金仲華(代畢)　徐伯昕　孫明心

列席人　張子政

主　席　徐伯昕

記　錄　孫明心

討論事項

張子政先生擬請任赴外埠會計科需要添用職員案

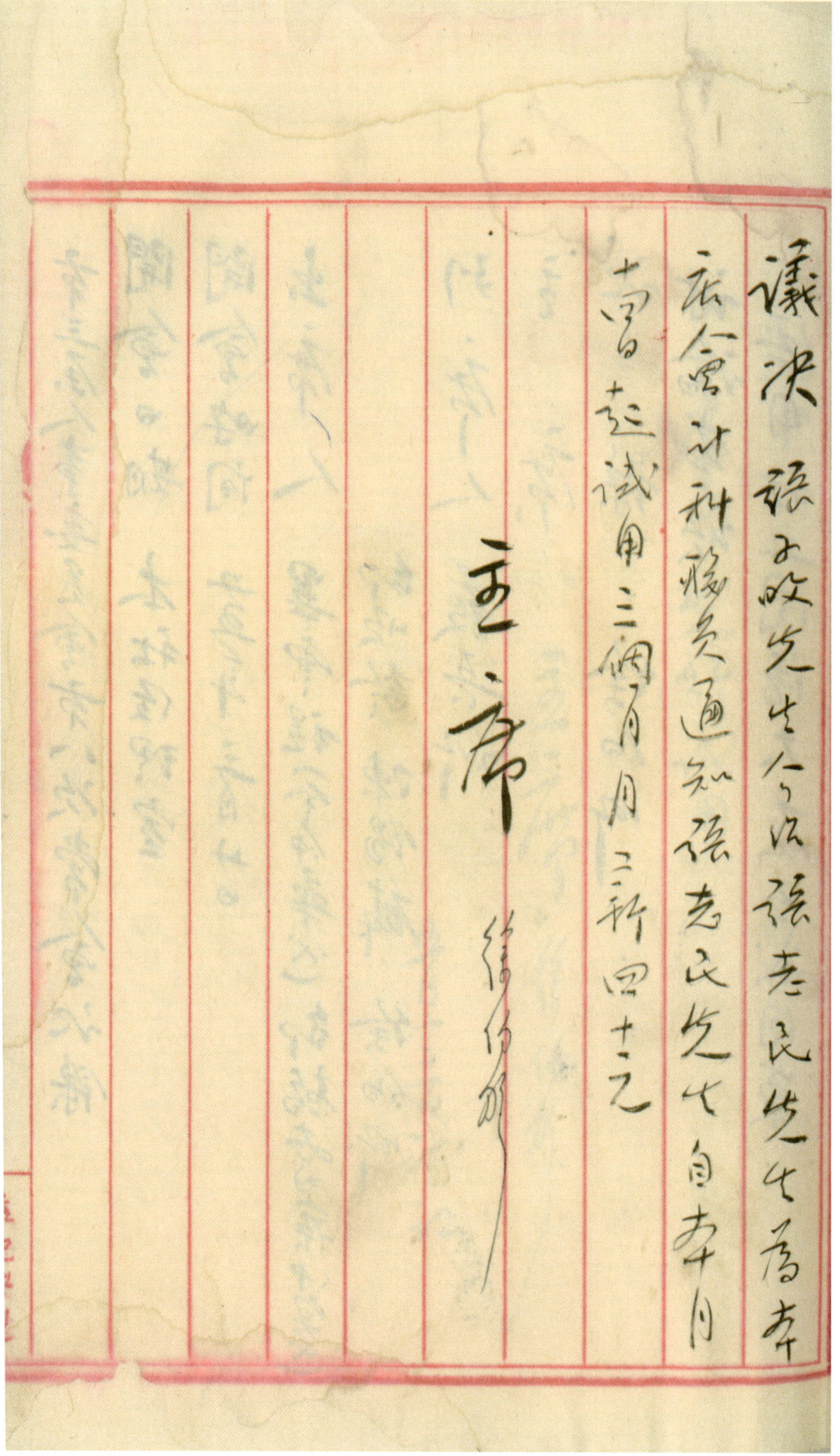

議決 孫子政先生介紹孫志民先生為本店會計科職員通知孫志民先生自本月十四日起試用三個月月薪四十元

主席 徐伯昕

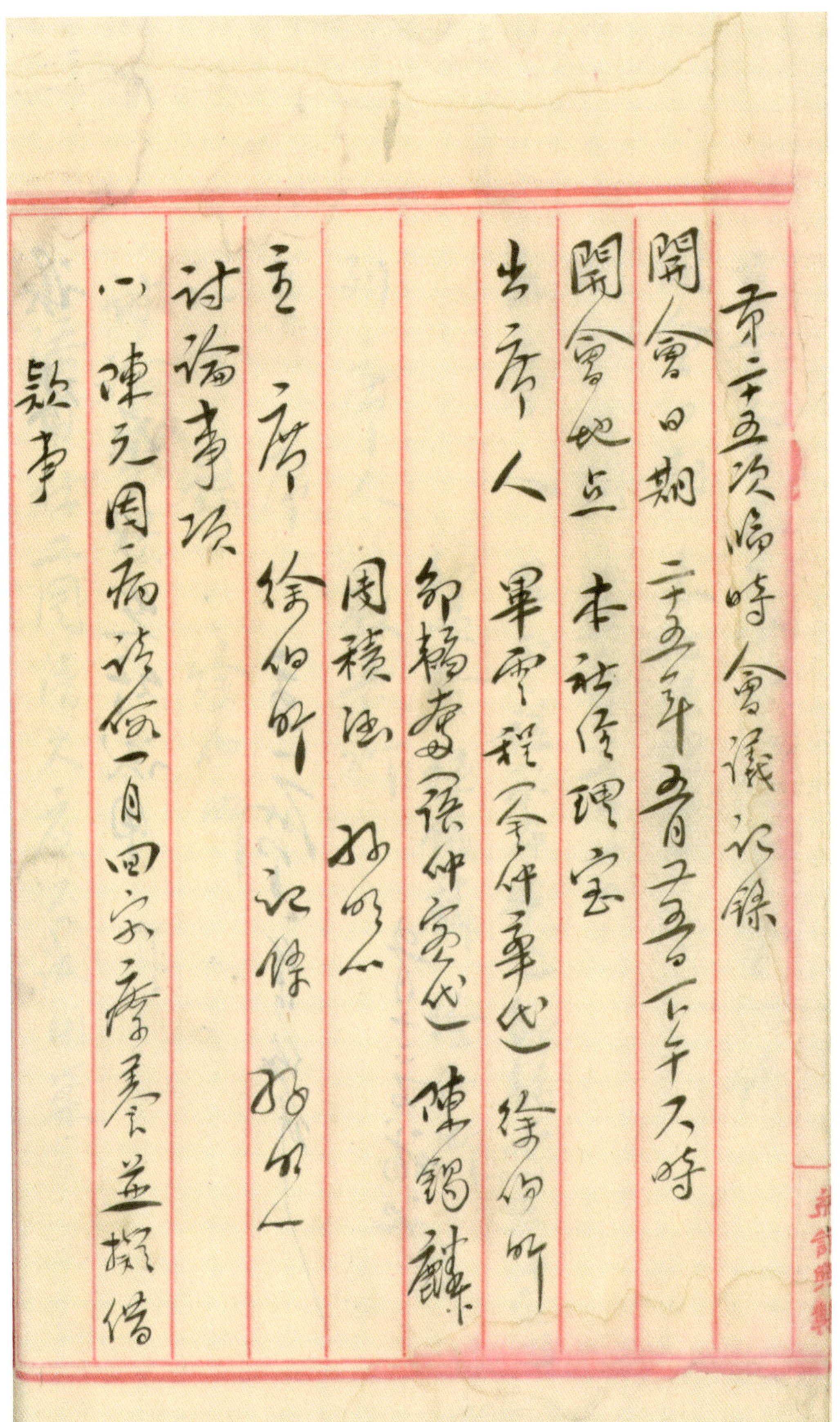

第二十五次臨時會議記錄

開會日期 二十五年十二月二十五日下午六時

開會地点 本社經理室

出席人 畢雲程(李仲華代) 徐伯昕

鄒韜奮(張仲實代) 陳錫麟

周積涵 孫明心

主席 徐伯昕 記錄 孫明心

討論事項

一、陳元因病請假一月回家療養並擬借

款事

議決　准予借給醫藥費五十元並准長假一個月

（二）秋龍根聲請辭職

議決　准其辭職

（三）擬聘用陳習之案

議決　聘用馮滄寧爲陳習之先生助手試用六個月月薪十四元

主席　徐伯昕

第二十六次临时会议

开会日期　五月三十日下午五时

开会地点　本社经理室

出席人　邹韬奋(张仲实)　孙明心

徐伯昕(陈其襄代)　孙鸣麟

周积涵

主席　孙明心

讨论事项

王昆之于今日晨七时前觉察职工李维俊

有偷窃公私物嫌疑经各方调查证实之六

有過合作契約事應如何處置案

議決

訊問各方情形本店對於濮君之協有責大猶疑惟為鄭重辦理計再於發表調查下次議決懲責辦法

主席 柳湜

第二十七次临时会议记录

开会日期　二十五年十月一日下午四时

开会地点　本社经理室

出席人　徐伯昕　周积涵　陈锡麟

杨明心　邹韬奋（张仲实代）

主席　徐伯昕

记录　杨明心

讨论事项

职员之偷货利执经陈其襄君发

两先生向总纸调查房实李纯烈以有

通令無契約經店户如何處置案

議決

漢口之總店獲賴店傳訊給對賬後營業處之李姓帳擅自送貨店另定懲責辦法俟下次開會時決定之

主席 徐伯昕

第二十八次临时会议记录

開會日期　五月三日下午五时半

開會地点　本社編輯部

出席人　徐伯昕（嚴長衍代）　陈锡麟　周積涵　孙明心　邹韬奋（張代）

列席人　刘执之

主席　張仲实（代邹）

記録　孙明心

討論事項

（一）編輯部試用職员張明靜擬予中止

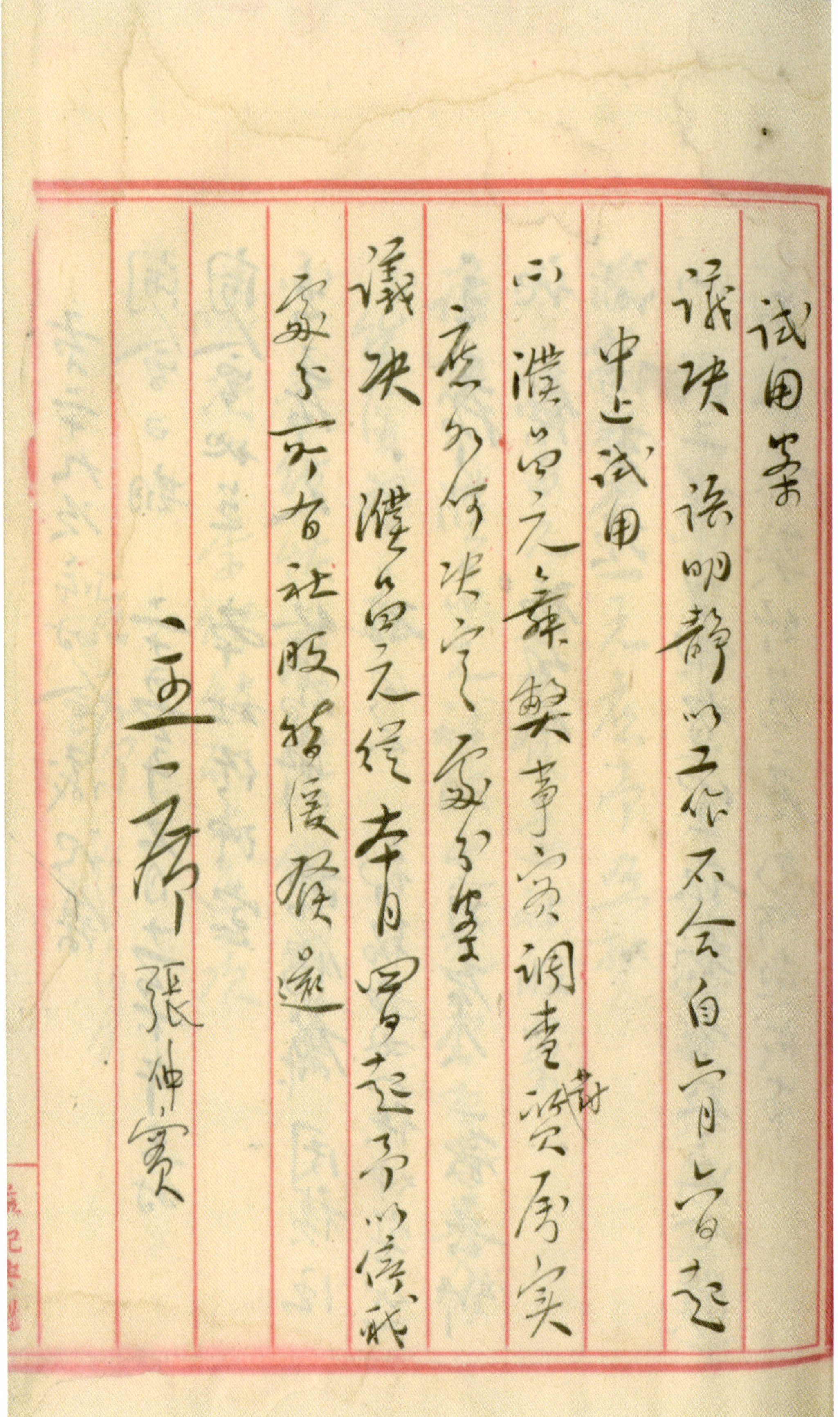

试用案

议决　该明静以工作不会自六月六日起

中止试用

以濮舜元弃契事实调查证属实

应如何决定处分案

议决　濮舜元从本月起停职以候处

分并其社股暂缓发还

正一时

張仲實

第二十九次臨時會議記錄

開會日期　二十五年五月十五下午三時

開會地點　本社經理室

出席人　徐伯昕　陳錫麟　周積涵

楊緝人　鄒韜奮（張仲實代）

主席　　列席人　嚴長衍

記錄　楊緝人

討論事項

一、職工陳尚南有虛報車費及違令僕尚文、葉繫行為應如何懲戒案

議決
陳岳南自本月十六日起停發社股發還
浮報郵費一元應予照扣
（二）濮岳之要求發還社股案
議決 濮岳之社股先發還壹百元其餘
俟後發還
（三）李絃鐵應如何懲戒案
議決 李絃鐵記大過一次

主席 徐伯昕

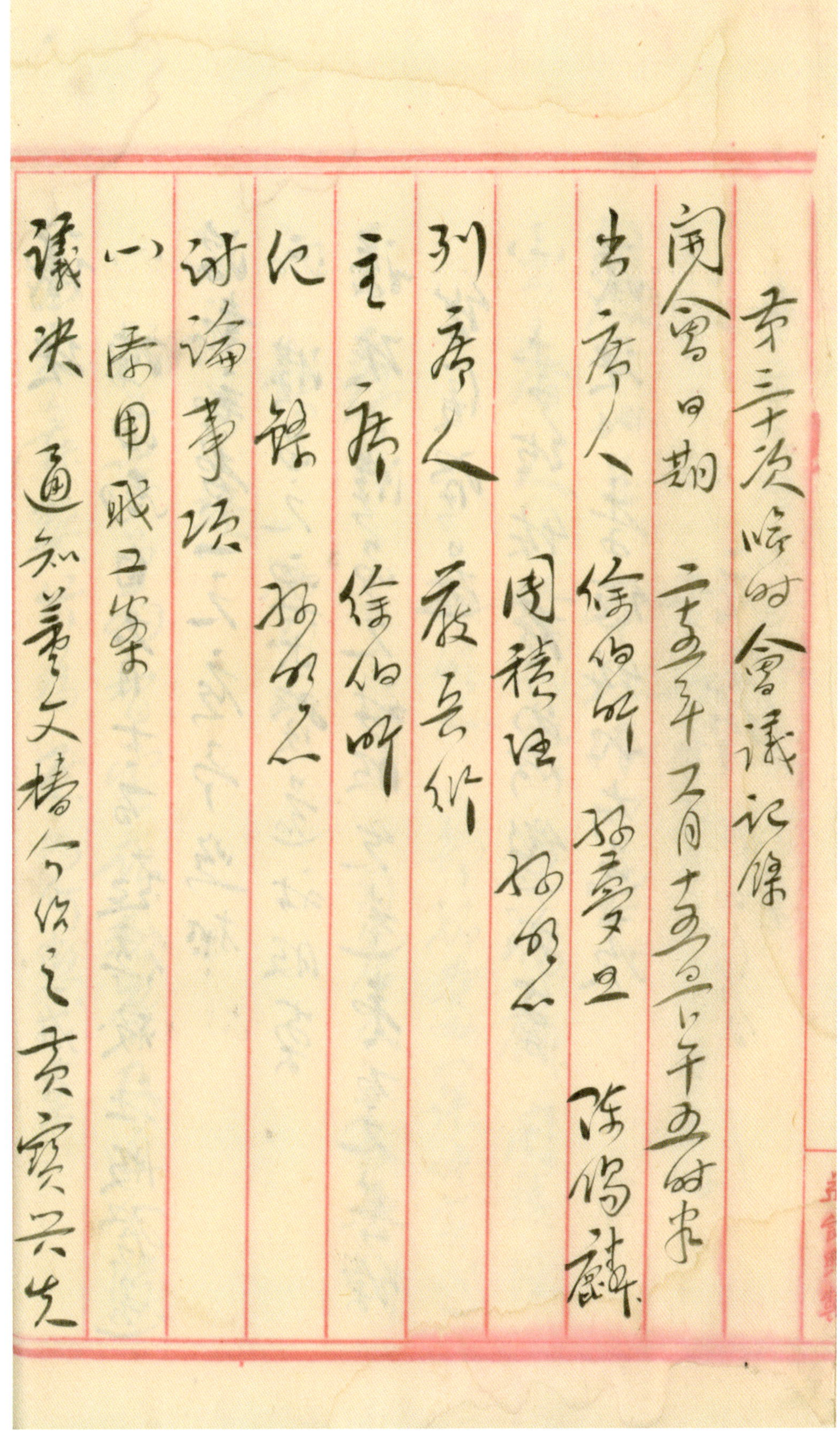

第三十次臨時會議記錄

開會日期 二十五年五月十五日下午五時半

出席人 徐伯昕 孫夢旦 陳鴻麟

周積涵 孫明心

列席人 嚴長衍

主席 徐伯昕

紀錄 孫明心

討論事項

一、添用職工案

議決 通知叢文楷今後之責實共先

来试用三个月每月工薪二十八元

二、考核试用练习生服务成绩案

议决　程伯龄工作不甚适宜自本月十六日起停止试用

三、汉口分店职员规定工薪给案

议决　职员顾凤月工薪廿五元练习生王云松月工薪十六元王玉坎十元吴佐蕴八元均供给膳宿自本月十六日起试用三个月

严长庆由总店调赴汉口分店工薪仍照原支数支给膳宿由店供给

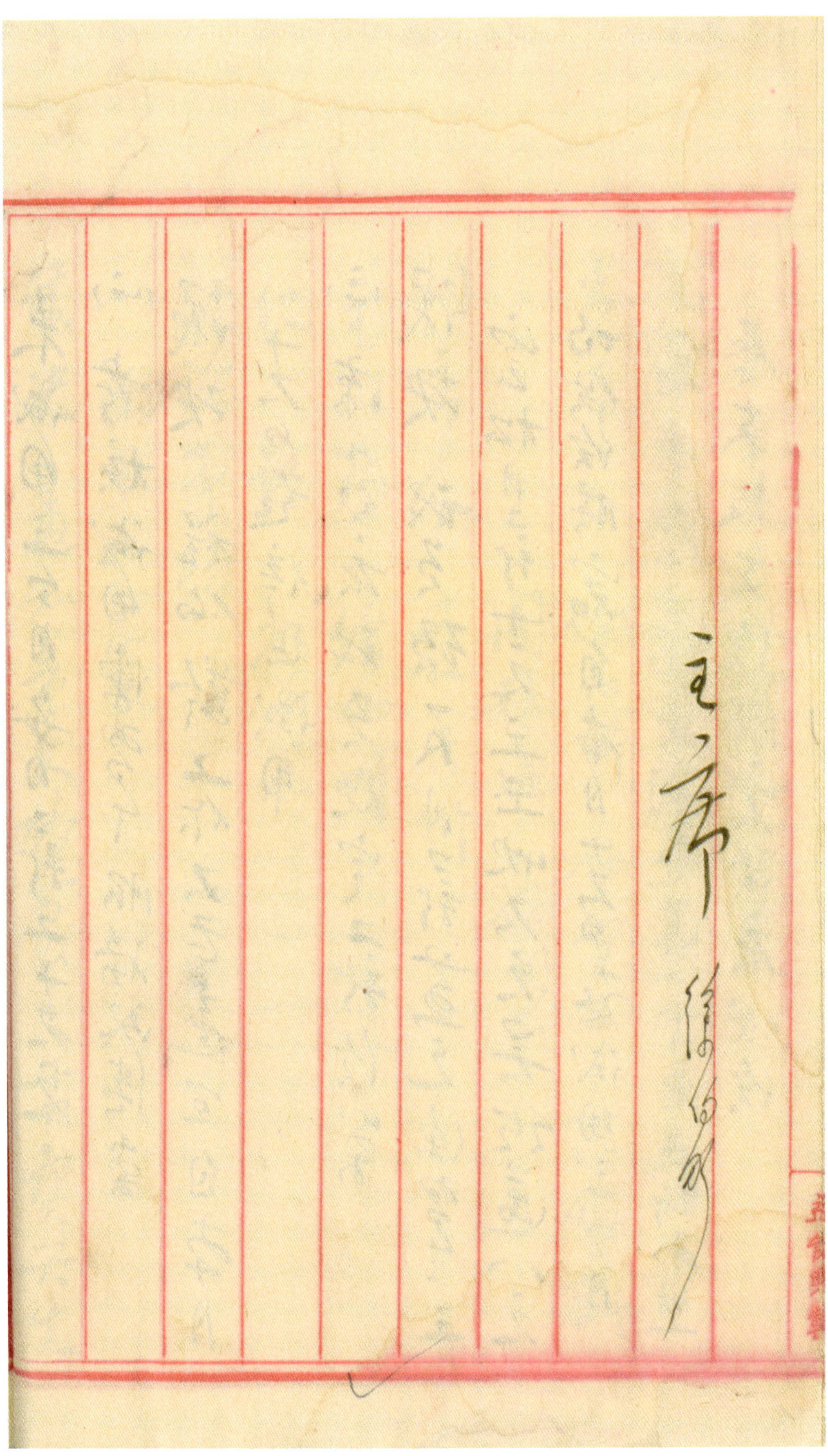
主席 徐伯昕

第三屆人事委員會第廿次臨時會議記錄

開會日期　二十五年六月十七日下午七時

開會地點　本社會計室

出席人　張仲實（民鄭）　徐伯昕　孫明心

周積涵　陳錫麟　孫夢旦

列席人　嚴長衍

主席　徐伯昕

記錄　孫明心

討論事項

（一）擬將莫志恒為本店試用職員提經會

普及推廣科工作案

議決　先請徐伯昕先生約談　月薪定為五十

元試用期為三個月

(二)王寄言辭職案

議決　准其辭職

(三)取消宿舍案

議決　本社環龍路宿舍決定從本月十五日起

取消此後全人住宿概歸自理應如何酌

給房貼容再擬定辦法

(四)整飭本社管理紀律案

议决：规定下列各条自本月廿日起公布实行：（一）凡仝人请假必须填具请假书并得经理之签字核定；（二）除本社之章则规定及由经理召集之会议外，不得在本店内举行任何集会；（三）凡本社内不得私藏违禁印品；（四）凡私人印件不得假借本店名义与印刷所接洽；（五）凡违背以上各条者应即予以严重处分。

徐伯昕

第三届人事委员会第卅二次临时会记录

開會日期　二十五年七月十日下午五時

開會地点　本社會客室

出席人　徐伯昕　張仲實（代邹）　孫夢旦　陈錫麟

周積涵　孫明心

列席人　嚴長衍

主席　徐伯昕

記錄　孫明心

討論事項

（一）本社全人宿舍取消後應如何致送房租案

議决

一　凡本社个人不論過去由本社供給宿舍或自租宿舍，從八月份起一律發給房紙。

二　每月應給職員房紙及車费，规定數額如下：

工薪水在三十元以下者七元；

工薪水在三十一元至五十元者六元；

工薪水在五十元以上未滿百元者五元；

工薪水满百元者不給房紙。

三　職工應給房紙及車费，不論工薪水多少，每人月給不足。

四 上項房飯及車費，自八月份起歸併於薪水內發給。

五 凡在七月十六日以前遷出本社宿舍者，七月份發給半個月房飯。

六 凡在七月十六日以後尚未遷出本社宿舍者，七月份房飯概不發給。

(二) 關于考核全人服務成績酌加薪水案

議決

先擬定考核標準(一)工作成績佔百分之四十

二）書店心佔百分之四十 三）服務佔百分之二十 再行參考決定之

三）港店困人問題案

議決

一 調派馮滄寧赴港試用

二 畢楷年吳頌生二人以前服務期內應給酬報因滬店總務隔膜委託畢雲程先生視察情形酌量辦理之

三 港店過去營業狀況及以後收支預算請港店負責人作一詳細報告以資參考

四、永生辦理結束案

議決

永生社編輯部從裁至本月十五日結束，柳乃夫先生職務至本月十五日為止，不再繼續，又月份當個月工薪水照發外，並另給工薪水一個月。錢俊瑞先生來函問題，請張仲實、徐伯昕兩先生與錢先生接洽後再行決定之。

五、傅東華先生工薪水案

議決

傅東華先生自七月份起，堅辭工薪，從本社以後需要傅先生協助之處甚多，故改

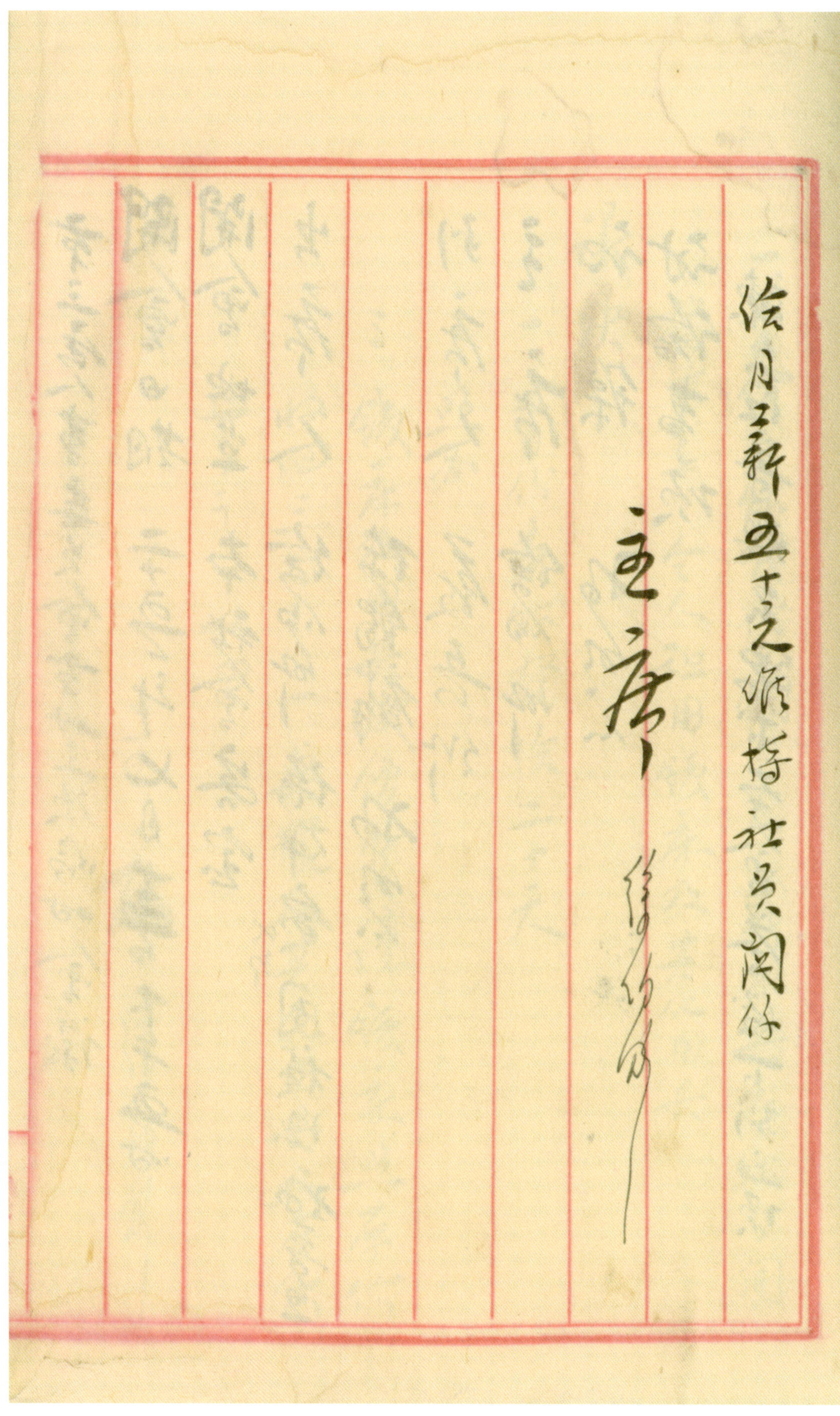

給月工薪五十元之職務社員開任

主席 徐伯昕

第三届人事委員會第卅三次臨時會議

開會日期　二十五年七月十一日下午五時

開會地點　本社會客室

出席人　徐伯昕　張仲實（代鄒）　周積涵　孫夢旦

陳錫麟　孫明心

列席人　嚴長衍

主席　徐伯昕

記錄　孫明心

討論事項

陳矢江等聯名要求本會答復下列三項

一、首份房租發給一個月 二、工薪水與房租分開

發給三人租用錢床及其他用具

議決

一、首份房租發給二十天

二、照辦

三、鐵床及用具減價賣讓，鐵床照原價

收回三分之一，桌椅及其他用具照原價

二分之一收回

主席 徐伯昕

第三届人事委员会第卅四次临时会议记录

开会日期 二十五年七月十四日下午六时

开会地点 本社经理室

出席人 徐伯昕 张仲实 陈锡麟

孙梦旦 周积涟 孙明心

列席人 严长衍

主席 徐伯昕

记录 孙明心

讨论事项

(一)根据第卅三次议决考核全人服务成绩分

别與總案

議決

一從七月份起加之新名單如下

杜國鈞 二元 王春來 二元 薛迪暢 一元

畢子桂 一元 陳文江 一元 劉執之 三元

諸祖榮 三元 孟濟臣 三元 卞鍾俊 三元

李濟安 二元 金海樺 二元 陸鳳祥 三元

陸九皋 二元 陸石水 一元 張洪濤 二元

周積法 二元 金乃洪 一元 張明西 二元

李伯剛 一元 薛天鵬 三元 徐承達 二元

趙曉恩 三元 陳冠球 二元 王錦雲 二元

孫鶴年 一元 顧根康 一元 張中飛 一元

程樹章 二元 秦逸舟 一元 朱樹臺 一元

汪鍾瀾 一元 周幼璜 二元 袁洪年 一元

沈俊元 一元 畢子芳 一元 卞祖紀 三元

沈百民 二元 周保昌 三元

陳文鐘 二元 黃文椿 二元 劉桂璋 一元

陳思一 一元 沈炎林 一元 潘宝洪 一元

李 一元 周清大 一元

二 張季良試用不合于十五日起停止

試用

三 周名寰殷盈文對職務不負責任常有錯誤且對人事向缺乏禮貌應予書面警告以資懲戒而收後效

討論事項

（二）永生請求准錢俊瑞先生退職案

議決

錢俊瑞先生從七月十六日起不繼續職務除七月份上半個月工薪水照支外並另給津貼半個月工薪水

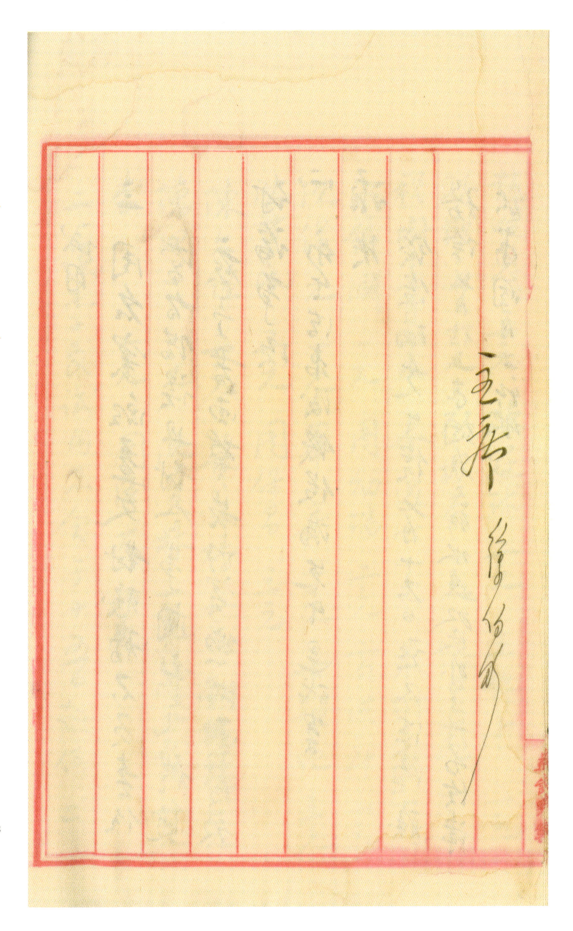

主席 徐伯昕

第三屆人事委員會第廿五次臨時會記錄

開會日期　二十五年七月十五日下午六時

開會地點　本社經理室

出席人　徐伯昕　張仲實（代鄒）　孫明心
孫夢旦　陳錫麟　周積涵

列席人　嚴長衍

主席　徐伯昕

記錄　孫明心

討論事項

本會在廿三次會議決定宿舍用具負擔議決辦

沿及卅四次会议决定准许张季良停止试用
后接王锦云等联名书面要求提出三点(一)
收回开除张君季良的命令(二)保持过去加薪成
例(三)对宿舍来的问题要求答复案

议决

(一)张季良工作不力经本会议决停止试用碍
难收回原议

(二)加薪标准本年度以营业不如预算故酌量
减低以后营业如有起色标准自当提高

本会根据此点向全人解释

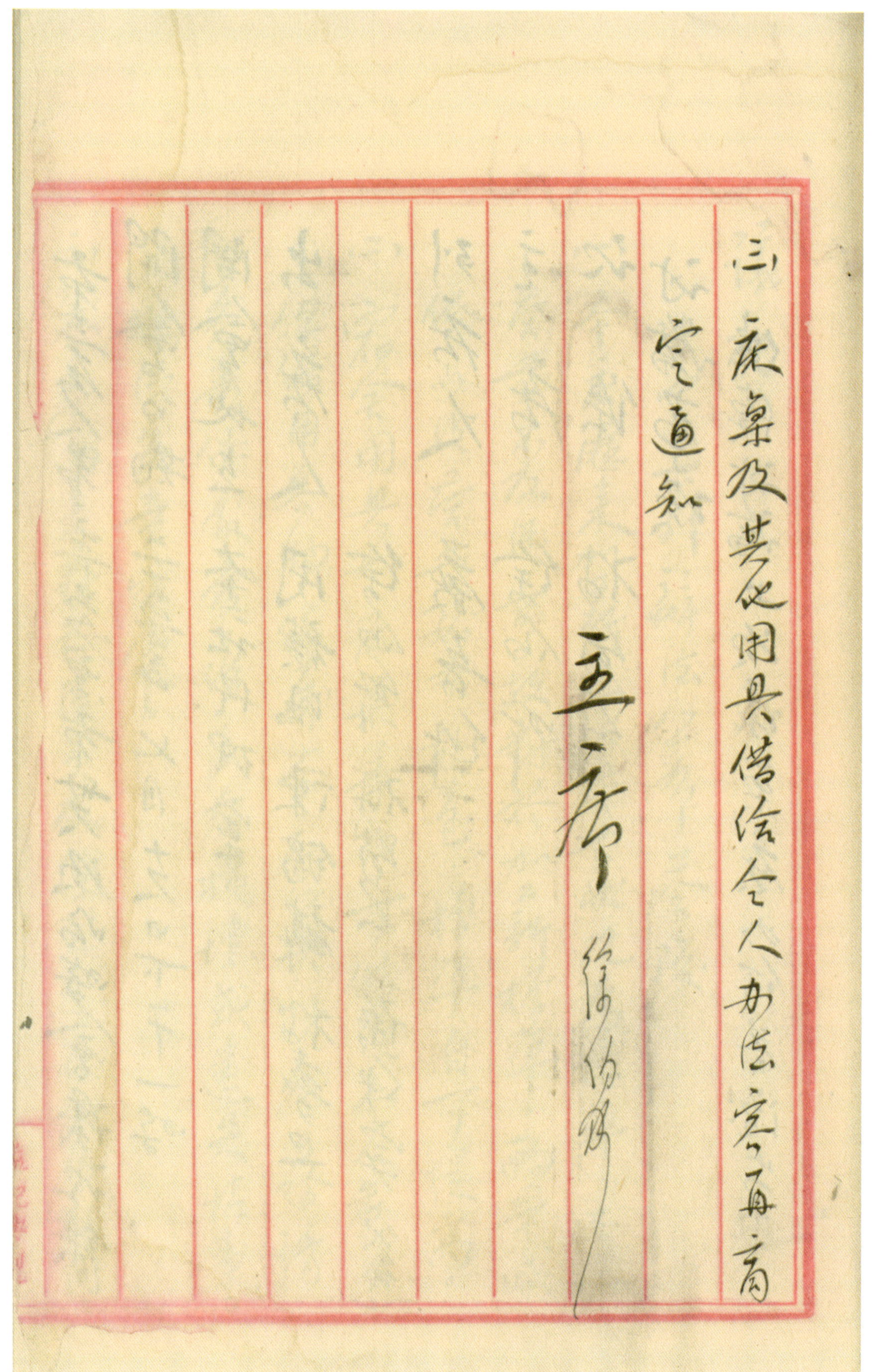
(三)床桌及其他用具借给个人办法容再商定通知

主席 徐伯昕

第三屆人事委員會第廿六次臨時會議記錄

開會日期　二十五年七月十六日下午一時

開會地點　本社經理室

出席人　周積涵　陳錫麟　孫夢旦

徐伯昕　孫明心　張仲實（代邵）

列席人　嚴長衍

主席　徐伯昕

記錄　孫明心

討論事項

繼續討論上次議案應如何答復案

議決

決定下列辦法公布答復

(一)本店歷來加薪，向以營業狀況為標準；本店營業不及從前，故對於加薪標準，酌量減低，以後營業如有起色，標準自可提高。

(二)宿舍用具如床桌等物，可備給全人應用，但備用各物，係屬本店公共財產，務請負責保管愛護，如有損壞或遺失情事，概須負責賠償。

(三)本店向來對於職員及練習生在試用期間，

對事服務成績及紀律，以作正式錄用之標準。依章如有一方不合，隨時即可停止試用。今查練習生張季良君，截至本月底試用期滿，於期滿前必須鄭重考核，決定錄用與否。在本年四月間，本會曾經考核成績一次，當時以工作欠佳，本擬停止試用，嗣經考慮結果，仍予以繼續練習之機會，以觀後效。最近復加審核，認為工作缺點頗多，其較重之事實，列舉如下：

甲　耽誤工作，例如開就退貨票積壓至十

給日或甚至二十餘日之久者，查有多起，此于本店工作紀律與對外信用，均有重大妨碍。

乙 工作屢次錯誤，例如開發貨單一再塗改，計算錯誤，易使顧客發生疑竇，對本店聲譽及信譽，有重大之影響。

丙 在工作時間內不守紀律，例如在辦公處所嬉食聚談，哄引其他同人妨碍工作，擾亂辦公秩序。

綜觀上述各条，均與本店用人標準不合。此

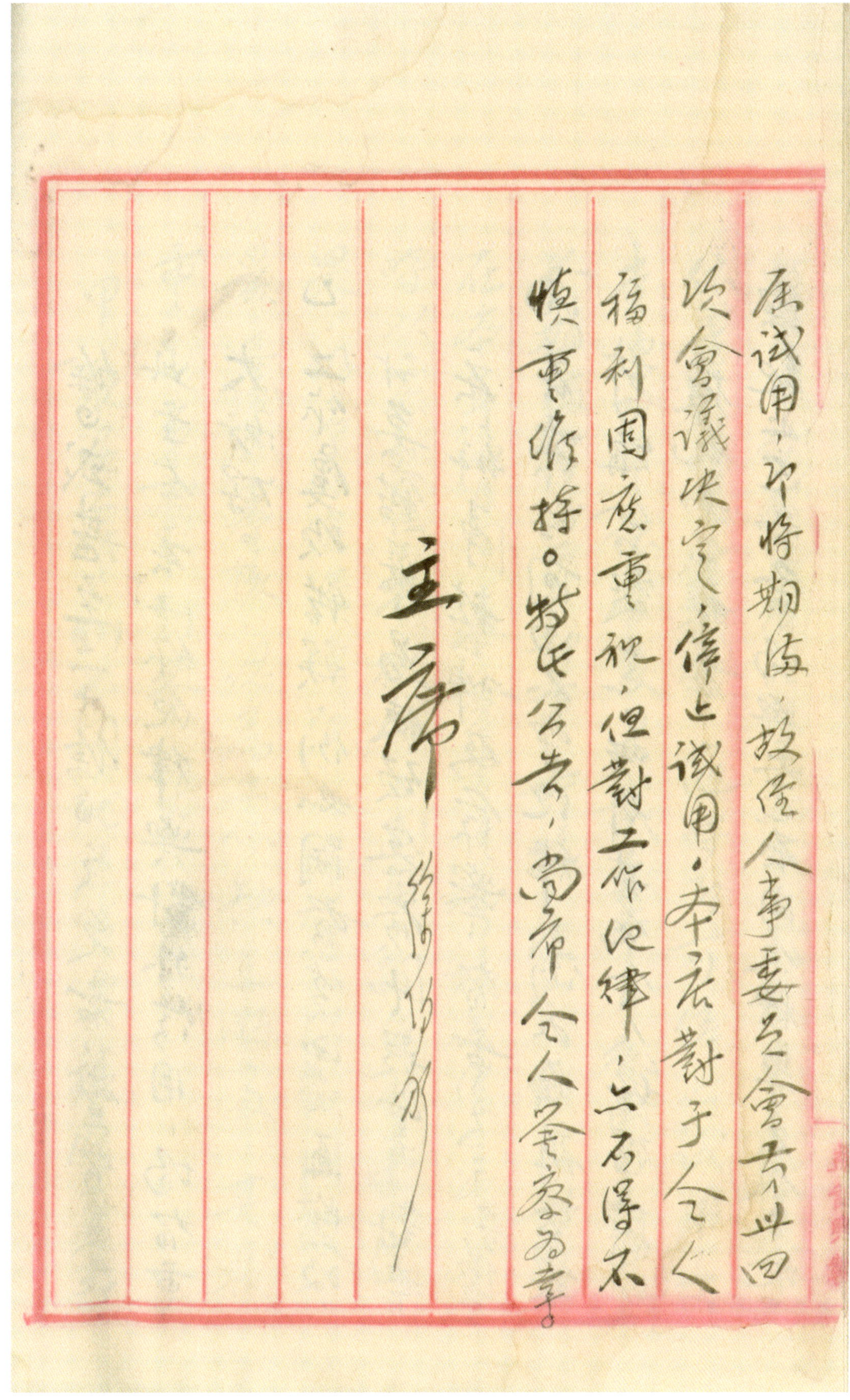

原試用，即將期滿，故經人事委員會第卅四次會議決定，停止試用。本社對于仝人福利固應重視，但對工作紀律，亦不得不慎重維持。特此公告，尚希仝人鑒察為幸。

主席

徐伯昕

第三届人事委员会第廿七次临时会议记录

开会日期　二十五年七月二十一日下午八时

开会地点　万宜坊五十二号

出席人　徐伯昕　张锡荣　杜重远　周积涵

邹韬奋（张仲实代）　孙明心

列席人　严长衍

主　席　徐伯昕　记　录　孙明心

主席报告社员卞钟俊等二十六人致函本会

请求对此次发现社章油印证二张宣言及破坏本

社组织原则暨迫以总工者组织呼吁严予处分本十人会

应如何表示案

讨論事項

本會对社员卞鍾俊等二十三人連名請求对于七月十八日少数社员之非法事件執行以儆效尤事经本会全体一致認為應予接受

此後一部分社員在七月十八日怠工根據各委員之所舉事實及嚴長衍此次之詳细報告經全体委员一致認為事實確實應再列舉各部科參加者姓名及各人開始怠工時間如下

楊明公報告　進貨科　陳冠球下午一時半以後開始

总工张洪涛上下午均有一二部分时间总工
张仲实报告编辑部吴全衡袁信之上午十时
许才开始总工
发行部报告批发科陆石水下午但以周名寰时
又新从十时许才开始总工
徐伯昕报告吴晖建杨周幼瑞毕青萍从上午
十时许才开始总工
周积涵报告李济安从下午一时半起开始总
工毕子桂下午三点钟以后有一部分时间参加总工
邮购科张锡荣魏励奋吴天鹏金汝梓沈俊之

殷豈文王錦雲顧根荣朱樹、唐吴元章上午十時起開始怠工李伯韜秦逸每下午一時半起開始怠工下午鍾俊周積涵今也樣自下午起因受怠工影響無法繼續工作

嚴長衍報告棧務科王泰來孫農年沈安文林上午十時許起開始怠工江鍾濤下午一時半起開始怠工

關于油印宣言檢得證據二張其中破壞本社最重要之點摘錄如下：「在最近的通告書裏用了無恥的手段騙去了我們的五位同事理由是外有壓力內

有请好并且还假造了市党部开来的名单作为开除会员的藉口……此种宣言显係捏造事实诬蔑本社名誉，须用积极法将以上二人证明确係蒋天鹏撰写

孙梦旦报告李伯新前道违法处罚停止工作

严长衍报告严长衍向书栈取书时被李济安李伯新秦逸舟三人设行阻止并肆意谩骂

徐伯昕报告李济安等最先主张向众宣言[illegible]取有效手段鼓动怠工并于十日上午被推为代表

向人事委员会谈话时声言应[illegible]社方坚决要求人事委员会不撤消原案决不复工

议决：本会对于社员方续复等二十六人连名请求对其中之一部份社员之非法事件执行紧急处分事件，本会全体委员一致认为情势非常严重，应予接受，严厉处分。惟应如何处分，留待下次会议决定。在未经决定之前，全体委员应一致负责严守秘密。

主席 徐伯昕

第廿八次會議記錄

開會日期　二十五年七月廿三日下午四時

開會地點　本社會客室

出席人　鄒韜奮（畢仲宣代）　徐伯昕

孫夢旦　陳錫麟　孫明心

周積涵（逢圳）

主席　徐伯昕

記錄　孫明心

討論事項

（一）根據上次議案繼續討論如何處分案

（二）理事會函本會建議謂宿舍取消後令人居住者自担增加床位予增加房租案

議決

（一）李濟安鼓動怠工破壞社務李伯龄秦惠逵並曾迫他人怠工妨害公共利益薛天鹏偽寫誣蔑本社信譽之宣言危害本社組織以上四人各予以最後警告以後如再犯人之類事件及其他破壞社務危害本社公共利益應無條件予以停職處分其他參加怠工者姑念初犯從寬免予處分

本會為鞏固本社基礎保障公共利益及整飭工作紀律起見特規定下列兩項辦法公布實行

凡有破壞社章妨害公共利益危害本社組織及其他對本社營業上有重大之損害者立即予以停職處分

凡有不守紀律及工作錯誤致影響本社營業及信譽者予以警告處分警告至三次者立即予以停職處分

（二）接受理事會建議將第三四五之三種房組

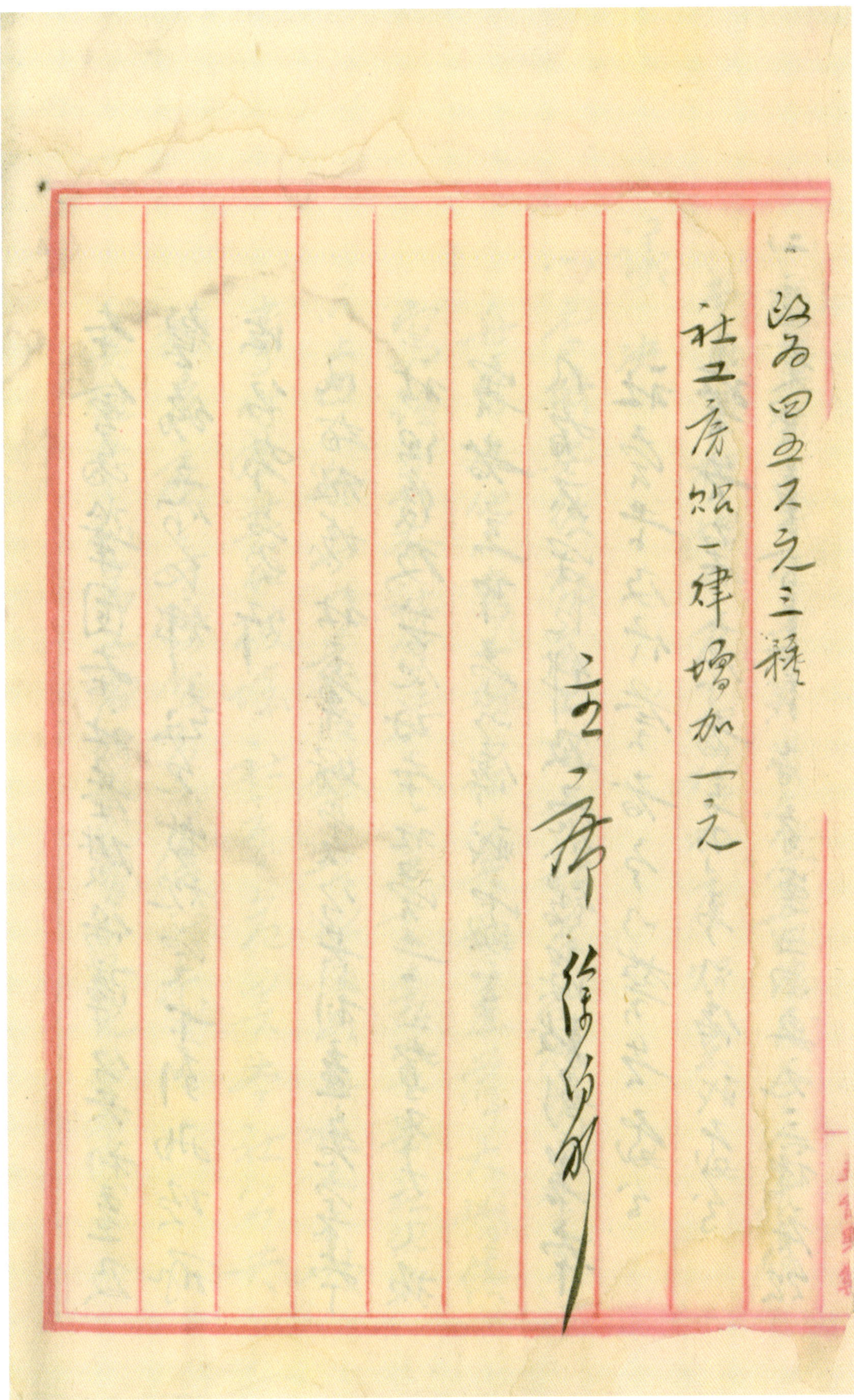

改為四五六元三種

社工房貼一律增加一元

主席 徐伯昕

第九次臨時會議記錄

開會日期　二十五年七月二十八日下午三時

開會地點　本社經理室

出席人　徐伯昕　陳錫麟　周積涵

鄒韜奮（張仲實代）孫夢旦　孫明心

主席　徐伯昕　鄒韜奮（張仲實代）

記錄　孫明心

討論事項

（一）整頓各部工作紀律案

（二）組織督導委員會案

(三)港店添人案

(四)調查廠長處工作錯誤案

(五)批發進貨出版科添人案

議決

(一)自八月份起各部科主任對本部科工作人员之工作情形除隨時口頭報告外每隔兩個月須用書面負責報告本会一次(報告需用之表格由本会擬定之並徵求借達委员会意見後付印備用)

(二)本会為溝通个人意見免除種種隔膜起

另特設傳達委員會，藉以諮詢及傳達各方意見，作為關於本会之諮詢機關。傳達委員之產生，每科至少須有委員一人，各科工作人員滿五人者，除科主任為當然委員外，另舉一人為委員，滿十人者推舉二人為委員。

（三）暫緩決定。

（四）先由批發部、總務部分函大東書局及廣長廣調查當時實際情形，以資再行討論處置。

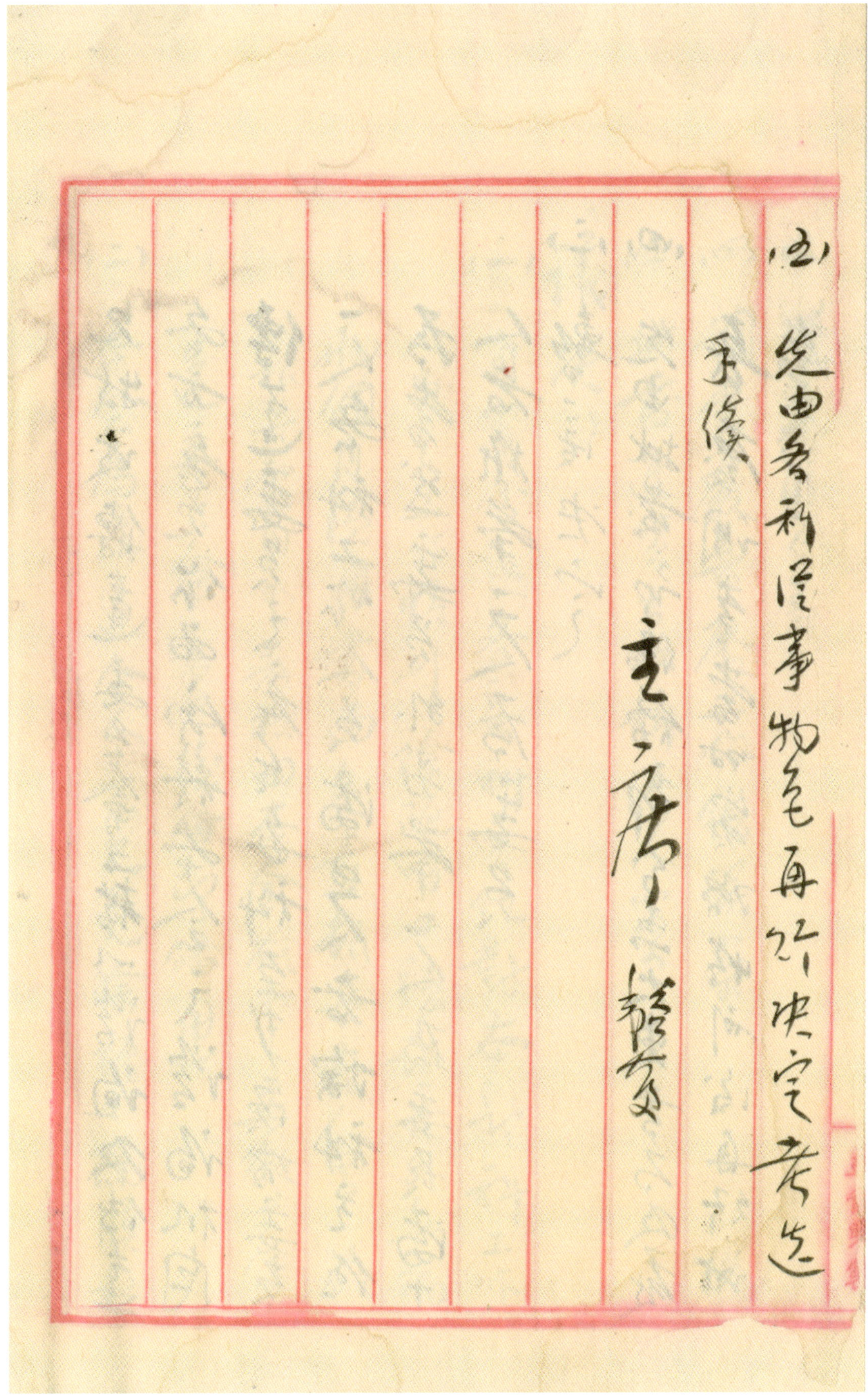

(2)先由各科经事物色再行决定考选手续

主席 韬奋

第四十次臨時會議記錄

開會日期　二十五年七月卅一日

開會地點　本社經理室

出席人　徐伯昕　鄒韜奮　周積涵

陳錫麟　孫明心　孫夢旦

主席　鄒韜奮　列席人　張仲實

記錄　孫明心

討論事項

職員張又新　吳全衡本月份試用期滿　應

否繼續任用案

議決

一、接批發科鄒公文、蔡云笙報告：張又新在試用期內頗能負責，成績尚佳。經議決應予繼續任用。

二、接張仲實報告：吳全衡工作不切實，整理編輯部圖書不負責任，所做工作與練習生無多差異，在三星期前曾由張仲實口頭警告一次（經由本會追認），現在仍未見努力。云經本會決定由主席向吳全衡第二次口頭警告，並由張仲實先生

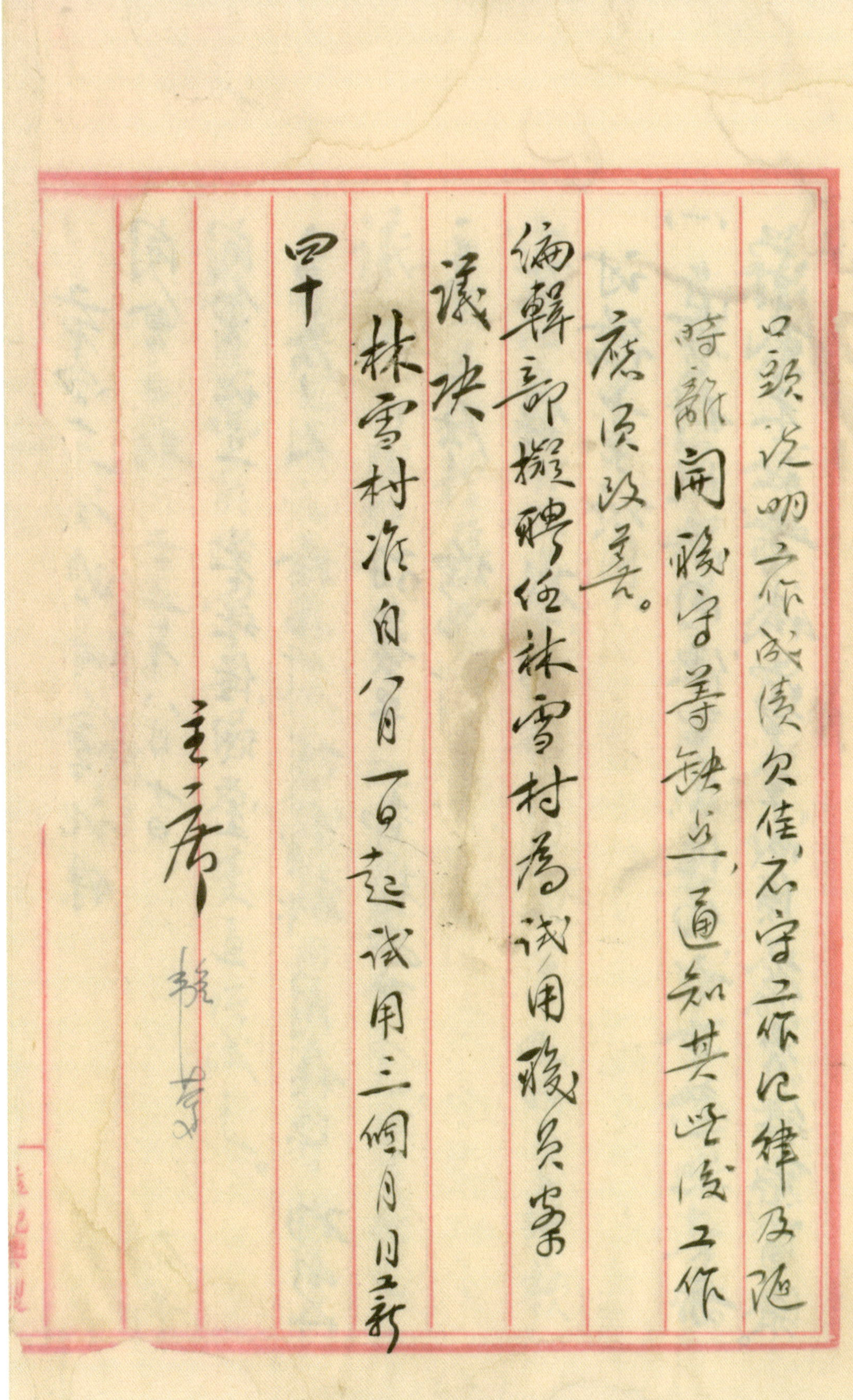

口頭説明工作成績欠佳，不守工作紀律及隨時離開職守等缺點，通知其此後工作應須改善。

編輯部擬聘任林雪村為試用職員案

議決

林雪村准自八月一日起試用三個月，月薪四十

主席 韜奮

第四十三次臨時會記錄

開會日期　二十五年八月十日

開會地点　本社經理室

出席人　徐伯昕　陳錫麟　周積涵　孙明心
孙夢旦　鄒韜奮

主席　徐伯昕

記錄　孙明心

討論事項

(一)進貨科擬添用練習生,經約前曾登記之方學武來社考試,審查成績應予錄取試用案。

議決　方學武准予試用六個月。在試用期內，任何一方認爲不滿意時，即可隨時無條件中止試用。

（二）本社自宿舍取消後，以後對新進練習生及職員之薪額應另訂標準案。

議決　以後招考練習生，規定月薪念弍元，職員規定月薪卅六元，膳宿車費一概自理。惟任用職員如有特殊情形，應視實際需要，得予變通增減之。

云序

第四十三次臨時會記錄

開會日期　二十五年十一月廿一日上午九時

開會地點　本社經理室

出席人　鄒韜奮　徐伯昕　陳錫麟

周積涵　孫夢旦　孫明心

主席　鄒韜奮　列席人　張錫榮

記錄　孫明心

討論事項

一）李伯訓在本月中無故曠工十日應如何予以懲戒案

（二）本社擬定期召集全人茶話會以資聯絡全人情誼案

（三）漢口分店業務繁忙擬由總店調派職員案

議決

（一）李伯釗應予停職處分經一致通過

（二）規定每月召集一次茶話會逢星期六晚舉行本屆準定于下星期六（八月三十日）晚舉行並於宴請籃球隊與西青選手獲勝慰勞周積涵畢雲程薛迪暢七人負責籌備茶點費用由本社支付但每次至多不得超過十元

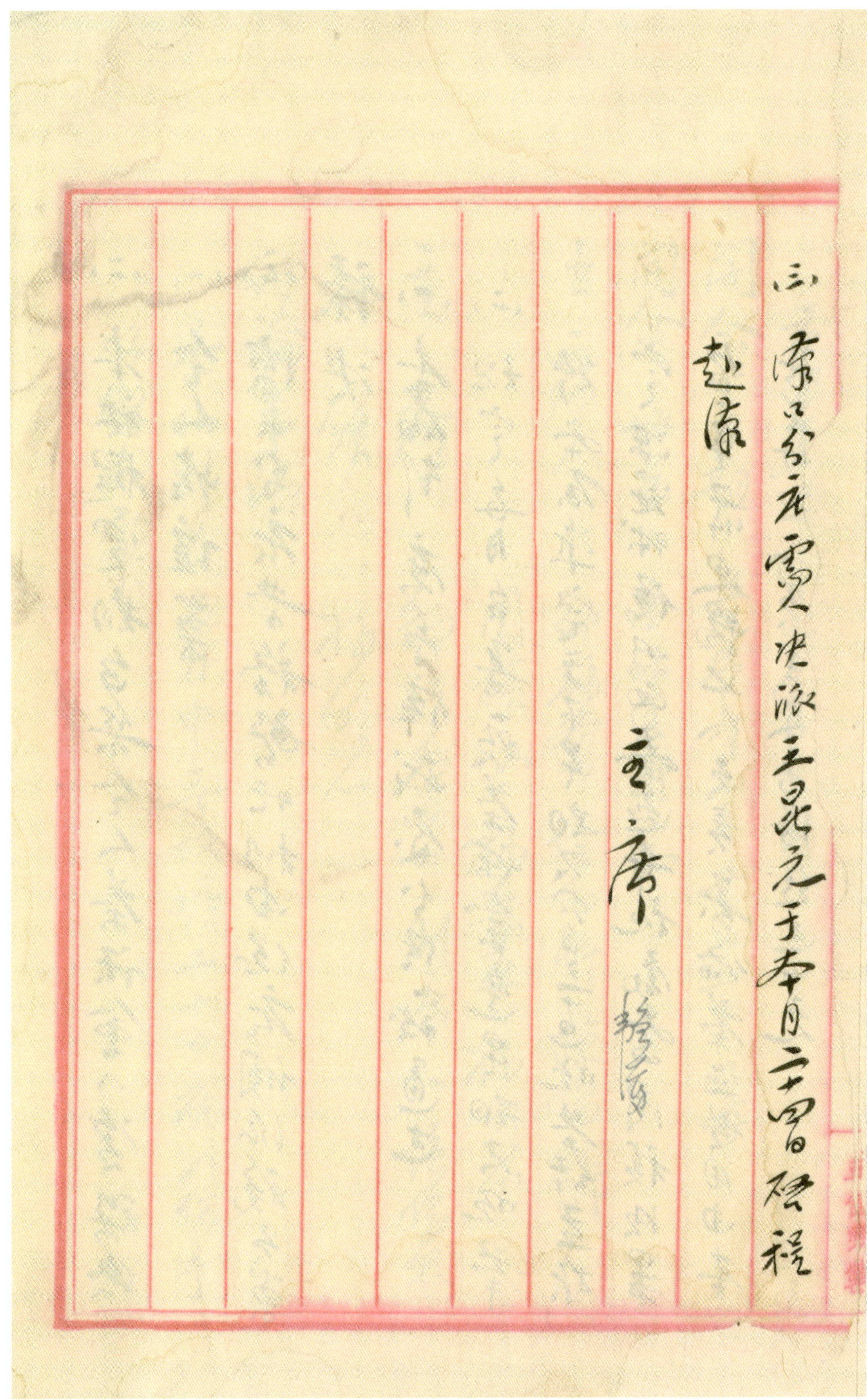

三、济分店需人，决派王昆元于本月二十四日启程赴沪

主席

生活出版合作社

临时委员会会议记录（一）

生活书店临时委员会会议录
出版合作社
（一）

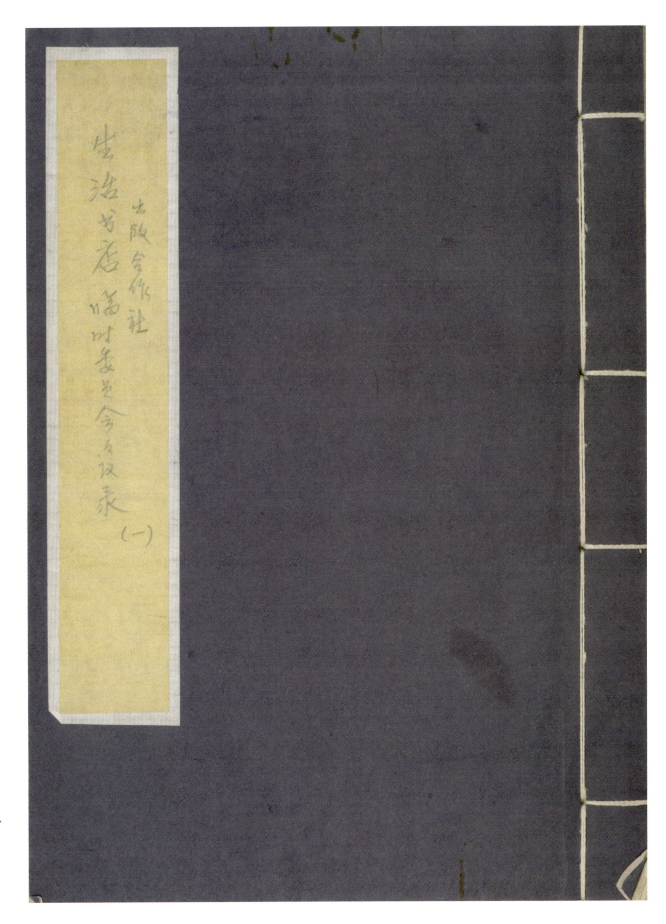

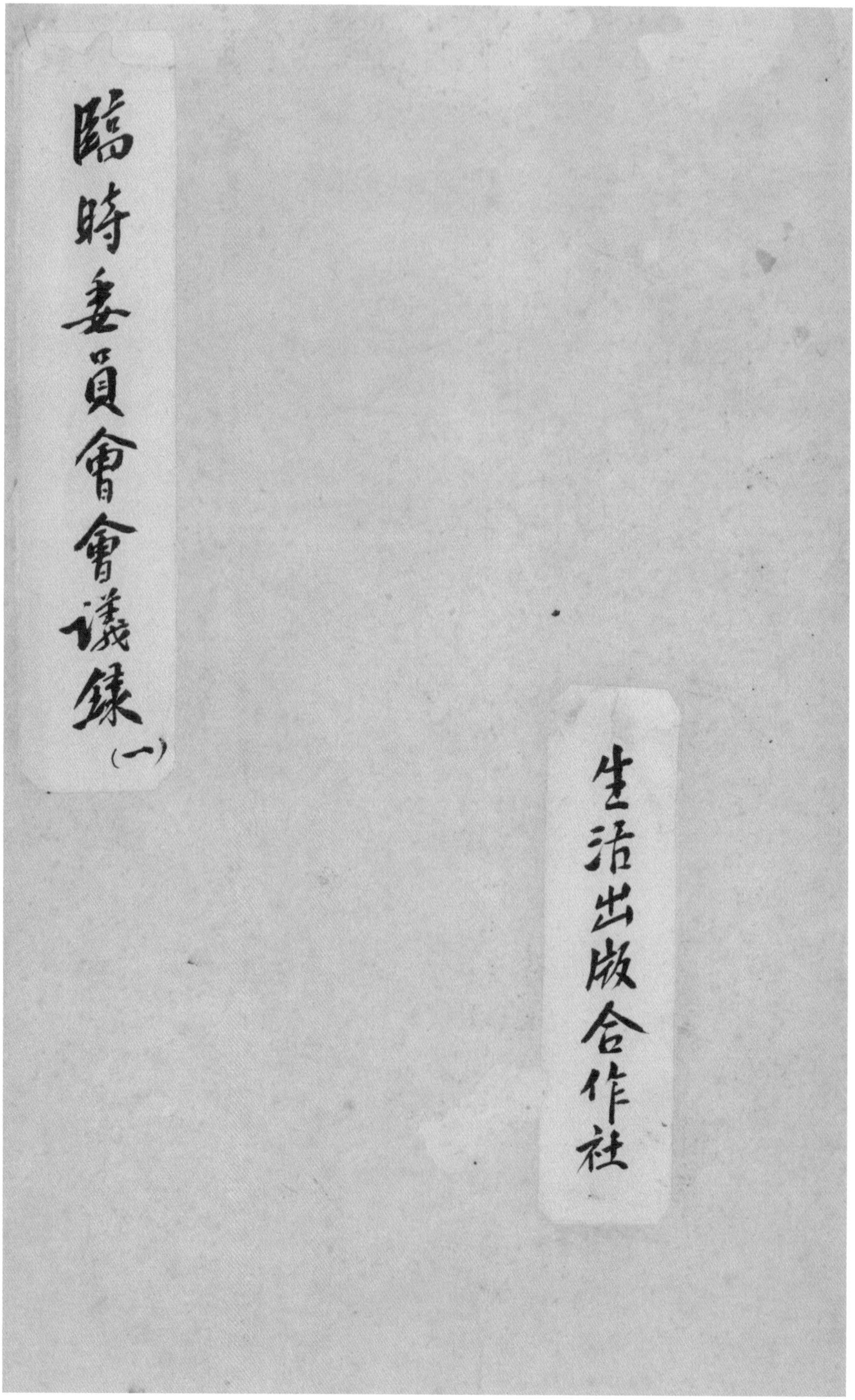
臨時委員會會議錄（一）

生活出版合作社

生活出版合作社臨時委員會記錄

開會日期　二十五年九月三日下午

開會地点　本社會客室

出席人　王志莘　杜重遠（鄒韜奮代）　鄒韜奮　陳錫麟　李公樸　徐伯昕　周積涵　張錫榮　孫夢旦　張仲實　孫明心

臨時主席　鄒韜奮

記錄　孫明心

一、討論事項

（一）擬定臨時委員會辦事細則

一　本會根據廿五年八月三十日第二次臨時社員大會決議案設立在大會停會期內執行大會職權

二　本會推舉主席一人召集本會會議並負責本會一切決議之執行

本會推舉經理一人執行本議並指導處理日常店務並對店代表

本會由主席指定一人擔任秘書掌

理本會文件及會議記錄事宜

三 本會每兩星期開常會一次如遇有重要事項急待討論時得由召集臨時會議

四 本會開會以三分之二之出席法定人數任何表決必須得出席委員過半數之通過方爲有效

五 本會委員如因事不能出席可委托代表代表人以委員爲限但每一委員至多代表一人

六　本會開會時討論事項有涉及委員個人者關係人本身應暫行離席

七　本會開會時遇有必要得由主席邀請其他社員列席參加討論但無表決權

八　本會因業務上處理上之必要凡下委員對於本會任何決議案具名通告者外有保守秘密

九　本細則自臨時委員會通過之日實行

議決　一致通過

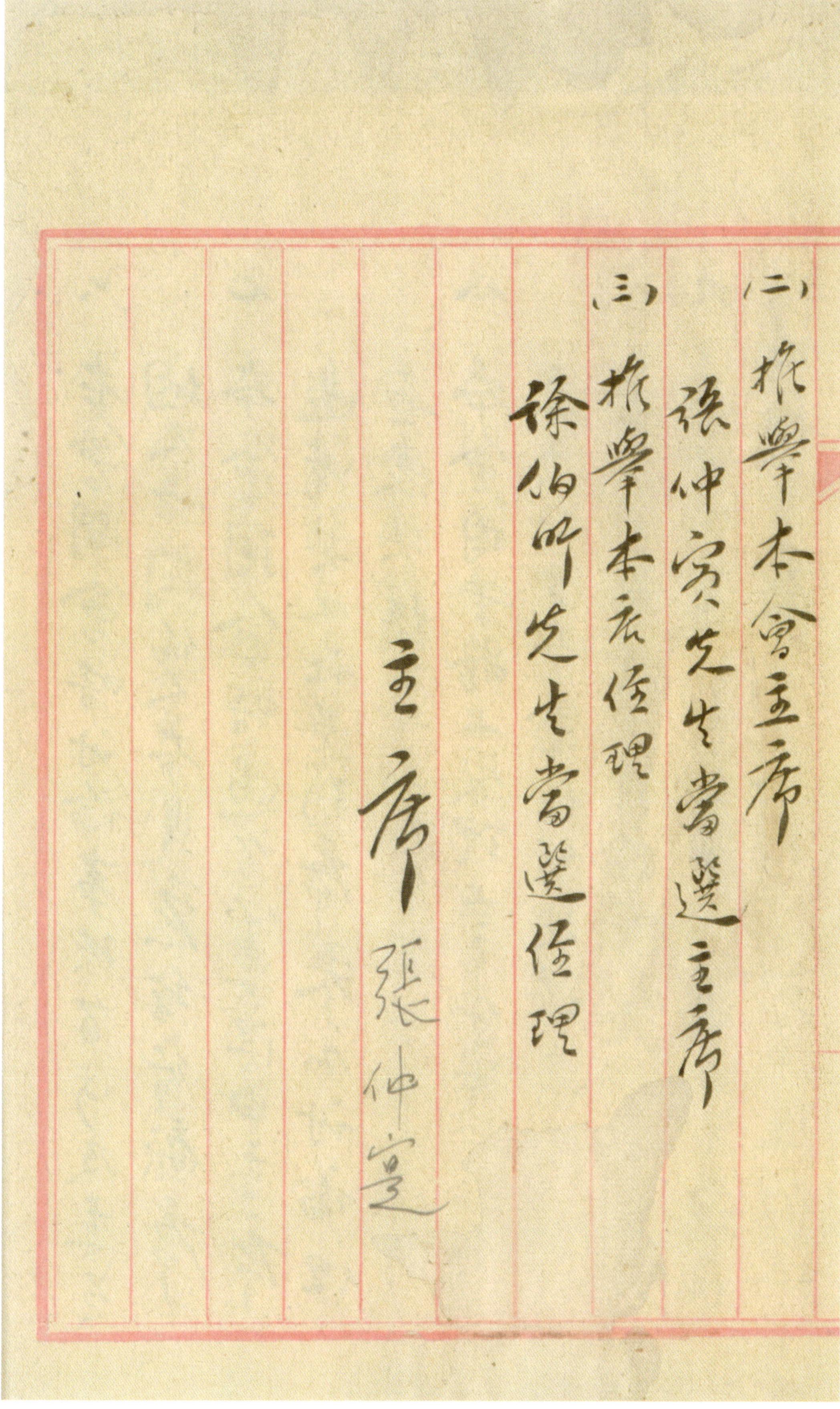

（二）推举本会主席
張仲實先生當選主席
（三）推舉本店經理
徐伯昕先生當選經理

主席 張仲實

臨時委員會第一次臨時會議

開會日期　二十五年九月九日下午四時

開會地點　本社會客室

出席人　鄒韜奮　張仲實　王志莘

陳錫麟　孫夢旦　周[illegible]

張錫榮　李濟安[illegible]

徐伯昕

主席　張仲實

記錄　孫明心

討論事項

一、指定本會秘書案
二、討論修改社章案
三、應如何着手整頓店務案
四、規定常會日期案

議決

一、由主席指定孫明心為本會秘書
二、先由本會印發原有社章徵求全人修改意見限至遲于一個月內彙交本會再由本會討論修正
三、先由經理擬具整頓計劃協同各科主

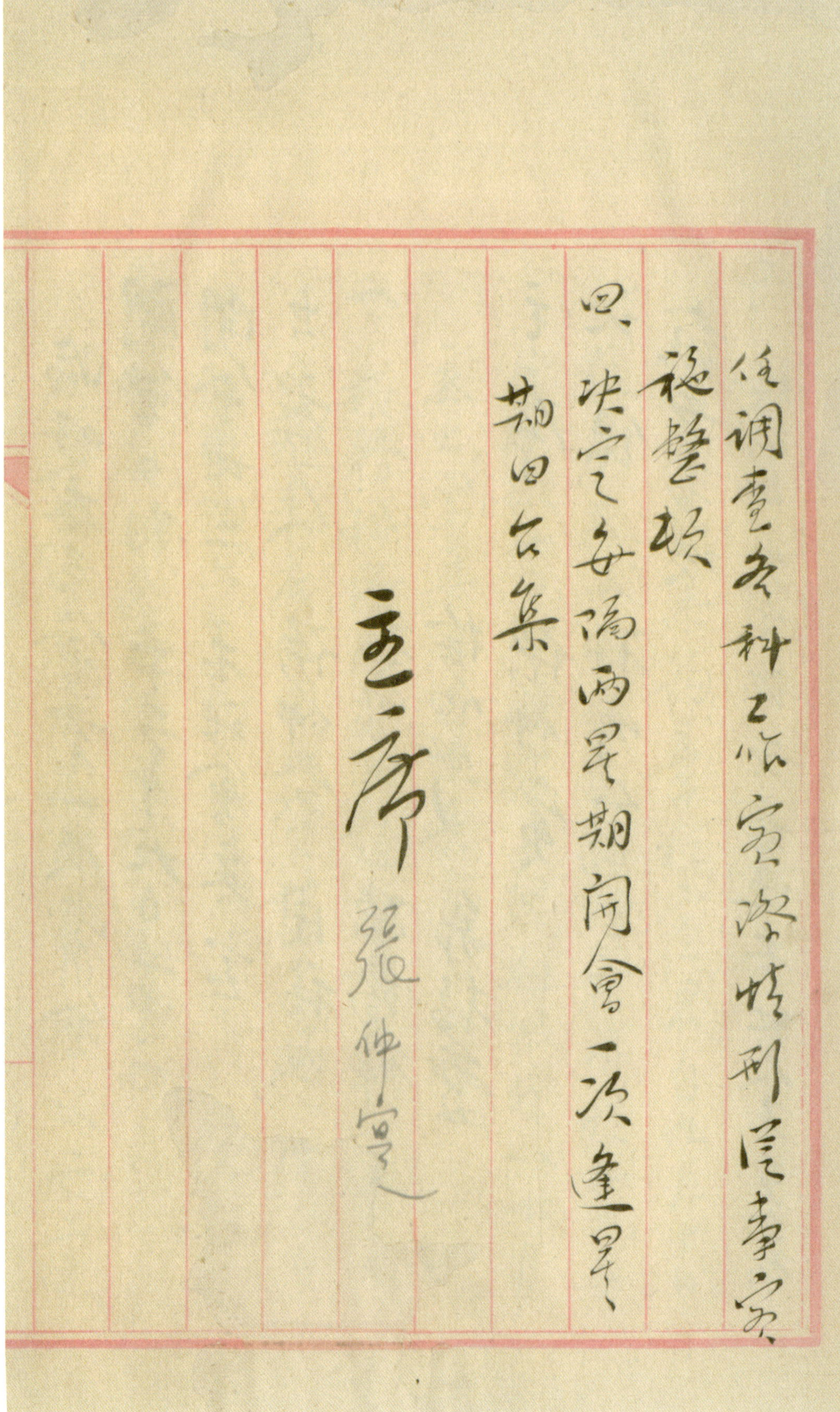

任调查各科工作实际情形以便实施整顿

四、决定每隔两星期开会一次，逢星期日召集

主席　张仲实

臨時委員會第一次常會

開會日期　二十七年九月廿四日下午四時

開會地點　本社會客室

出席人　張仲實　周積涵

孫明心　陳錫麟　等

徐伯昕　鄒韜奮

主席　張仲實

記錄　孫明心

報告事項

徐伯昕先生報告最近本社人事更動

甲、添用

一、門市部添請章梓宣君，自九月十日起來店試用，作為臨時店用性質，每月酬報廿二元，膳宿自理，期限暫以十月底止，需要時得延長之。

二、栈務科添用社工趙海青君，自十日起來店試用，工資廿三元，膳宿試用期六个月。

三、會計科添用練習生朱平初君，自九月十一日起來店試用，每月津貼二十二元，膳宿自理，试用六个月。

四、收发科添用服务生徐宗福君，自九月十三日起来店试用，每月津贴十八元，自理，试用六个月。

五、编辑科添用练习生黄仲明君九月十七日起来店试用，每月酬报二十二元，膳宿自理，期限以十月底止，需要时得延长之。

六、编辑添用职员郁根华君，自九月十九日起来店试用，月薪三十元（供宿），试用三个月。

七、世界知識社雇用助理編輯錢文珍君，自九月廿日起來店試用，月薪二十三大元，膳宿自理，試用三個月。

八、棧務科雇用臨時社工倪寬，自七月十一日起來店試用，工資廿三元，膳自理，試用期暫以十月底止，需要延長之。

乙、更調

一、會計科程樹章君，自九月十一日起調

·编辑科工作。

二、汉口分店职员王昆元君因故返沪，自九月廿日起拟调往香港分店工作。

丙、退职

一、发行科职员金乃洪君因有辞职情事，于九月廿二日自动辞职。

二、栈务科试用职工周清大，因舞弊于九月廿日解职。

讨论事项

一、九月份试用期满职员张志民、陈习之

沈百民、卞祖紀、畢子芳、周保昌等五人，
應否繼續任用案。

二、以後本社為組織嚴周，審慎增加社員計，採用新人，作為職員辦理。凡本社之附屬機關用人，除主要負責人必須由總社調派社員擔任外，其職工均由附屬機關之主要負責擬處理，作為職員性質任用，惟需必須徵得總社經理之同意為有效。

議決

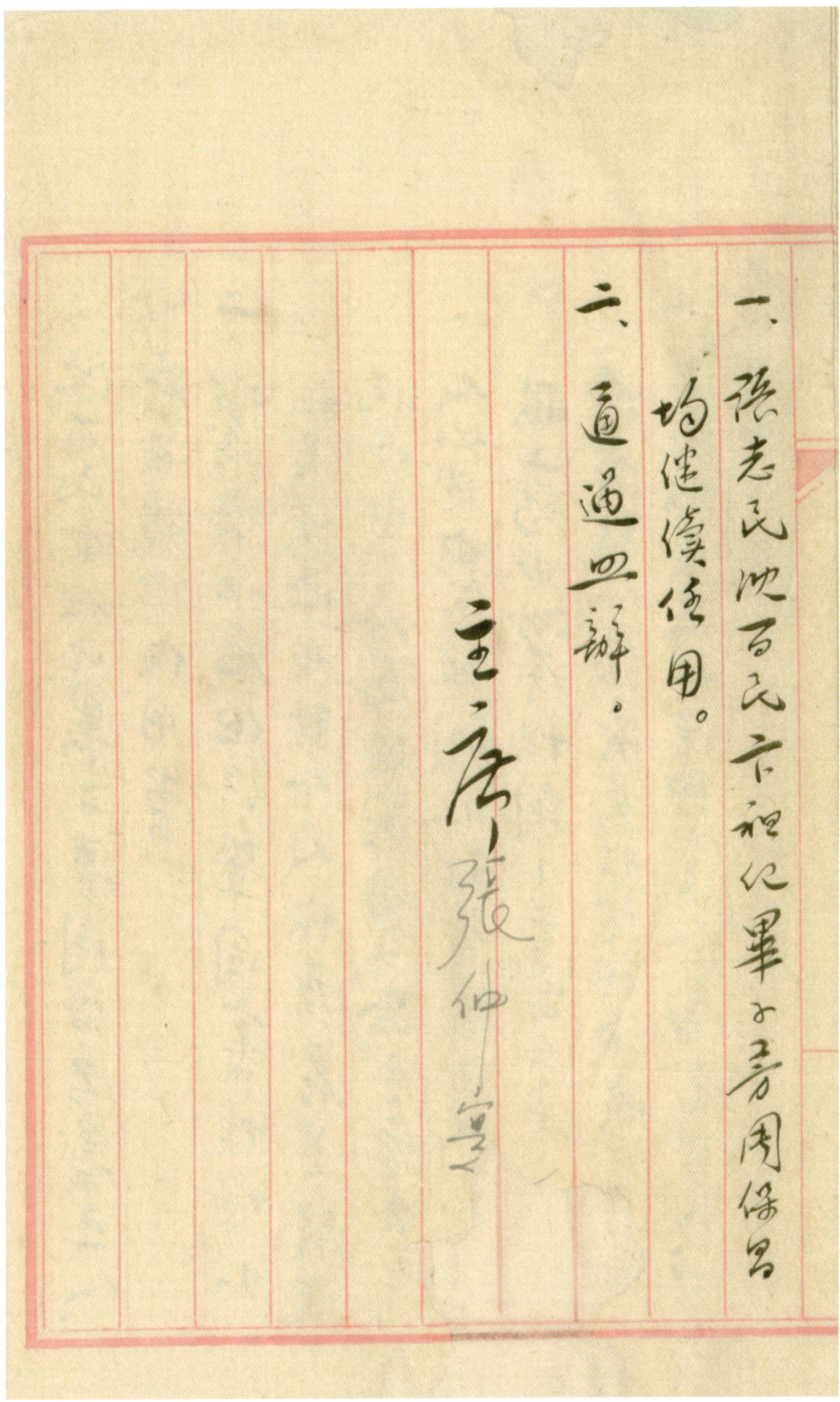

一、孫志民沈百民方祖仁畢子青周保昌均准續任用。

二、通過照辦。

主席 張仲實

臨時委員會第二次常會

開會日期　二十五年十月日下午五時

開會地點　本社會客室

出席人　張仲實　張錫榮　鄒韜奮

杜重遠（鄒代）　孫夢旦

周積涵　陳錫麟

主席　張仲實

記錄　孫明心

報告事項

甲、經理徐伯昕先生報告最近人事更動

(一)添用

一、總務部文書科添用職員徐桂馨女士，自九月十九日起來店試用，月薪八元，膳宿自理，試用三個月。

二、發行科添用練習生倪乾英君，自十日起來店試用，月薪二十三元，膳宿自理，試用六個月。

三、批發科添用服務生孫通英君，自十月三日起來店試用，月給津貼十八元，膳宿自理，試用六個月。

四、進貨科添用練習生楊永祥君，自十月八日起來店試用，月給津貼二十二元，膳宿自理，試用六個月。

五、新編科添用練習生李仁哉君，自十五日起來店試用，月給津貼二十二元，膳宿自理，試用六個月。

六、發行科添用練習生王志高君，自七日起來店試用，月給津貼二十二元膳宿自理，試用六個月。

七、棧務科添用職工鄒峻甫君，自十月一

日起来店试用，每月工资二十三元，膳宿自理，试用三个月。

(二)更调

一、进货科主任孙明心自九月十五日任邮购科主任。

二、批发科主任邵公文因病长期请假，自九月十五日起改由严长衍先生担任批发科主任。

三、邮购科主任张锡荣自十月一日起调任编辑部办事。

四、门市科临时店员章铭宣，自十月八日起调至编科办事。

(三)惩戒

一、八月三十一日营业处七卷三号文学，实需数为一千五百份，主管人薛迪畅误写为三千份，本店损失重，费三十七元五角，除责令照数赔偿外，因办事疏忽，应予书面警告一次。

议决　通过四项

(乙)本店应在广州增设分店案

一、理由　本店香港分店，营业不振；此次特派薛迪畅先生前往广州调查，结果以广州书业情形均甚发达，本店出版物在广州方面尚未能尽量发展；为减少香港损失并扩展广州营业计，似有将香港分店结束，增设广州分店之必要。

二、办法　广州分店之地址，已择定永汉北路惠爱书局地位，因已商得该局同意，愿以三千一二百元将一切生财等转讓本店，希望在一二月後能結束清楚，特香港分店遷往廣州。

三、營業概算　依據漢口分店營業情形，每月營業額平均以二千五百元計，廣州分店可在四千元以上（另製預算），假定以最低限度四千元照二分利益計算，每月仍得利益八百元，在開支方面可無大問題。

議決　通過

主席　張仲實

丙、拟定员工试用办法

一、试用员工暂定下列五种：职员、练习员、练习生、服务生、社工。以能刻苦耐劳、富责任心，而有相当学力与服务经验者为合格；先经过登记手续，再由考试决定之。

二、考试科目为：国文、珠算、常识、书法及口试，题目随时拟定之。

三、待遇分：试用职员三十元；2、练习员二十五元；3、练习生二十二元；4、服务生十八元；社工二十三元，包括车资、房租、膳食等。

四、試用期限分三個月、六個月、一年三个階段。

五、員工如經過試合格，接得本店試用通知書後，必須依照本店規定手續，填具保證書及訂立契約，方可入店試用。

六、試用員工在第一階段經本店考核成績認爲試用合格時，得重行訂立契約，進至第二階段試用；如認爲成績不適合時，即在階段終了時，不再續訂契約，作為停止試用。在試用期間，如認為不合格者，得隨時停止試用。

七、停止試用之員工，除照發應得之工薪、不足一月者以日計算外，滿六個月者加送半個月，滿一年者加送一個月，以示優待。

八、停止試用員工之保證書，得在停止試用後二個月內檢還之。

九、試用員工，由該部科負責人員每月考核成績一次，報告經理。

十、試用員工之三薪津，除第一階段照第三條辦法支給外，第二及第三階段，得按其成績酌予遞增。

議決：通過照辦

（補第二次常會記錄）

主席 張仲實

臨時委員會第三次常會記錄

開會日期　二十五年十一月五日下午五時

開會地點　本社會客室

出席人　張仲實　周積涵　李濟安

張錫榮　陳錫麟　徐伯昕

孫夢旦　鄒韜奮

主席　張仲實

記錄　徐伯昕

報告事項

關于最近本社人事更動，經理徐伯昕

先生因病請假，由鄒韜奮先生代理記錄。

一、進貨科添用練習生楊永祥，自十月八日起試用，月薪二十二元，膳宿自理，試用期六個月。

二、發行科添用練習生金世楨，自十月十三日起試用，月薪二十二元，膳宿自理，試用期六個月。

三、門市科添用職員袁寶元，自十月十六日起試用，月薪三十八元，膳宿自理，試用期三個月。

四、委编科添用練習生陳國樑，自十月十七日起试用，月薪二十二元，膳宿自理，试用六个月。

五、委编科添用职员金偉民、胡連坤，自十月廿四日起试用，月薪三十八元，膳宿自理，试用期三个月。

六、委编科添用临时雇员金偉民，自十月廿九日起，暂定一个月，月俸津贴三十元，膳宿自理。

七、委编科添用临时雇员邵越峯，自

十月一日起，暂定一个月，月给津贴二十五元，膳宿自理。

八、门市科添用临时雇员李孝平，自十月三十日起，暂定一个月，月给津贴二十五元，膳宿自理。

九、邮购科临时雇员仲明、章德宣自十一月一日起，继续试用二个月，改给月薪三十元，膳宿自理。

十、袁信之、林雪邨十月底试用期满，俱予继续。

十一、會計科職員張子政辦事錯誤，予以口頭警告一次。

十二、批發科職員陸石球該價不照手續，予以口頭警告一次。

討論事項

一、徵求修改社章意見，前經規定展至十月底交到，但各人交來者不多，應如何催促案。

二、鄒韜奮先生提議，本店爲業務上之需要，擬聘用副經理案。

三、鄒韜奮先生提議，本店擬聘用甘蘧園先生為副經理兼總務部主任，每月給致薪水一百八十元。

四、鄒韜奮先生提議，本店經理徐伯昕先生擬自十一月份起加薪卅元。

議決

一、由本会通告，展限兩星期，遲至十一月二十日必須交來，否則作為無意見論。

二、通過。

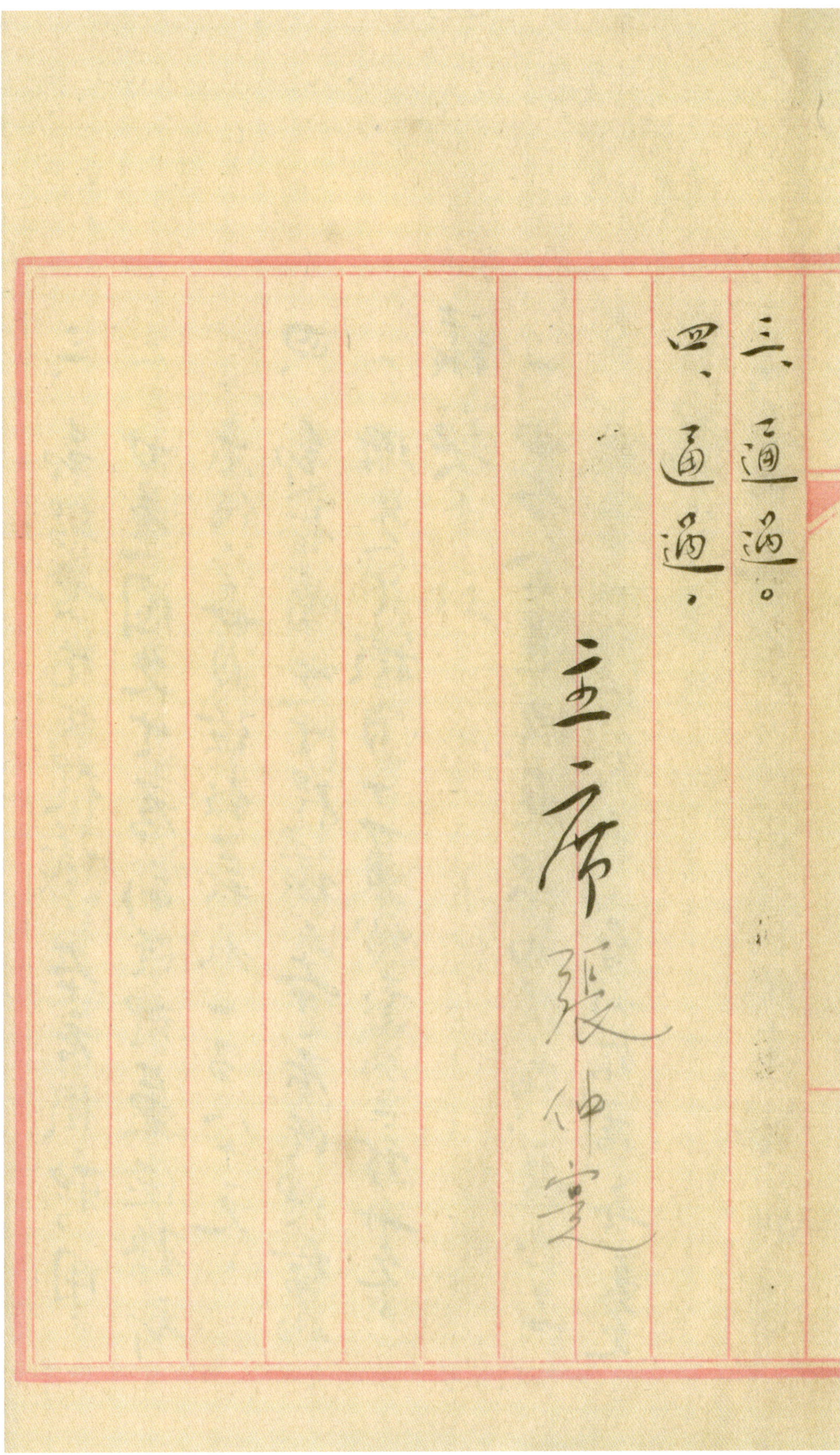

三、通過。

四、通過。

主席　張仲實

第四次常會

開會日期　廿二年十二月三日下午六時

開會地點　本社會客室

出席人　徐伯昕　張仲實（甘蘧園代）

周積涵　陳錫麟　孫夢旦

李濟安　張錫榮　孫明心

主　席　徐伯昕

記　錄　孫明心

報告事項

經理徐伯昕先生報告本社上年度

结帐情形及广州分店筹备情形与最近人事更动

一、本店本年度（廿年七月至廿一年六月止）总结帐已经潘序伦会计师查核报告纯益为一千四百二十元二角四分。最近因中华职业教育社经济困难，特将所应付本店捐助公益金百分之二十计六百八十四元四角八分提前送去。

六、广州分店正在积极进行。广州儿童书局经理吴涵真先生来沪，业经双方商

宜一面從事結束此間亦同時籌備布置能在一月一日正式開幕以應春銷

三、人事更動

1、門市部臨時店員黃寄萍君繼續一月展延至十二月底止

2、郵購科臨時店員邵越崙君繼續試用至十二月底止

3、批發科臨時店員金偉民君繼續一月至十二月底止

討論事項

一、本會臨時委員鄒韜奮先生提出辭職案

議決　准予辭職

六、修改社章案

議決　各社員召集社章修正意見交由張仲實先生整理後再交本會討論

主席　徐伯昕（代）

第五次常會

開會日期　廿二年一月十四日下午五時

開會地點　本店會客室

出席者　張仲實　徐伯昕　孫夢旦

張錫榮　李濟安　陳錫麟

主席　張仲實

記錄　陳錫麟

甲、主席報告

一、本會以到會人數不足法定人數改開

談話會

六、本會秘書邵公心君因調任廣州分店經理所遺秘書職務照章由主席指定陳錫麟君繼任

乙、經理報告

一、營業狀況

本店廿四年七月至廿五年六月一年度營業總額為四十八萬六千元之廿五年七月至十二月營業總額為二十八萬二千元之數較上年度約增四萬之而成本及開支與上年大致相同營業總額外縮分發達本店出版及郵

議決案

二、人事更動

A、更調

1、郵購科試用職員鄧振華君自十二月卅日起調往漢口分店工作暫照支原薪（三十元）供給膳宿川資由漢店支付

2、郵購主任鄧明心君於一月六日調任廣州分店經理孟漢民君調任分店會計

3、出版科主任陈钧辞君於一月四日起调任邮购科主任，出版科在未合併以前仍由陈君兼任

4、杜国钧君於十一月二十三日起调任会计科出纳事务

5、黄宝珣君於十一月卅日起调任总务部文书事务

B、录用

1、录用社工马斌元君自十二月十四日起来社试用，工资十八元之供宿不供膳，试用期

三個月

2、編輯部録用校对员刘培慧君自十二月廿六日起來店試用月薪三十元試用一個月

3、録用社工朱根榮君自一月四日起來店試用工資十八元試用三個月

4、批發科録用楊義方君担任外埠批發事務自一月四日起來店工作

C、停職

1、郵購科秦逸舟因在本社內私藏違

業印刷品自十一月五日起予以停職薪水除發還社股外照章給予退職金兩個月以示優待

2、郵購科臨時職員鄒趙峯君及試用練習生王亮君於十一月底均停止職務

D、其他

1、編輯部職員林雪邨君自十一月九日起工作時間改為半天（下午）薪水減支為三十五元

三、修改社章事

業已將各社員意見彙齊，惟尚有少數意見未到，故尚須稍緩。

四、擴充辦公室

因原有辦公處所不敷應用，同時感覺各部辦事手續處處連接起見，特向世界書局承租過街樓二三兩層全部，以作擴充之用，計月租一百五十元（巡捕捐包括在內），並無頂費，訂租約自二十六年六月一日起一年為期。

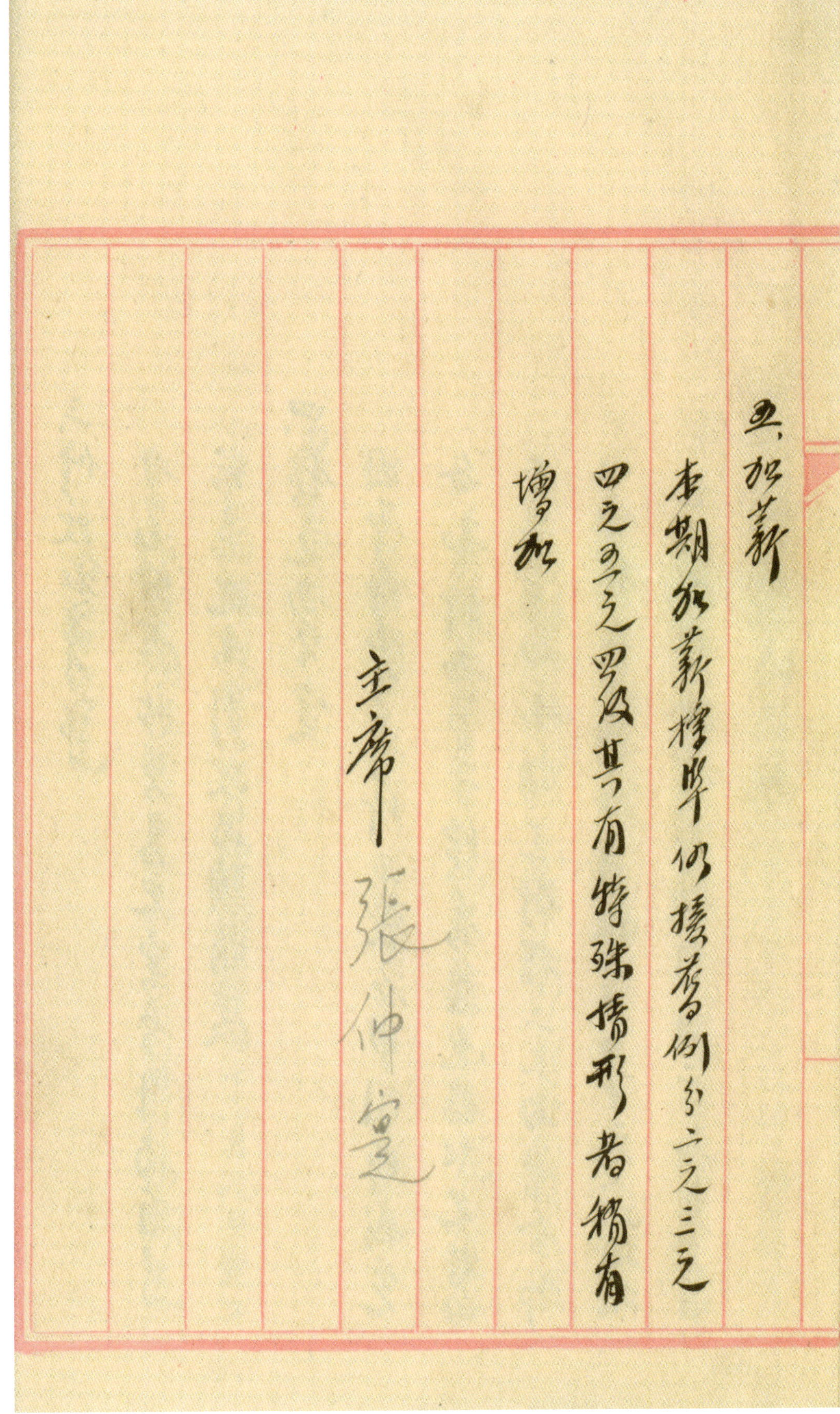

五、加薪

本期加薪标准仍援旧例分二之三之四之五之四级，其有特殊情形者稍有增加。

主席　張仲實

第六次常會

開會日期 廿二年一月廿八日

開會地點 本店會客室

出席者 張仲實 徐伯昕 孫夢旦

張錫榮 李濟安 周積涵

陳錫麟

列席者 甘蘧園

主席 張仲實

記錄 陳錫麟

甲、報告事項

主席報告

分店服務規程已徵得漢粵兩分店之意見並加整理擬加以討論

乙、經理報告

一、人事更動

(一)更調

1、香港安南書店吳之章君調往廣州分店工作

(二)繼續試用

1、門市科黃孝平君自一月份起繼續試用三

月待遇照舊

2、批發科金偉民君自一月份起繼續試用三個月待遇照舊

(三)終止試用

1、編輯部校對員劉培慧君因工作不甚相宜於一月廿日終止試用

二、懲戒

機務科職員江鍾淵君因私自將機房存紙數量抄給客户有洩漏本店營業上之秘密行為應予以書面警告處分

三、廣州分店承盤合同已由嚴長衍君代為簽妥分店決在本月一日正式開幕

丙、討論事項

一、分店服務規程應如何參酌分店提供之意見加以修正案

議決 將下列修正各條重行印發分店各同人徵求意見後彙齊提出決定修正條文如下：

1、第廿一條前增加一條原有廿一條應改為廿二條以下照改增加條文為："分店職員

對於店務如有意見可逕向總店經理陳述」

2.第廿八條修正為「分店各部份職員之每日工作時間根據當地事實上之需要規定但至多不得超過十小時（進餐時依次調班休息一小時）於必要時得臨時由經理決定延長之」

3.第二十九條修正為「星期日上午休業下午十二時起照常營業如因特殊情形而有營業之必要時由經理臨時決定之

4、第三十一條修正爲"本店規定假期如左：星期日上午半天，年節五天，双十節一天，遇必要時得由經理斟酌當地情形決定休假，但全年除上列假期外至多不得超过五天

5、第卅四條每年各給特别休假下加（包括病假）

6、第三十六條全文取消

丁、本店因業務上之需要，对組織系統略有更動，擬將編輯部改爲出版部，原有之出版科

改為印刷科並增加編審及校對兩科問題

出版部提案

議決　留待下次常會討論

主席　張仲實

第七次常會

開會日期 廿六年一月十八日下午五時半

開會地點 本社會客堂

出席者 張仲實 徐伯昕 周積涵

李濟安 張錫榮 孫夢旦

陳錫麟

列席者 甘蘧園

主席 張仲實

記錄 陳錫麟

甲、報告事項

经理報告：

一、本店服務規程業已改正錯誤付排，俟印就後再行分發各同仁徵求意見。

二、本店應行徵繳所得稅，除同仁部份已自本月起照數扣繳外，本店部份亦已準備就緒。

三、關於會計年度，為便利結算起見，決改自一月起十二月止為一年度，去年下半年度併入上年度作一總決算。

四、所得稅應行申報資本額決定為十五萬元，須向上海市社會局申請增加資本十萬元，仍由經理負責辦理。

五、所得稅於營業管理極有關係，特請孫夢旦君前往立信會計補習學校研究，自二月二十日起，十星期期滿，每日下午七時至九時，學費捌元，由本店支付。

六、本店常年法律顧問陳霆銳律師及常年會計顧問潘序倫會計師，本年仍繼續聘任。

七、人事更動

1、郵購科錄用練習生沈敵君於二月三日起來店試用，月薪二十三元，試用期三个月。

2. 社工殷榮高君因平時工作不努力，最近時常遺失送件，六月三日又將回单簿遺失，並故意誣害他人，於六月八日起終止職務，照章加給退職津貼兩个月，社股全數發還。

3. 進貨科添用服務員陸薇七君，於六月十五日起來店試用，津貼十八元，試用期三个月。

4. 校對科添用莫迺群君，於六月十五日起來店試用，月薪三十元，試用期三个月。

乙、討論事項

一、经理提出草拟之同仁疾病补助办法九条，及调往分店职工待遇办法七条提出讨论案

議决　照讨论结果加以修正，并油印分给各委员，再加考虑，於下届常會提出通过。

主席　張仲實

第八次常會

開會日期　廿六年三月四日下午五時半

開會地點　本社會客室

出席者　張仲實　徐伯昕　孫夢旦

周積涵　李濟安　陳錫麟

列席者　甘蘧園

主席　張仲實

記錄　陳錫麟

主席報告：今日開會因出席人數不足，改開談話會。

甲 报告事项

经理报告：

一、人事更动

1、推广科添用特约绘图员郑川谷君于二月十五日起来店工作，半日月薪四十元

2、进货科科员陈罗球君经官厅判处刑事处分不能在本店执行职务，照章自一月十九日起应予以停职处分，社股全部一次发还并给退职金两个月

二、廿六年下半年帐册业已开始由立信会计师事务

所查核决算情形俟查帐报告书到后再行

报告

乙 讨论事项

一、生活书店职工疾病死亡津贴试行办法草

案

二、生活书店职工调往外埠旅费及假期试行

办法草案

三、生活书店门市部职员穿着制服暂行办

法草案

上列三项办法连条讨论至下届常会再行

核議

四、經理報告關於生活書店職員服務規程業經徵詢粵漢兩分店意見均以第五章第二十九條每日工作時間至多不得超過十小時一項以事實上執行殊感困難應否酌予變更案

討論結果　規定時間以不變更為原則如感人手不足時可酌量增加人員分班工作

主席　張仲實

第九次常會

開會日期　廿六年四月一日

開會地点　本店會客室

出席者　張仲實　孫夢旦　陳錫麟

　　　　張錫榮　周積涵　李濟安

列席者　甘蘧園

主席　張仲實

記錄　孫夢旦

主席報告：

(一)今日開會因出席不足法定人數改開談話會

(二)本會書記陳錫麟君自即日起，請假半年，書記一職，改派孫夢旦君担任。

報告事項：

副經理報告門市科試用練習員黃孝平君，試用期原為三月底截止，茲因尚有继續試用之必要，特延長試用期二个月，至五月底，待遇照舊。

討論事項：

一、委員陳錫麟君請假後，由孫夢旦君代表。

二、本店為增進仝人健康起見，每年舉行仝人檢驗身体一次，委託上海医院辦理，檢驗費每人每次二元五角，归店中開支。

三、四月份練習生攷核成績，遞加薪金，請甘蘧園君會同各科主任填具成績攷核表格，交下次會議討論。

四、本會因缺席委員過多，為集思廣益計，以後開會時，請有關議案之各科主任或職員列席，參加討論，參加人員於開會前由主席臨時決定邀請。

五、本店為求發展業務起見，此後營業會議，各科主任，均得參加，每星期舉行一次。

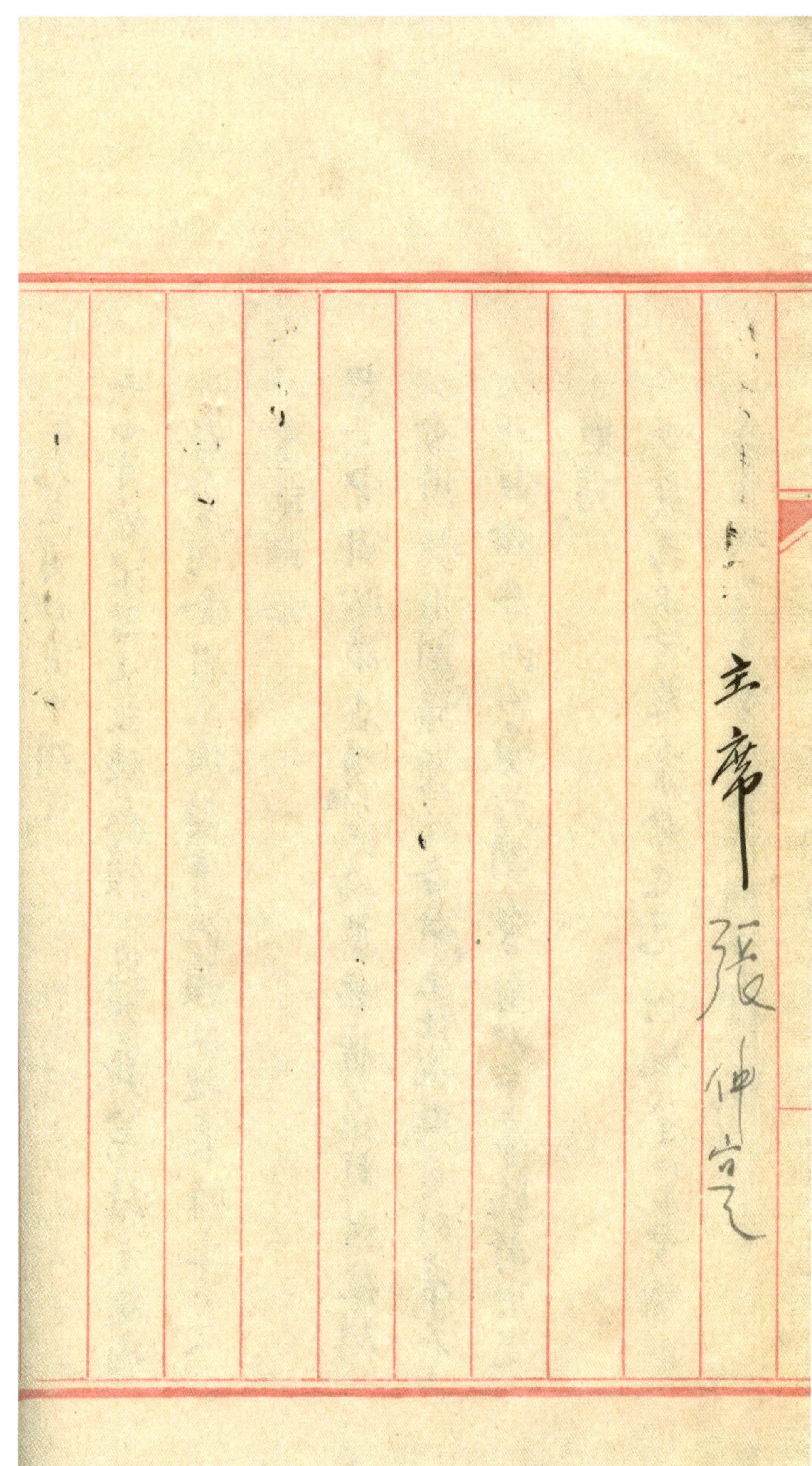
主席 張仲實

第十次常會

開會日期　廿六年四月十七日

開會地點　本店會客室

出席者　張仲實　孫夢旦　張錫榮　陳錫麟（孫夢旦代）　周積涵　李濟安

列席者　甘遽園

主　席　張仲實

記　錄　孫夢旦

報告事項：

副经理報告

(一)門市科試用服務生郝保恒自本月十五日起調在發行科工作另添用練習生李苑中補充之自本月十五日起試用三个月月薪廿二元

(二)郵購科添用練習生謝孫水羅穎許三新三人月薪各廿二元謝於本月十三日許十四日羅十五日起到店試用試用期謝、羅二人各三个月許三新臨時試用二星期

(三)棧務科添用練習生王毅德自本月十五日起試

用月薪廿二元试用期為二个月

(四)社工添用林福泰、顧德進、張春生三人司

出差兼打包職務工資各卅三元津貼在内

張於三月廿六日林於四月六日顧於四月十四日起试

用期均為三个月

(五)本月份練習生考核成績遞加薪金事已

由各部主任填具成績考核表交經理核定

數目將予會計科照辦

提議事項：

社工陳文鑑之脚踏車在店内被窃請求補助

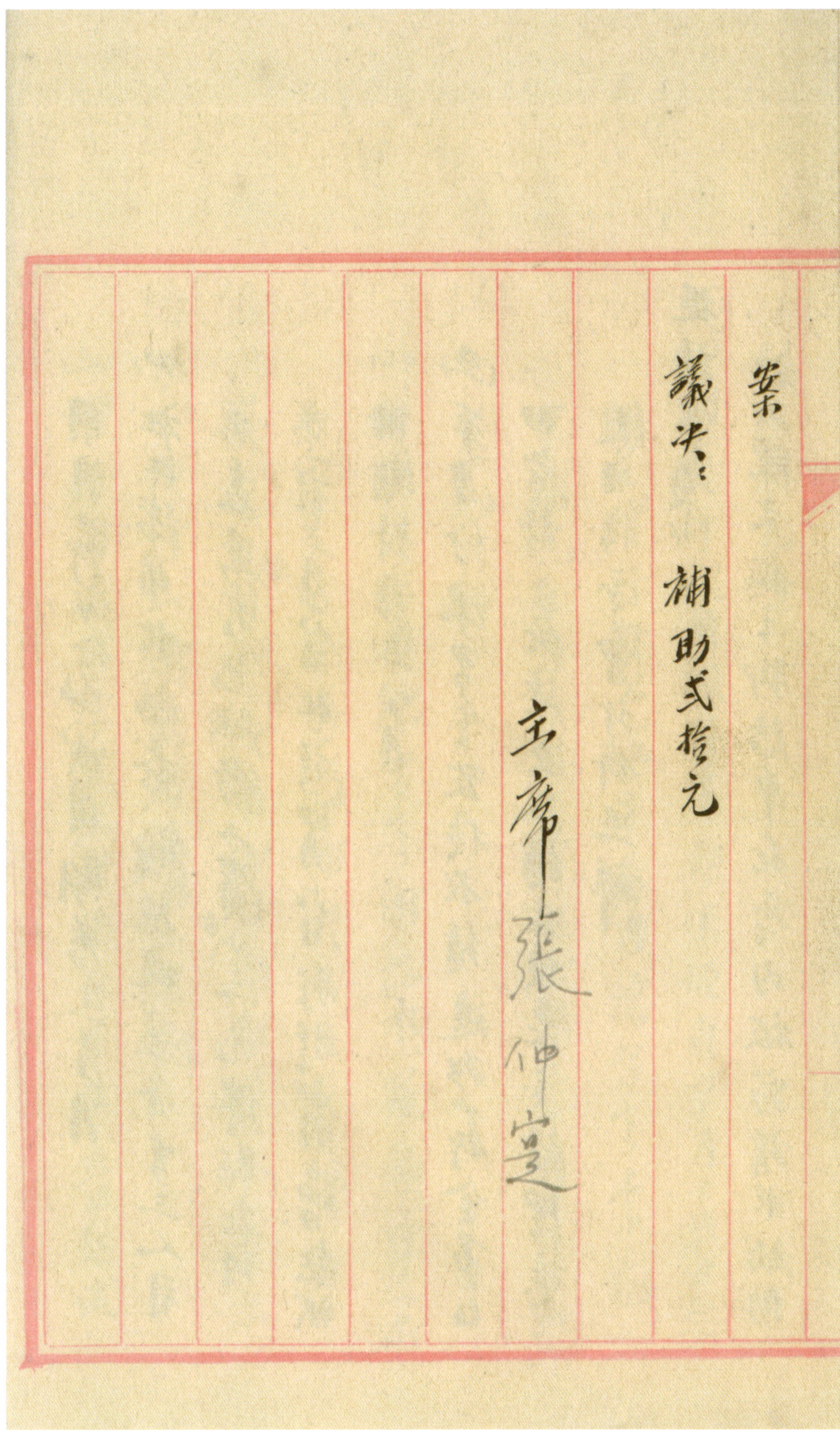
案
议决：胡助式检元
主席 张仲实

第十一次常會

開會日期　廿六年四月廿二日

開會地点　本店會客室

出席者　張仲實　孫夢旦　張錫榮
陳錫麟（孫夢旦代）　李濟安　周積涵

列席者　甘蘧園　嚴長衍　邵公文
王泰来　畢子桂　褚祖榮
薛迪暢　劉楓之

主席　張仲實

記錄　孫夢旦

报告事項

(一)主席报告：今日開會除原來列席之甘蘧園先生外特再邀請各部主任列席參加討論或有所報告

(二)副經理報告：

A、添用社工崔福新名司打包兼木匠職務工資二十五元津貼在內自本月廿二日起開始試用試用期為一個月

B漢口分店因原有房屋租期屆滿茲已覓得交通路三層樓房屋一幢預備遷移擴充

營業現正籌劃進行中

討論事項

(一)此次練習生孜勤加薪有一部份職員適屆試用期滿須否加薪案

討論結果

請副經理調查本店規定之辦法提交下次會議討論

(二)郵購科時有讀者來函詢問圖書內容或請介紹書籍等須詳細答覆者因日常工作頗形繁漲致有積壓未覆或覆而未詳之現象應如何處

理案

討論結果：

此項函件歸各組組長負責答復另於臨時雇員分派各組俾組長得騰出時間處理復信工作添用臨時雇員事請甘先生辦理

（三）經理提出之職工疾病補助試行辦法草案應作最後之修正以便早日實施案

議決

修正通過即日公佈施行

（四）為謀發展業務提高工作效能增進同人健康起見應進行下列各事

甲、訓練人才

乙、健全各科組織

丙、经常攷績

丁、改進同人住食問題

討論结果

分別派員計劃交下次會議討論

甲、張錫榮

乙、孫夢旦 李濟安

丙、甘蘧園

丁、張錫榮 周積涵

（五）校對科主任出版部主任會同報告校對科職員林孟瑜因平日工作太不努力每日校對僅二十餘頁較與其他職員相差甚遠在辦公時間内不做份内工作不受主任支配不肯填具校對登記表格等应如何處理案

議決　為整飭工作紀律起見予以停職處分交经理執行

主席　張仲實

第十二次常會

開會日期　廿六年五月六日

開會地點　本店會客室

出席者　張仲實　徐伯昕　孫夢旦

張錫榮　李濟安　陳錫麟（夢旦代）

周積涵

列席者　甘蘧園

主　席　張仲實

記　錄　孫夢旦

報告事項：

一、副经理報告人事更動：

1. 郵購科添用練習生許三新君試用期滿攷查成績尚称合格仍予试用三個月

2. 試用社工顧德進君因工作不努力於四月廿日起終止试用

3. 批發科添用臨時社工王仁甫君於四月廿六日起到店试用

4. 推廣科添用職員吴琛君担任國民週刊廣告事務月薪三十元試用三個月

5、校對科職員林孟愉君來信聲請辭職已予照准於四月三十日離職股款照數一次發還

二、四月份練習生考勤加薪事查薪金在三十元以下者已一律酌加並無遺漏

討論事項：

一、經理報告上屆修正通過之本店職工疾病死亡津貼試行辦法因未根據第八次常會修正草案修改除經合併公佈施行外茲以本辦法第二條第一項增加括弧內之（施手術注射照X光照灯檢驗等）之各點與事實頗有未妥應

行重加討論修正案

議決 (甲)照下列條文修正重行公佈本辦法第二條第一項括弧內之註解完全删去(乙)第二條第四項「凡薪水在四十元以下者藥費由本店津貼但全年不得超過二十元」改為「凡薪水在五十元以下者藥費及手術費等由本店津貼但全年不得超過二十元」

二、經理提議上屆討論之職工調往外埠旅費及假期試行辦法草案應予修正通過案

議決 通過即日公佈施行

三、經理提議上屆修正之門市科職員穿着制服暫行辦法應予通過以便施行案

議決 通過

四、經理報告本店徽章式樣及佩帶辦法草擬經過應如何決定案

議決 徽章照擬定式樣趕製辦法重行修正後交下次會議討論社章係銅質圓形四周環齒輪中間上半部約佔三分之一地位嵌三人在黑暗中工作工具之發出光芒並發現光明大道下置生活書店圓字併四字輪

益人形及字為最高光芒及路次之黑暗背景最低

五、經理提議編製社歌案

議決　請張錫榮君担任徵求材料提交本會討論

六、經理提議本年五一勞働節因事實上之需要特休假一天請本會正式追認並在服務規程以加案

議決　通過

七、張錫榮君報告訓練人才大意應如何着手進行案

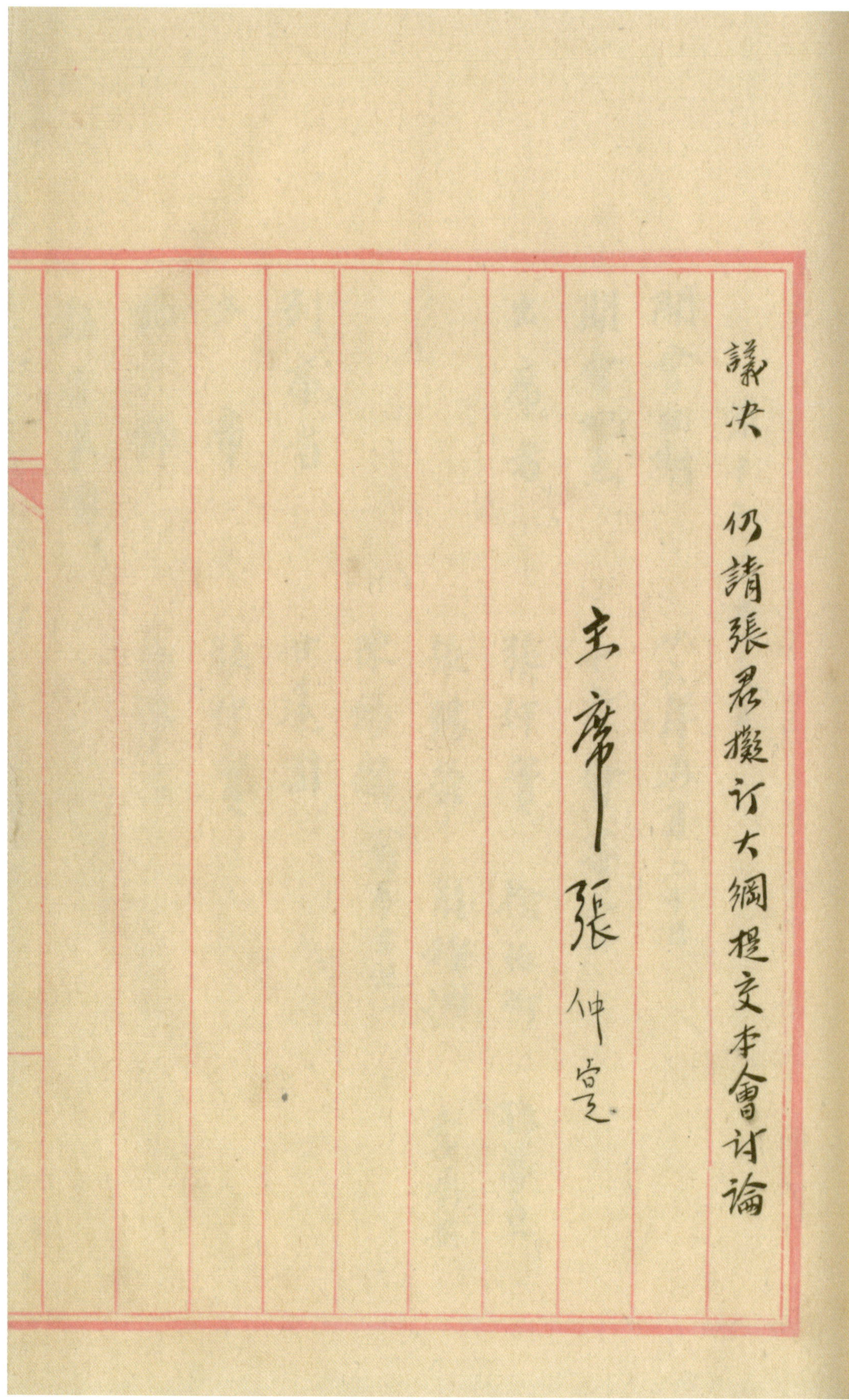
議決　仍請張君擬訂大綱提交本會討論

主席　張仲實

第十三次常會

開會日期　廿六年五月二十日

開會地点　本店會客室

出席者　張仲實　徐伯昕　孫夢旦

　　　　張錫榮　周積涵　李濟安

　　　　陳錫麟（孫夢旦代）

列席者　甘蘧園

主席　張仲實

記錄　孫夢旦

報告事項：

副经理報告：人事更動

1、郵購科添用練習生華鳳夏吳元勳兩君月薪二十二元試用三個月華君於五月十七日到店吳君於五月十九日到店工作

2、編審科添用職員胡耐秋君月薪三十元試用三個月於五月十七日到店工作

3、添用社工裘如良於五月十七日來店試用月薪二十三元

经理報告

1、招攷校對員及練習生事　此次招考係委托上

海職業指導所辦理计收到来信共四百六十二件面约面試者三十九人到三十一人錄取練習生華風夏吴元勳張尚德三名前两名業已到店試用後一名因原有職務一時不能辭去故未来店試用

2、廿五年下半年度查帳報告 本届(民國廿五年七月一日至十二月三十一日止)帳册業經立信會計师事務所查核證明半年營業總額已達二十八萬二千八百卅七元四角不分較上届約增四萬元尤以本版書本届營業額已較上届全年總額僅少四千七百餘元本屆純益為一千零〻三元五角四分較上屆全年盈餘相差無幾照社章應提送中華職業教育社公益捐百分之二十計國幣二百元七角業已辦妥

討論事項：

一、經理提出「職工佩帶記章試行章程」草案十條應加討論案

議决 修正通過即日公佈施行

二、經理提出「職工住宿店內津貼辦法」草案五條應請討論案

議決　修正通過即日公佈施行

三、經理提出試用職工以後一律應照本會第三次常會通過之試用辦法在到店時訂立契約茲將擬就草約請加討論案

議決　通過

主席　張仲實

第十四次常會

開會日期　廿六年六月四日

開會地點　本店會客室

出席者　徐伯昕　張仲實　孫夢旦

張錫榮　周積涵　李濟安

陳錫麟（孫夢旦代）

列席　甘蘧園

主席　張仲實

記錄　孫夢旦

報告事項　經理報告：

（一）人事更動

1.添用社工趙志成君於五月廿一日到店試用待遇二十三元試用三个月

2.郵購科試用職員貴仲明君對郵購户因私人關係任意減低折扣欠款至三十餘元之多并將本人購閱之書款記入郵購户下營私舞弊有碍本店對外信譽故自五月廿日起終止試用

（二）徵求人才　最近數次招考均以時間倉促極少可用人才現擬改用登報徵求人才登記辦法先填

具登記表格待需用時再約考試似較便利

（三）粵分店房屋簡陋地位偏狹不敷應用現已商得新華銀行同意在永漢北路惠愛東路口建造新廈時租借靠惠愛路公共汽車站左邊店面一幢大小式樣及租金等待該行打樣時再行商訂

（四）總店門市部房屋俟底層租戶租約到期後即行併租茲擬先將東面一間租定暫作進貨科辦公室及批發科打包間之用

討論事項

(一)試用職用工辦法內「因過終止試用」應否給予津貼案

議決 應加補充為「因過終止試用者津貼減半」一條

(二)經理提出試用人員考績報告表應加討論案

議決 通過施行

(三)經理提出試用職工到職須知應加討論案

議決 修正通過

(四)經理提出收印圖書辦法草案應詳加討論案

(五)張錫榮提出已擬就之設立職業訓練班辦法草案應予繼續討論案

以上兩案改交下次會議繼續討論

(六)陳錫麟請假赴日要求津貼案

本案請經理擬訂辦法後交下次會議討論

主席 張仲寔

第十五次常會

開會日期　廿六年六月十七日

開會地點　本店會客室

出席者　張仲實　徐伯昕　孫夢旦

張錫榮　周積涵　李濟安

陳錫麟（孫夢旦代）

列席者　甘蘧園

主席　張仲實

記錄　孫夢旦

報告事項

(一)副经理甘蘧園報告人事更動：

1、曹建章郵購科練習生六月七日起到店試用三个月

2、戴绍鈞試用社工六月八日起到店試用三个月

3、孫潔人棧務科練習生六月十日到店、試用三个月

4、添用臨時工三人張秉衡任郵購科練習生六月八日到店陈炳耀六月九日開始亦為郵購科練習生金祥卿六月十五日起工作试用期均為一个月

（二）經理報告：中宣部以本店歷來出版及經售書籍內容左傾者頗多又於西安事變時將大量左傾書籍運送內地銷售特訓令上海市政府市党部會同派員來店警告除已據情分別詳予當局作口頭解釋外並另行分呈市政府市党部轉向中宣部解釋誤會矣

討論事項：

（一）繼續討論職工訓練班辦法草案

議決　修正通過即日公佈施行並照章推定臨時委員二人張錫榮李濟安指定職

員三人甘蘧園杜國鈞嚴長衍等組織職工訓練委員會負責進行

(二) 經理提出之職工赴外考察及留學津貼辦法草案

討論結果 先作初次修正俟下次會議時繼續討論

(三) 經理提出職工疾病死亡補助辦法第二条第三項之規定未盡妥善應予修正案

議決通過照改「向本店指定之醫院住院診療者本店每日津貼住院費至多二元每年

以六十元為限，一律須實支實付以医院

單據為憑」

（四）經理提出之職工預支薪水及借款辦法草案

議決修正通過即日公佈施行

（五）經理提出徵求人才辦法

討論結果仍用招考辦法先招考練習生及

營業員由本店招致名義在國民週刊登載廣

告

主席　張仲實

第十六次常會

開會日期　廿六年七月八日

開會地點　本店經理室

出席者　張仲實　徐伯昕　孫夢旦

張錫榮　周積涵　李濟安

孫明心　陳錫麟（孫夢旦代）

列席者　甘遽園

主席　張仲實

記錄　孫夢旦

報告事項

（一）副經理報告人事更動：

1.許覺民任進貨科練習生臨時試用一个月月新二十二元廿六年七月二日到店

2.李秉桃任發行科練習生（寫臘紙）臨時試用一个月二十二元七月二日到店工作

3.馮永元任收發科臨時試用服務生一个月十八元七月六日到店

4.戴靄明任門市科練習生（臨時試用一个月）月薪二十二元七月六日開始工作

5.錢伯城任郵購科臨時試用練習生一个月二十二元

七月七日到店

6. 郵購科臨時試用練習生張秉衡、陳炳耀、金祥卿三君已滿期，自仍再行續繼試用一个月

7. 郵購科編卡員袁信之君自七月七日起調任批發科職，原職由沈啟君担任

(二)

張錫榮報告訓練班籌備經过

訓練班籌備委員會曾舉行兩次會議，訂定辦事細則及教育大綱。關於訓練課程及授課時間已分別請各科負責者擬訂

討論事項

(一)經理提出職工病死亡補助辦法尚在試用之新進職工是否全部適用本辦法應否增加一條「凡試用未滿三个月者不適用本辦法惟因公者不在此限」案

議決 通過

(二)經理提議 郵購同人要求因天熱擬提早辦公時間案

議決 在暑期內辦公時間改為上午八時至十二時下午二時至五時本月十二日起公佈施行

主席 張仲實

臨時會

開會日期　廿六年七月十日

開會地點　本店經理室

出席者　張仲實　徐伯昕　孫夢旦

張錫榮　周積涵　李濟安

孫明心　陳錫麟（孫夢旦代）

列席者　甘蘧園

主席　張仲實

記錄　孫夢旦

討論事項

(一)经理提议 上次议决暑期更改办公时间原定之十二起施行兹因门市进货栈务等各科均感不便需否维持原议案

议决 取消第十六次会议々定办法仍照归定时间办公

(二)经理提议 七月份职工考绩加薪需否普加及规定加薪标准案

同时经理报告今年上半年结帐情形约计营业总额为廿七万五千余元开支总额为六万八千余元与去年下半年比较营业数减少

而開支反增依據此項實際情形普加恐影響經濟故特别說明請諸位斟酌

議決　薪金在五十元以上者除特殊情形者外暫時不加薪金在五十元以下者得攷核成績分别遞加加薪標準仍分一元至五元五級請經理決定

(三)張仲實先生提議關於收印稿件為避免对外困難計可否組織一編審委員會案

議決　請經理草擬編審委員會組織大綱於下屆會議時提出討論

主席　張仲實

第十七次常會

開會日期　廿六年七月廿九日
開會地點　本店會客室
出席者　徐伯昕　孫夢旦　張錫榮
　　張仲實　周積涵　李濟安
　　陳錫麟（孫夢旦代）
列席者　甘蘧園
主席　張仲實
記錄　孫夢旦
報告事項

（一）经理报告上半年营业情形：略谓本年上半年营业总额，计三三四、五九八．〇九元，内本版书估一一九、六二一．四二元，外版书估一四四、二五八．八七元，什志估七〇、七一七．八〇元；与去年下半年比较，计本版书增加四一、二六〇．九六元，外版书增一二、七三一．八七元，什志减少二、二三二．二一元，总计增加五一、七六〇．六二元。

（二）副经理报告人事更动

1、进货科添用临时试用练习生方钧，于七月十日到店，先试用一个月，月薪二十二元，

2、校對科添用職員張嚴，於七月十六日來店試用。試用期三个月，月薪三十元。

(三)经理報告本店同人為適應戰時需要起見，特約紅十字會医院派員講授救護及急救常識，時間計十六小時，費用每人一元五角，每五十人一班。女同事可參加中國医学會所辦之救護訓練班，免費聽講。已請同人簽名參加，視人數多少再行決定班數。

(四)经理報告關於緊急時之準備，如经濟之提存，重要文件之保管，存貨之準備，帳款之催收，以及分店之處理，均已着手進行。

討論事項

(一)經理提出校護班每人應繳費用是否由店負担，抑由同人分担案。

議決　全數由店負担。

(二)經理提出「職工預支薪水及借款辦法」第四條，職工如遇重病，須長期休養之特殊借款，對於試用職工未有規定，應予修正，擬加「試用期內，至多以一个月為限。」

議決　通過照加。

(三) 經理提出已擬就之「編審委員會組織大綱草案」及「職工經常考績辦法草案」兩種，業已印出，分請各委員詳細討論案。

討論結果：先交各委員詳細研究，在下屆會議時提出討論。

主席 張仲實

臨時會議

開會日期　廿六年八月二日

開會地點　本店會客室

出席者　張仲實　徐伯昕　孫夢旦
張錫榮　周積涵　李濟安
陳錫麟（孫夢旦代）

列席者　甘遽園

主席　張仲實

記錄　孫夢旦

討論事項

一、經理提議本店除已於去年五月籌設漢口分店，及本年二月籌設廣州分店外，茲以事實上之需要，擬於即日起籌設西安及成都兩分店，應請公決案。

（理由）本店過去在西安方面，係特約大東書局，每月營業額已在千元以上，倘自辦後能加以推廣，營業情形至少可與漢口相仿，同時因該書局以限於發貨限額，致當地需要，尚不能供應，更以處此緊急時期，為擴大發行網及分散力量計，似西安與成都均有籌設分店之必要。

（辦法）現為應付緊急時期計，可請嚴長衍先生與西安分店經理於本月五日至遲六日前往籌備，租賃店面及機房房屋，會計主任可在十二日左右動身，將一切印件等帶去，希望嚴先生能在到達西安規劃一星期後，即返漢口，成都分店經理及營業主任可於十六日左右到達漢口與嚴先生同行赴蓉，及嚴先生在渝蓉返滬途中，可便道向各同業結帳，並予以連絡。總店方面即日準備大批發貨，兩分店每一處至少發貨在一萬五千元實價書以上。

議決　通過。

二、經理提議關於本店同人之有重病需要長期休養者因限於經濟不能安心治療擬將疾病死亡津貼辦法加一條「各職工如因重大病經本店指定醫生証明連續請假在一個月以上者，其薪水應照下列辦法支給之：

1. 任職滿五年以上者，病假期內薪水照給，但至多以三個月為限；

2.任職滿三年以上者，病假期内薪水減半支給，

但至多以三個月為限；

3.任職滿一年以上者，病假期内薪水減支四分之一，

但至多以三個月為限」此條可列入第七条，將

原有第七條改為第八條，以下照改，應請公決

案。

議决　通過。

三、經理提議總店派往分店之工作人員，其假期及

旅費業經規定，唯对於一年中不請假返里者亦

應加奬勵，擬加一条，凡在一年中不請假返里

者，其往返川資照給之」此條可列入第六條，將原有第六條改為第七條以下照改應請

公决案。

議决　通過。

主席　張仲實

第十八次常會

開會日期　廿六年八月十六日

開會地點　上海本店

出席者　徐伯昕　張仲寔（徐伯昕代）
陳錫麟　李濟安　孫夢旦
周積涵（孫夢旦代）

主席　徐伯昕

記錄　孫夢旦

提議事項

（一）主席提議鄒韜奮先生業已恢復自由，應即

恢復臨時委員職務，下次開會，並應請其出席案

議決　通過

(二)鄒韜奮先生提出本店同人薪金自八月十二日以後因受戰事影響原定「留店工作者一律發給生活費二十五元，不派職務者一律發給生活費十五元，自願回鄉者借給川資十元」一案似有未妥，擬改為無論留店或回鄉一律發給生活費十五元

議決　通過，先試行一月，並提前發給。

(三)經理提出在戰事時期內關於升工及疾病補助辦法暫行停止

議決 通過

主席 張仲實

第十九次常會

開會日期　九月十一日 廿六年

開會地點　上海本店

出席者　鄒韜奮　徐伯昕　張仲實　陳錫麟　李濟安　周積涵　孫夢旦

主席　張仲實

記錄　孫夢旦

提議事項

一、經理提出政府發行救國公債本店認購

一萬元在定期存款項下分五次撥付个人認購之數亦包括在內由店中墊款分五次在月薪內扣還已函勸募委員會先行登記案。

議決　通過

六、經理提出本店在戰事期內為不使店務停頓起見將郵購發行批發印刷會計各科全部或一部遷漢與分店合併案

議決　遷併漢口原則通過詳細辦法由經理決定

主席　張仲實

第二十次常會

開會日期　九月十三日　二十八年

開會地點　上海本店

出席者　鄒韜奮　徐伯昕　張仲實　陳錫麟　李濟安　周積涵　孫夢旦

列席者　邵公文

主席　張仲實

記錄　孫夢旦

提議事項

一、经理提出仝人薪金自战事发生后一律改发生活费十五元试行以来殊多困难下月份办法须重行规定案

议决 薪金（包括房东津贴）在二十元以下者全发二十一元至廿五元者九折不足二十元者补足之廿六元至卅元者八五折不足二十三元者补足之卅一元至四十元者八折不足廿六元者补足之四十一元至五十元者七五折不足卅二元者补足之五十一元以上者七折不足卅八元者补足之上项办法俟先试行一月以后

視本店經濟情形再行商議增減办法

六、經理提出還漢人員問題

議決　由經理指派

七、經理提出自九月十六日起照常辦公田鄉者分別通知來店報到其不能如期報到者須來函申明原因徵得經理許可後作請假論

議決　通過

主席　張仲實

附录

一、生活出版合作社会议记录原稿散页

生活出版合作社第一次理事会议

民国二十二年七月十日 下午八时半

地点 [illegible]

出席者 毕云程 杜重远 邹韬奋 徐伯昕 王志莘（杜代）

一、公推毕云程先生为临时主席

二、公推徐伯昕先生为记录

三、选举邹韬奋先生为总经理 当选

四、选举徐伯昕先生为副经理 当选

五、选举毕云程先生为常务理事 当选

六、理事邹韬奋先生[illegible]顾问[illegible]先生为[illegible]

七、理事会之代表

八、理事会秘书一职[illegible]先生担任

第一届理事会第一次会议，1933年7月10日，页1。

九、理事会之職务細則由秘书起草，提交下次理事会通过。

十、本社会计財产保管細則由总干事準備，提交下次理事会提出。

十一、[illegible]由总干事拟出，[illegible]理事会討論。

十二、理事不支薪，[illegible]以後之薪金或[illegible]計論。

十三、下次理事会定本月十二日上午八时半開会。

主席[illegible]

第一届理事会第一次会议，1933年7月10日，页2。

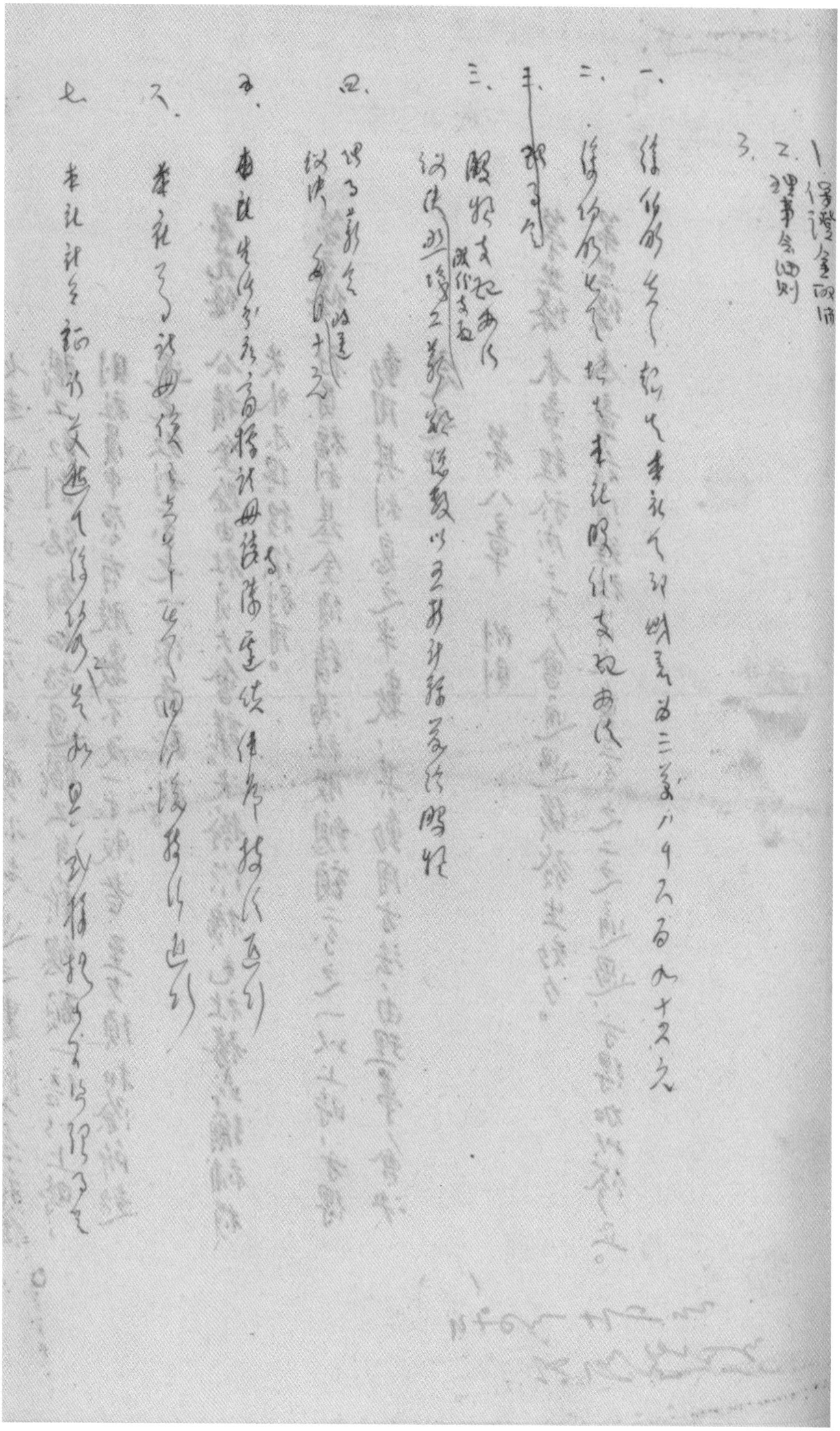

第一届理事会第二次会议，1933年7月12日，页1。

股款支配辦法

一、本社儲蓄二十一年十二月底結存生息連利本一萬六千元，本年春一萬二千五百元，共二年十二月至本月部份有息相抵，尚餘一萬〇一百九十六元（內六月份的餘二千七百元）儲戶存款為三萬八千六百九十六元

二、殘工募款儲蓄除六個月者不計入外總計四萬八千三百七十元

三、殘工募款總數以四折計算之適為三萬八千六百九十六元與儲蓄存款總數相符

四、本社每股為十元現有儲蓄存款合計為三千八百六十九股餘

五、依殘工募款儲蓄數計算即每元應一抵股額八角

六、每位殘工募款儲蓄數以四折合計時其不滿一股之數應一以五捨六入計算

第一届理事会第二次会议，1933年7月12日，页2。

九月二十日第四次理事会议 地点

出席人 畢雲程 杜重遠 王志莘 徐伯昕 鄒韜奮（記）

艾逖生

1. 催 1. 周刊結書續加
2. 查閱郵費將行市數目
3. 交字結書務例好。
4. 時事新聞

開社員大會

常務大會提出召集開特別大會

審查社員記

1. 退社及X年，社由
2. 股金之用

法規問題

開辦分店問題

第一届理事会第四次会议，1933年9月20日。

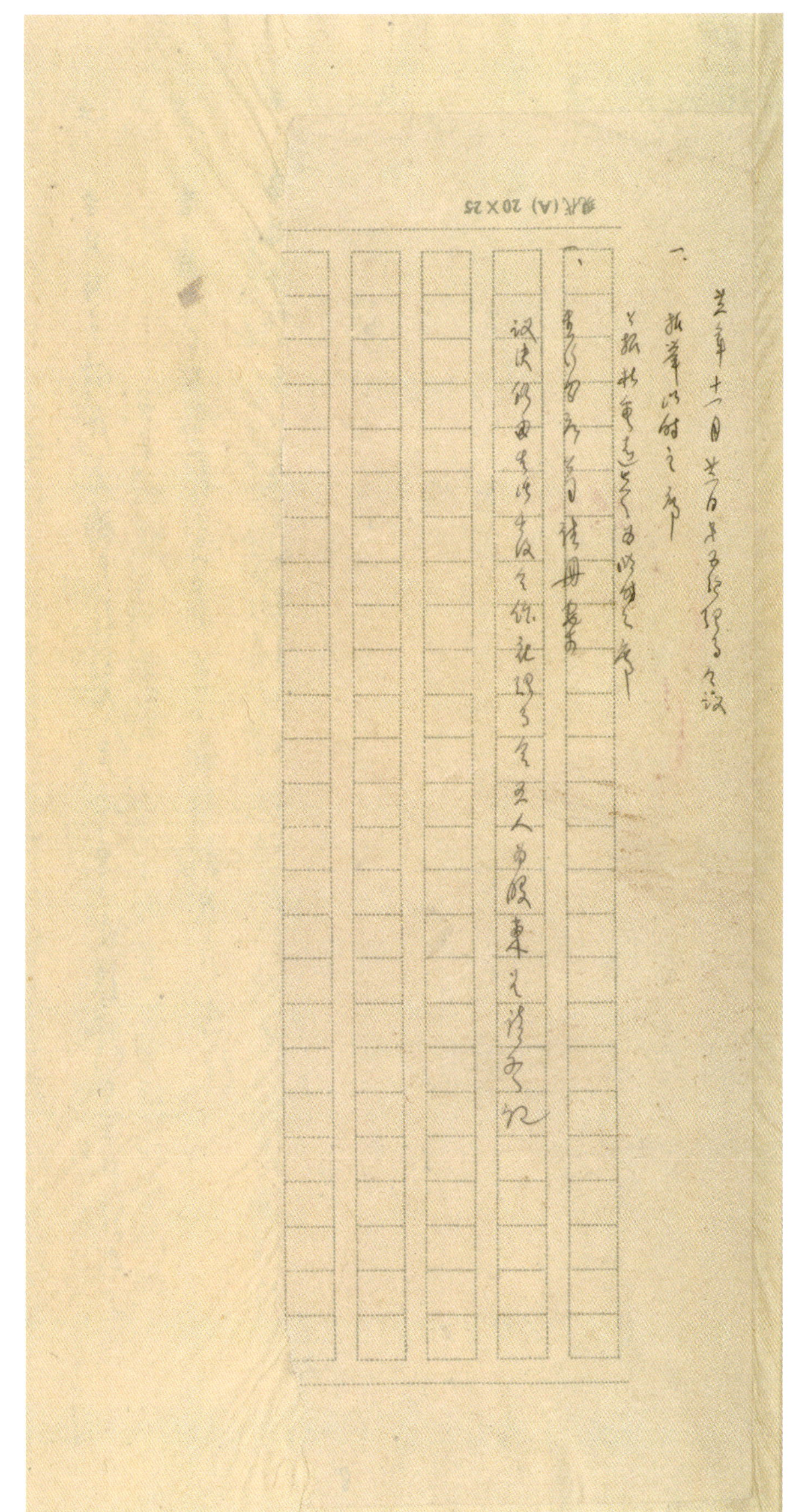

第一届理事会第六次会议，1933年11月22日。

生活書店
LIFE PUBLISHING CO.
總店 上海霞飛路第五九二號
電話 八一五四一 八〇五九二

報告事項

經濟情形

1. 上年度下半年經濟報告
2. 最近經濟報告
3. 新生周刊經濟報告

出版情形

1. 單行本出版情形
2. 文學叢刊情形
3. 經售圖書情形

討論事項

1. 新生周刊今後辦法
2. 文學發行合同
3. 發行世界知識半月刊

五月十八日 韜奮

第一届理事会1934年第一次会议，1934年5月18日。

附
录

總店
上海霞飛路第五九三號

生活書店
LIFE PUBLISHING CO.

電話
八一五四一
八〇五九二

報告事項

一、最近經濟情形

二、最近出版情形

新籌各項新刊物

世界知識（半月刊）、譯文（月刊）、家庭、新生周年

三、本年度委託接洽情形

1. 委託中國銀行、交通銀行、新華銀行、廣西銀行，

以上各銀行免費匯款辦法

2. 本埠銀行實行之辦法

四、出版物運往全國各地推銷及出售

五、香港本埠推銷所之結算情形

討論事項

一、書店遷移問題

二、總之業務交涉問題

三、社員等、息問題

七月
十四日

第一届理事会1934年第二次会议，1934年7月14日。

生活書店
LIFE PUBLISHING CO.

電話 九四四二六 九四六二五

總店 上海福州路三八四號

[illegible] 期 十月廿一

報告事項

一、二十三年上期結賬報告

二十二年下期純益 3621.14 去年七月至十二月

純益 1264.21 一月至六月

共計 4885.35

[illegible] 1756.69

二、二十三年下期七、八、九三月結賬報告

[illegible] 3998.34

[illegible] 3020.19

三個月除去淨盈 778.54

三、出版情形

(1) 新生 四萬 (2) 文學 一萬二千 (3) 世界知識 八千

(4) 譯文 三千二百 (5) 太白 一萬二千

四、營業的比較

(1) 門市 較上期增加一倍

(2) 郵購 較上期增加一倍

(3) 批發 較上期增加十分之三

五、增加職員七人

(1) 郵購 二人 (2) 進貨一人 (3) 批發一人 (4) 校對一人

(5) 稽核 一人 (6) 門市部一人

六、宿舍正在打樣進行建築今冬可以造就

第一届理事会1934年第三次会议，1934年10月21日，页1。

电话
九四四二六
九四六二五

生活書店

LIFE PUBLISHING CO.

店
上海福州路第三八四號

讨论事项

一、社员大会日期与议案审查提纲

二、退股社员之要求清偿退股问题

三、新社员问题

四、总店与分店关系

议决因杜重远先生未到，候下次再议

第一届理事会1934年第三次会议，1934年10月21日，页2。

人事委员会第卅八次临时会纪录

开会日期　二十五年七月廿六日下午四时

开会地点　本社编辑室

出席人　邹韬奋（主席）　徐伯昕　孙梦旦　陈锡麟

列席　孙明心

主席　徐伯昕

纪录　孙明心

讨论事项

(一)根据上次议案继续讨论如何处分案

议决

34

人事委员会第38次临时会议，页1。

者或鼓动会员，破坏社务；或伪托会员名义迫他人会员，妨害公共利益之行为，或发表诬蔑本社信誉之言论，危害本社组织。以上各项之人，各予以警告处分，警告以后如再发生同类事件，及其他破坏社务，危害本社公共利益，应各条件，予以停职处分。

其他参加会员之事，如会员经营，免予处分。

（二）本会为巩固本社基础，保障公共利益及经营之纪律起见，特规定下列两项办法，公布实行。

（1）凡有破坏社务，妨害公共利益，危害本社组织

生活書店稿紙

20×20

人事委员会第38次临时会议，页2。

及其他对本社营业上有重大之损害者，立即予以停职处分。

(2)凡有不守纪律，及工作懈怠，致影响本社营业及行为不检者，予以警告处分。警告至三次者，立即予以停职处分。

(三)理事会向本会建议谓：宿舍一致请愿，今人居住费用负担增加，应酌予增加房租案。

议决

接受理事会建议，将宿舍三、四、五元三种房租改为四、五、六元三种。

35

人事委员会第38次临时会议，页3。

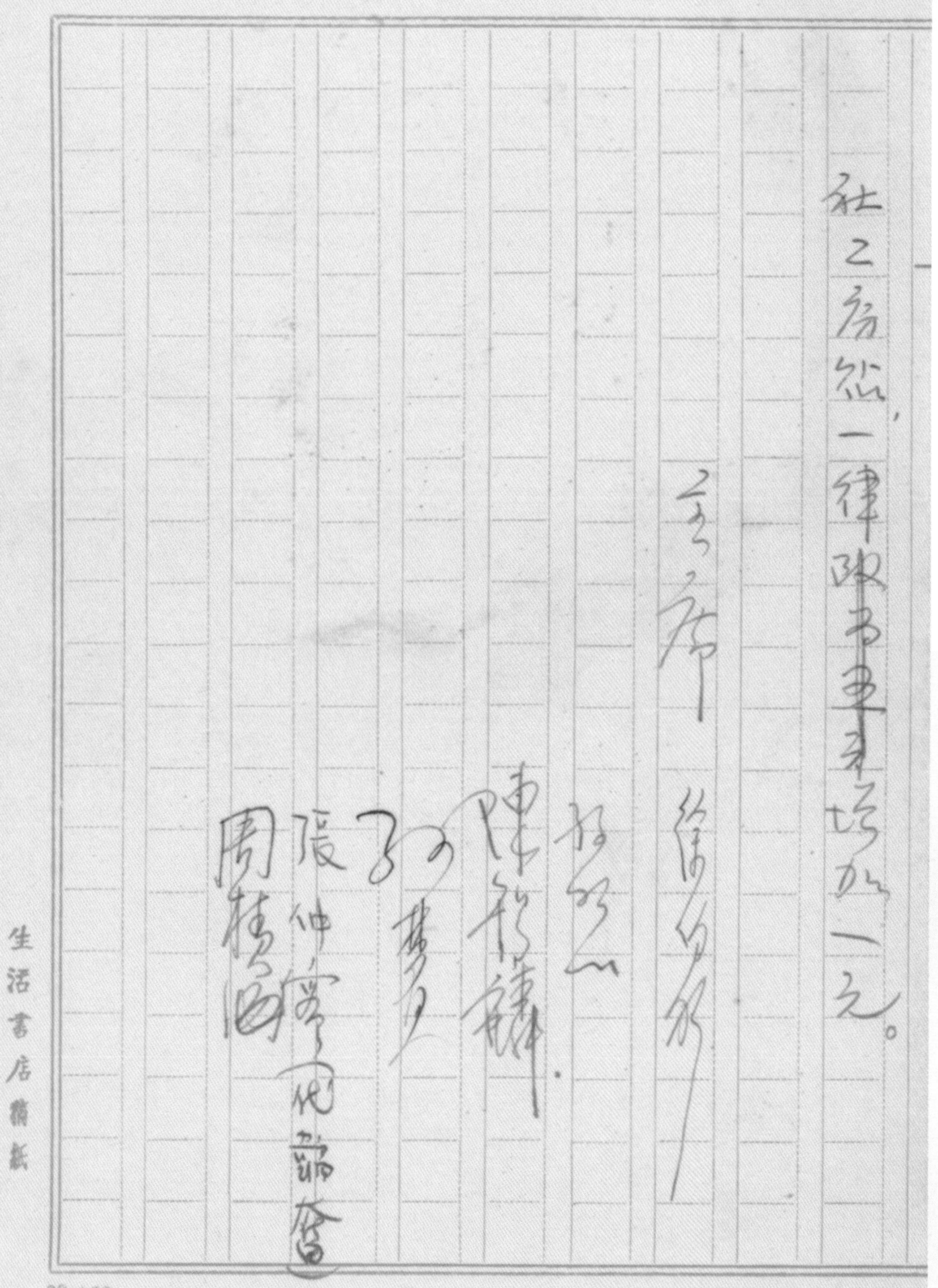

人事委员会第38次临时会议，页4。

二、1937年「生活书店员工集体怠工事件」中两份员工联名函

敬啟者：

批發科仝人陳君季良，鈞會未曾宣布過失而予開除處分，後聞鈞會此次加薪決議，另有與前不同的新則，于舘會床鋪繼續借予仝人之請求，尚未蒙鈞會答覆。各節仝人等深感有不妥當之點，都以為有妥為更正并迅予答覆必要。謹特鄭重請求鈞會在顧全多方原則之下，容納仝人等下列三點，實深感戴。

王锦云等社员联名致人事委员会函，页1。

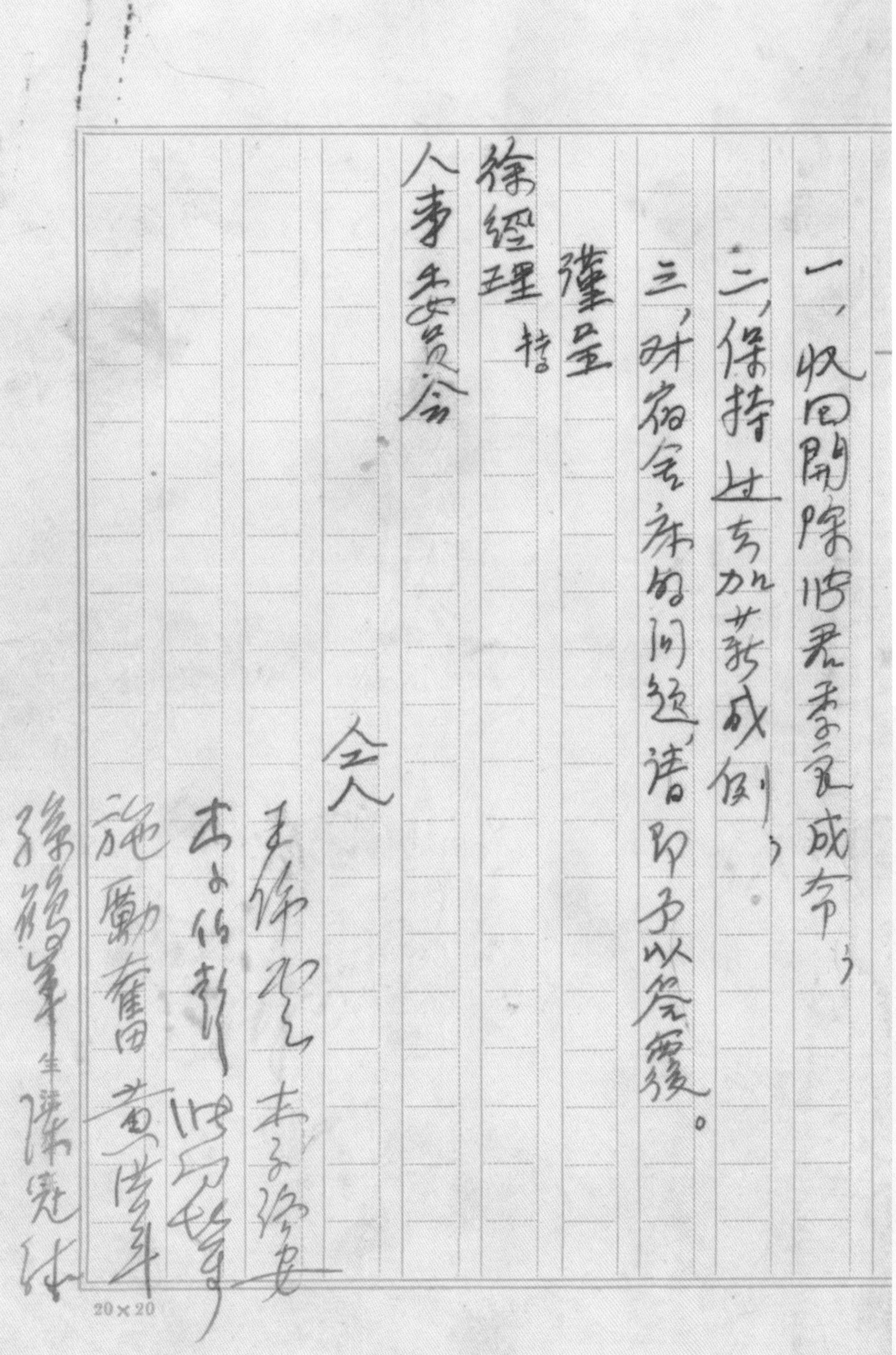

一、收回開除陳君季良成命；

二、保持出京加薪成例；

三、對宿舍床舖問題，請即予以答覆。

謹呈

徐經理 轉

人事委員會

仝人

王錦雲　李子綏

李伯韜　陳鳴鑾

施勵奮　黄濟年

孫鶴年 生　陳堯佐

王锦云等社员联名致人事委员会函，页2。

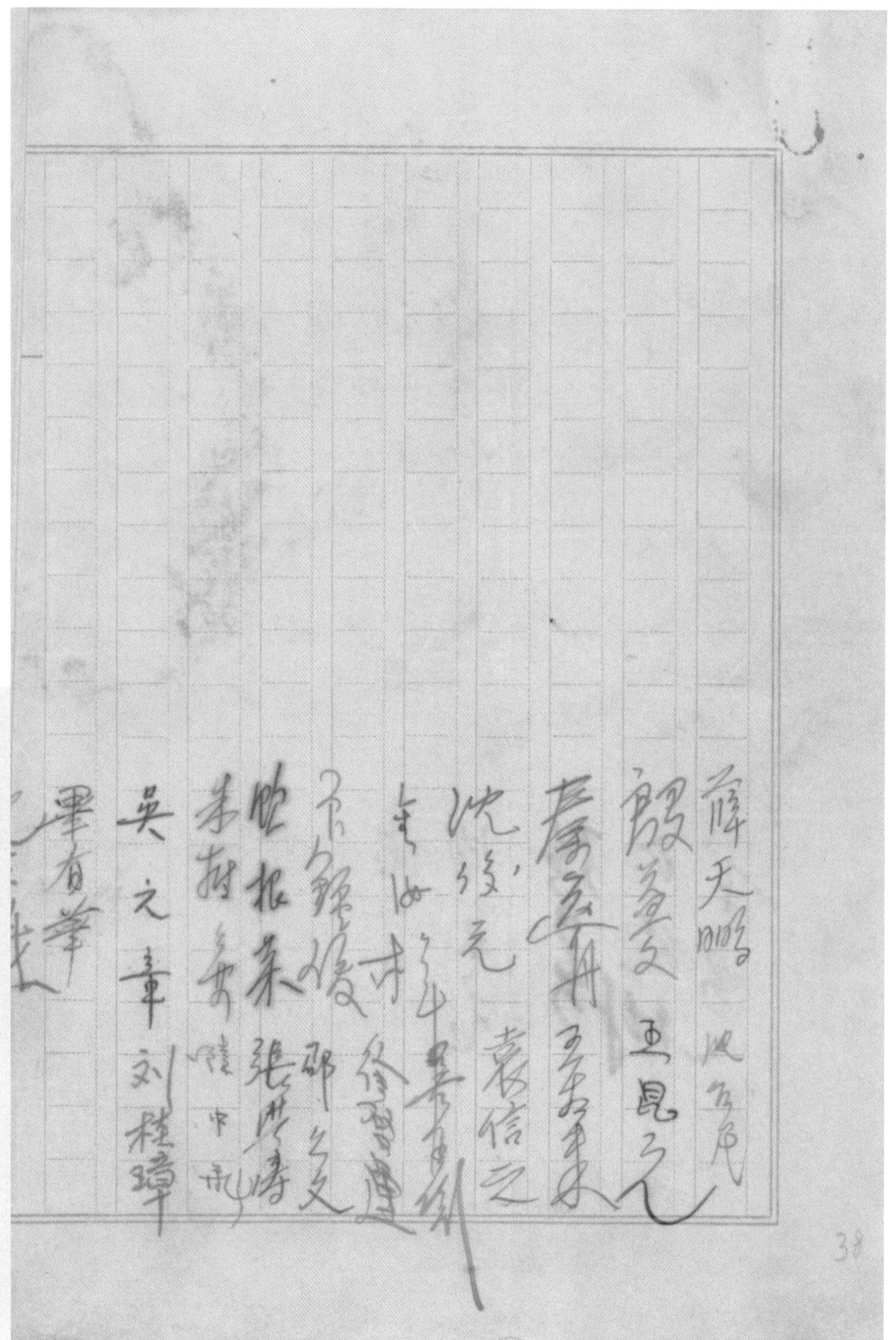

王锦云等社员联名致人事委员会函，页3。

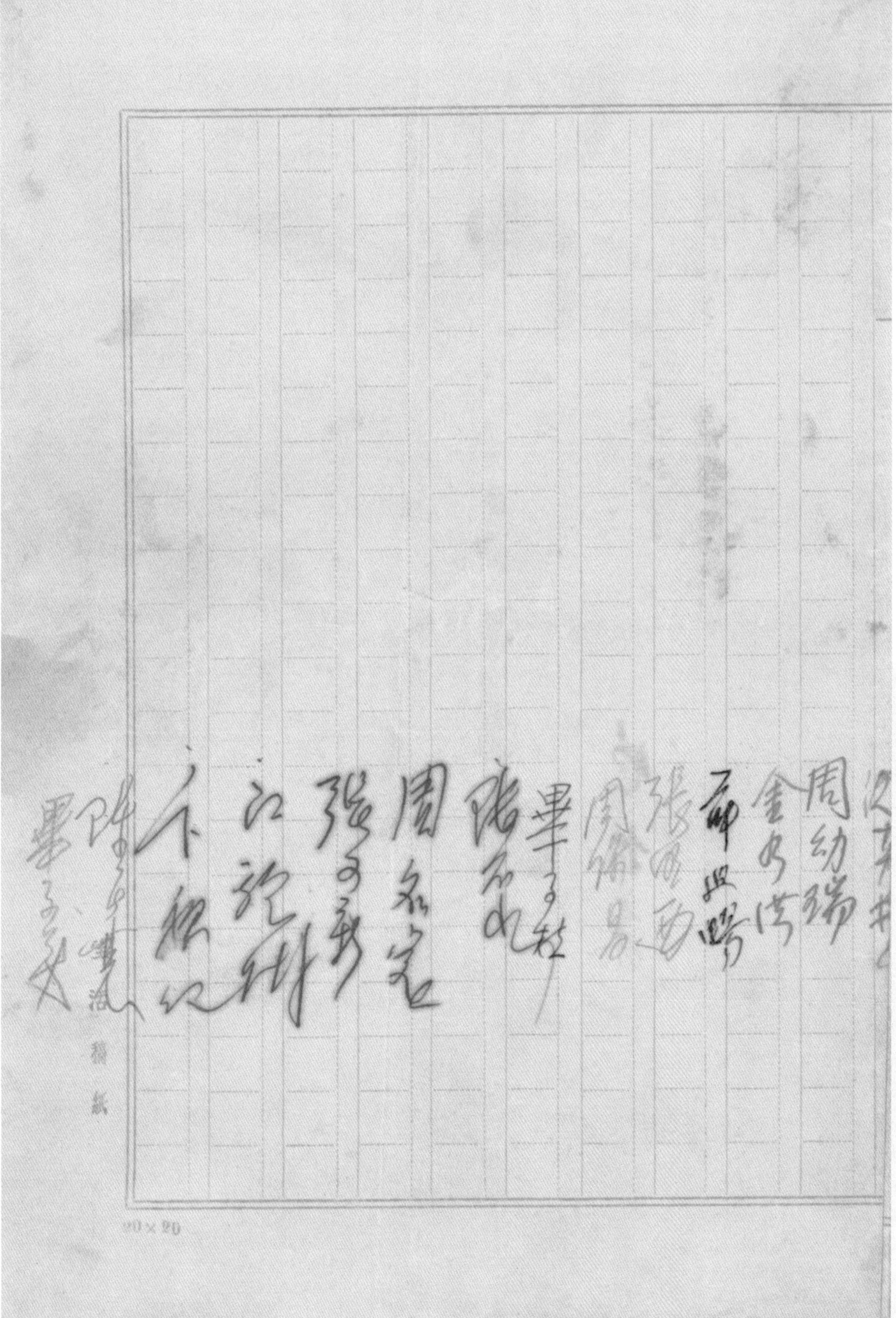

王锦云等社员联名致人事委员会函，页4。

竊思本社爲自願結合之合作社組織，凡爲社員，對於社章，均應絕對遵守。此次人事委員會根據社章所賦予之職權及工作成績之審核，將陳翔鶴、張季良君停止試用，原爲合法手續。乃有一部分社員蔑視社章，不惜以油印誣蔑毀壞本社之宣言及脅迫怠工之手段，破壞本社組織原則，動搖本社基礎，摧殘本社公共利益，此端一開，於本社之生存，實有莫大之妨害。爲保障本社之生存與社員之福利，敬請 人事委員會依緊急處分以安社基而免危害。謹呈

人事委員會

簽名者

二五、七、二十

卞鍾俊 孫明心

呂樹冊 董文椿

丁道本 鄭榮寬

卞钟俊等26位社员请求人事委员会紧急处分怠工社员函，页1。

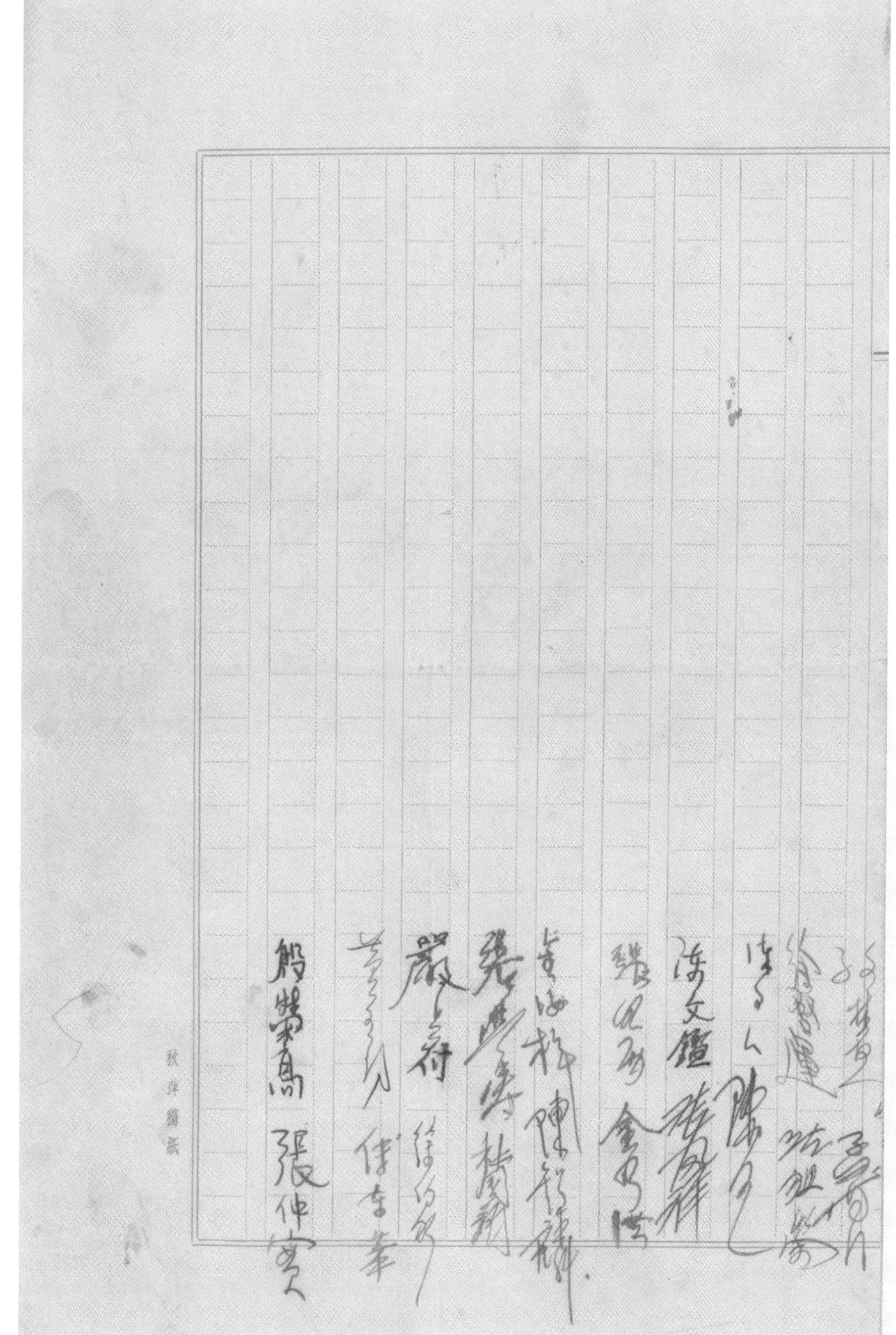

卞钟俊等26位社员请求人事委员会紧急处分怠工社员函，页2。

代后记

生活出版合作社的创办与发展（1932—1937）

陈　挥

生活书店是在生活周刊社书报代办部的基础上建立起来的，起到了促进新文化出版事业、开展宣传教育、鼓舞人民的斗志、配合军事斗争、为实现改造社会开创未来事业而奋斗的良好作用。在生活书店成立86周年、上海韬奋纪念馆开馆60周年之际，纪念馆将馆藏的生活出版合作社会议记录首次披露并正式影印出版，为我们进一步研究生活书店的历史提供了大量第一手资料，具有重要的意义。下面就本书中档案资料所反映的生活书店初创时期（1932—1937）的部分问题做些梳理和探讨。

一、民主管理体制的形成和完善

「九一八」事变以后，《生活》周刊就「应着时代的要求」，也由讨论「个人修养」而转向「注意于社会的问题和政治的问题」，最后完全变成了一个紧密结合形势的「新闻评述的周报」，用绝大多数的篇幅，来反映这些情况，讨论这些问题。随着《生活》周刊影响的逐渐扩大，胡愈之向韬奋建议创办生活书店，这样既可以出版期刊，也可以出版图书。当时《生活》周刊已引起国民党政府的注意，随时有被封禁的可能，有了生活书店，《生活》周刊即使被查封，出版社仍然存在，可以换个名字继续出版。于是，在胡愈之的协助下，韬奋起草了生活书店的章程，做了许多具体的策划和筹备工作。

1932年7月，在生活周刊社书报代办部基础上正式成立了「生活出版合作社」，对外称「生活书店」，店址就设在华龙路80号，后随生活周刊社一起迁往环龙路环龙别业（现南昌路212弄）2号。同年11月12日，生活书店迁往陶尔斐斯路（南昌路43弄弄口，现已拆除），对外和生活周刊社分开办公；1933年12月1日，又迁至霞飞路（现淮海中路）593号；1934年9月，又迁往福州路384弄4号。生活书店开始运营后，至全面抗战爆发前夕，5年中出版了10种期刊、近400种图书，在国民党政府实行反革命文化「围剿」的形势下，为进步文化工作者开辟了战斗的阵地，同形形色色的反动思想进行了针锋相对的斗争，教育了广大群众，推动了抗日救亡运动的发展。

生活书店对内为生活出版合作社，不是任何个人借以牟利的私产，而是全体职工以劳动所得共同投资的文化事业机关，每一个工作人员都是书店的主人。由胡愈之起草的合作社章程中有三项原则规定，即经营集体化、管理民主化、盈利归全体。

生活书店初创时，把生活周刊社结存下来的2000元钱，连同一些库存书刊和办公用具等，折合成38696元，以在职的20余名工作人员过去所得的工资总额多少计算，按比例分配给全体职工作为入社的股金。他们规定资本每股10元，任何一个社员至多不得超过1000股，不到此数的每年将所得一部分红利加股，直至加到这个数目。新职工从任职开始，每月扣除薪水的1/10，于任期满6个月时，并计作为入社的股份；以后继续每月扣除薪水的1/10，至入社满一年时，再行并计，作为增加的股份。社员认缴股份所得享受的利益为股息，于每年总决算后，除应提出的公积金、社会福利基金及职工红利外，由社员大会依营业的盈余，议决按股分配股息。

店内经济完全公开，每年都经过潘序伦会计师查账证明。后来韬奋在《生活史话》中特意提到了此事。他说：

「自从本店开办以来，每年度的收支，都请会计师查账出证明书。」会计师「是我们在经济上绝对诚实的证人」。「我们对同事向来是经济公开的，最重要的就是有会计师的查账和证明书。我们的事业是由艰苦中产生出来的，我们的同事所以能在很艰苦的情况中共甘苦，共同奋斗，固然是由于有着为进步文化而努力的共同目标，同时也因为我们大家都是靠工作取得生活费，没有不劳而获的分子，并因为我们的经济公开，偶有一部分的盈余，也是用到发展事业的上面去。」他还特别强调：「这不但是本店保持读者的信任所必要的手续，而且即我个人也受其赐，因为后来有人企图破坏我在社会上的信誉，公开用文字诬蔑，说我把替马将军捐的巨款私吞下来，用来办书店，并用为出国的费用，但是我不怕，因为我们再把会计师的证明书制铜版在报上公布，什么阴谋都无所施其伎俩。」

「总之这个生产合作社的原则，以社员共同投资，经营出版事业，促进文化生产为宗旨，除用在服务社会事业上的费用外，所得赢利归于全体。这虽不能算是合于理想的办法，但至少已没有谁剥削谁的存在，各人一面为社会服务，同时也为着自己工作。」这种组织形式，在当时国民党统治区的企业中，可以说是绝无仅有的创举，非常适用于这个不以盈利为主要目的的进步文化事业。但也有一定的局限性。一是不能超脱整个社会经济制度的制约，二是资金来源全靠自我积累。好在有精明的长于经营管理的徐伯昕这样的好管家，设法吸收刊物预定金和读者邮购结存余款作为社会资金，才得以适应业务发展的需要。

与此相适应的是，生活书店采取民主集中制，实行科学管理。每位职工切实行使当家作主的民主权力，履行作为主人翁的责任和义务。店里的事情都是由大家公开商讨、群策群力的，大家出主意、大家想办法来做，从而使得每一个人都有自由发表意见的权力，每一个人都有充分发挥特长的机会。这就是生活书店的干部职工始终充满活力和干劲儿的由来。在内部组织上，书店设理事会、人事委员会、监察委员会三个领导机构，其成员都是由全体职工民主选举产生的。

韬奋认为：「所谓民主精神，还可分三点来说：（一）须有参加讨论的雅量，即讨论时须能平心静气，遇有与己不同的意见，亦能虚心倾听，不要意见不合就发脾气，或结成冤家。（二）须有服从多数的习惯。讨论的时候尽管知无不言，言无不尽，甚至作热烈的讨论（最好不要面红耳赤），但一经多数通过，即须服从决议，不应口是心非，或尚存悻悻之意，甚至另作捣乱企图！……（三）须有集体责任的认识。任何事一经领导机构决议之后，任何参加者都须共同负责，即所谓集体责任。」

韬奋自己也和大家一样，每天上班签到，每月领取工资。他在工作中有一条准则，办事要讲究时效，一天7小时工作，上班时间不准办自己的私事。谁要是马马虎虎，他是不能容忍的，认为这是生活书店的耻辱。因此，在他的领导和影响下，大家都自觉地养成了按时完成任务的良好习惯。由于韬奋在领导和管理上充分发扬了民主精神，使每一个职工都把店务当作自己的事情，大大调动了他们的工作热情，提高了他们的责任心与积极性，从而推动了生活书店的整个事业不断前进。

生活书店的民主管理体制是逐渐形成和完善的。1933年7月，由于《生活》周刊的言论和韬奋思想的不断进步，遭到了国民党政府的忌恨，韬奋处境十分危险，被国民党特务列入了「黑名单」，经常受到盯梢。亲友们都替他的安全担心。经胡愈之等朋友的多次劝告，韬奋才借了一笔旅费，打算离沪赴欧考察，暂避眼前的政治风险。当时生活书店经过一年时间的运作，也有了一定的实践经验。因此韬奋在离开上海前夕，先后召开了生活出版合作社第一次社员大会、生活出版合作社第一次理事会、生活出版合作社人事委员会第一次会议，初步形成了生活书店的民主管理体制。这一系列会议的记录，本书中有完整的呈现。

1933年7月8日，生活出版合作社在生活周刊社召开了第一次社员大会，邹韬奋、徐伯昕、毕云程等33人出席。大会对社章进行了修改，决定：「理事会互选经理及副经理各一人为理事会之代表，总揽社务并为本社对外之代表」；「每届总清算除去各项开支及各项摊提准备外，如有盈余，应先提公积金百分之十五，捐助中华职业教育社，公益金百分之二十，社员福利基金百分之十五，股息百分之二十及职工红利百分之三十。但股息如超过年息一分二厘时，应将超过之数归入公积金。职工红利总额如超过职工月薪总额一倍以上时，则经社员大会决议得扩充股数，将职工应得红利若干成作为新股。」大会以不记名投票法选举王志莘、杜重远、毕云程、邹韬奋、徐伯昕为理事。艾逖生、严长衍为监察。根据社章规定，大会主席邹韬奋指定艾逖生任人事委员会委员。

7月10日，生活出版合作社在亚尔培路（今陕西南路）亚尔培坊25号（近建国西路）召开第一次理事会。杜重远、毕云程、邹韬奋、徐伯昕、王志莘（杜重远代）出席了会议。公推毕云程为临时主席。会议选举邹韬奋为生活出版合作社经理、徐伯昕为副经理、毕云程为常务理事。会议决定请艾逖生为理事会秘书，邹韬奋出国期间为出席理事会代表。

7月12日，生活出版合作社在亚尔培路亚尔培坊25号召开第二次理事会。杜重远、毕云程、邹韬奋、徐伯昕、王志莘（杜重远代）、艾逖生出席了会议。徐伯昕报告初拟的股份支配方法：（一）本社全部资产估计额为三万八千六百九十六元；（二）职工过去薪额总数除不满六个月者不列入外，总计为四万八千三百七十元；（三）照职工薪额总数以八折计算，发给股份；（四）每位职工薪额总数合算时不满一股之数应以五舍六入计算。会议决定，职工薪额总数应改五折发给股份。

7月12日，生活出版合作社人事委员会在亚尔培路亚尔培坊25号召开第一次会议。毕云程、邹韬奋、艾逖生出席。

在作出了以上一系列的重要安排后，韬奋于7月14日离开上海，前往欧美考察，开始了他一生中所经历的第一次流亡生活。在此后的两年时间内，生活书店在徐伯昕、毕云程、杜重远、胡愈之等人的努力下，惨淡经营，共渡难关。

韬奋认为：「进步文化事业是集合许多人的心血劳力而一点一滴地造成起来的，凡是在这里面参加过和用过力量的人，对于进步文化的总成果便是尽了他的一部分的力量，他的成绩便融合在这总成果里面，不会白费。」正如曾任中国韬奋基金会理事长的孙起孟所说的，韬奋主持生活书店成功的秘诀，「就是实行事业的民主。以大众的事为主，不以个人的事为主，这是他事业理想的民主；以参与事功的干部为主，不以自己为主，这是他事业管理的民主。」事实证明，韬奋不仅是一个杰出的新闻记者，也是一个善于经营的企业家。他以自己专心致志的事业心，全部扑在进步的文化出版事业上，义无反顾地干下去，终于获得了巨大的成功。

二、鲁迅对生活书店的支持和误会

1933年7月14日，韬奋被迫离沪赴欧考察，生活书店处于最困难的关键时刻，鲁迅挺身而出，全力支持生活书店的发展，默默地倾注自己的心血。

就在韬奋出国前后，在鲁迅的热情支持和帮助下，生活书店陆续创办了4种文学杂志——《文学》《译文》《太白》《世界文库》，向反动派的文化「围剿」主动出击，产生了深远的社会影响。鲁迅曾经说过：「其实《文学》与我并无关系，不过因为有些人要它灭亡，所以偏去支持一下。」

1933年8月25日，生活出版合作社人事委员会在纱布交易所召开第二次会议。毕云程、艾逖生、徐伯昕出席。由于鲁迅的大力支持，《文学》月刊于7月1日创办以来，发行工作比较顺利，销数已超过12000册，按照合同应增加编辑费。此次会议决定每月增加90元，连前共支付240元编辑费。由于9月起计划编辑发行文学丛书，决定聘请傅东华正式加入本社为社员，担任编辑并校阅文学丛书等工作，月薪100元。

1933年12月《生活》周刊被国民党政府查封以后，《文学》月刊的发行也受到了冲击。因为受到当局百般刁难的审查，《文学》月刊1934年的第一至第三期皆不能按期出版，销数较去年跌了很多。经徐伯昕、毕云程等人的努力，从第四期起，尽量不再延期出版，争取恢复以往的信誉。

当时担任《译文》主编的黄源，对于鲁迅给这4种刊物撰写的文章做过一个统计：《文学》26篇（1933年7月至1935年10月），《译文》27篇（1934年9月至1935年10月），《太白》25篇（1934年9月至1935年9月），《世界文库》则在1935年连续6期登完了长篇译著《死魂灵》第一部。在两年多的时间里，这4种杂志一共发表了79篇鲁迅的作品，其中《死魂灵》还是20万字的长篇。据黄源回忆说：「特别是1935年，翻译《死魂灵》，鲁迅先生吃了大苦头。每月发表2章，翻译这3万多字，要整整花他半个多月日夜的时间。刚放下《死魂灵》的译笔，马上给《文学》写论坛，接着又给《太白》写稿，给《译文》找材料，翻译。一稿接一稿，连续战斗，没有一点停息。加上那年夏天，刚刚出梅，连日大热，室中竟至（华氏）95度。他室内又不装电扇，因为怕吹动纸张，弄得不能写字。但因杂志文章都有期限，而鲁迅先生交稿从不误期。这样他就顾不得汗流浃背，浑身痱子，仍然埋头苦干，不停息的写作和翻译。这4个杂志，得到左联作家的全面支持，团结了全国广大进步作家，结成一个坚强的文化战线，而有了鲁迅先生的文章，得到鲁迅先生的大力支持，『其声势之浩大，威力之猛烈，简直是所向无敌的』。而出版发行这些杂志的生活书店也就成为反文化『围剿』中的一座战无不胜的坚强堡垒。上海福州路上的生活书店名符其实地成为出版进步文化书刊的全国公认的中心。」

在国民党政府的白色恐怖统治下，鲁迅的战斗是非常艰辛和困难的。他不但要「汗流浃背」地挥笔疾书，还要帮助生活书店和刊物的编辑部同国民党书报检查机关的老爷们斗法。他说：「不知怎的，总是忙，因为有几种刊物，是不能不给以支持的，但有检查，所以要做得含蓄，又要不十分无聊，这正如带了镣铐的进军，你想，怎能弄得好，又怎能不出一身大汗，又怎能不仍然出力不讨好。」

鲁迅给《文学》写的《病后杂谈》和《之余》，在发表过程中就曾同反动当局进行过几个回合的搏斗。1934年底，鲁迅应生活书店的要求，针对国民党政府在上海施行的书报检查制度，在病后写了《病后杂谈》和《病后杂谈之余》，准备在《文学》1935年新年号上发表第一篇。结果，《病后杂谈》送审的时候，后面3段都被砍掉了，只剩下前面第一段。主编傅东华感到这篇文章不能发了。鲁迅却吩咐就将这个砍剩的一段，在第二期上发表；然后再在第三期刊登《之余》。这样前言不搭后语，正好是国民党钳制言论的一个罪证。当编辑部把《之余》送审的时候，检查官在校样上加了些铅笔记号，说要编辑或作者自己修改。编辑拿到鲁迅那里，鲁迅选了几处，用笔愤怒地划了几划，删掉了一点，然后再次送去审查。检查官看来看去，不说抽去，也不说可登。结果由检查官动口，编辑动手，删改一通才算了事。后来，鲁迅把两篇文章收进《且介亭杂文》集的时候，恢复了原样，并在曾被删去的部分加了标记，还在后记中把检查官的胡删乱砍作了揭露。

鲁迅对生活书店是非常信任的，他晚年的大部分译著，如《桃色的云》《小约翰》《表》等，都是由生活书店出版的。由此，使社会推崇鲁迅而及于生活书店。此外，鲁迅还把瞿秋白翻译的《高尔基创作选集》介绍给生活书店，为了躲避「检查老爷」的纠缠，署名萧参。但是，此书于1933年10月出版后不久，就被反动当局查禁了。1935年6月，瞿秋白英勇就义以后，生活书店把这本书中7篇作品的次序重新排列，并抽掉了两篇评论和后记，署名改为「史杰」，于1936年8月再次出版。

鲁迅和生活书店的合作和交往中，也因《译文》的编辑问题发生过误会。

《译文》是1934年9月创刊的。茅盾曾在回忆录里谈到《译文》创办的背景：「国民党对于左翼书刊的查禁又部分解禁，使书店老板总算松了口气，对于我们这些有几本书在书店里出版的『老作家』生活的压力也减轻了一点，因为每月还有版税可拿。可是对于那些没有版税收入的年轻人的新进作家，辛辛苦苦写出一篇东西，被检查老爷任意抽掉了，却意味着要勒紧几天裤带。既要革命，又要吃饭，逼得大家开动脑筋，对抗敌人的文化『围剿』，于是有各种办法想了出来，化名写文章，纷纷出版新的刊物，探讨学术问题，展开大众语、拉丁化问题的讨论，再就是翻译介绍外国文学。《译文》就是在这样的背景和气氛下创办起来的。」

《译文》在鲁迅的提议下，由鲁迅、茅盾、黎烈文三人共同发起，由鲁迅做主编，并请《文学》的编辑黄源做一些「跑腿」的事情。他们确定办刊方针是：「以少数志同道合者为核心，文章不是一般的时髦品，但求真想用功者读后能得到点好处，销路不求多。」鲁迅还建议交给生活书店出版。由于鲁迅、茅盾都不便出面，为了应付国民党图书杂志审查机关，封面上的编辑人就印了黄源。鲁迅亲自编辑了《译文》的第一至第三期。第四期起，鲁迅就让黄源编辑。

1935年8月27日，韬奋从欧洲回国，见徐伯昕体弱病重，要他去莫干山休养。徐伯昕离开上海时把《译文》第二年他签字的合同交给了黄源。

8月30日，鲁迅亲自到生活书店交付《死魂灵》第一部第九、第十两章译稿。

9月17日，韬奋和即将担任生活书店代经理兼总务部主任的毕云程在新亚饭店宴请鲁迅。出席者还有茅盾、郑振铎、胡愈之、傅东华。宴会刚开始，毕云程就提出，《译文》编辑仍请鲁迅担任，而不是黄源。这是要撤换编辑，事先却又没有和鲁迅及《译文》发起人茅盾和黎烈文商量过。鲁迅当时很生气，把筷子一放，说「这是吃讲茶的办法」，就走了。

茅盾认为，「生活书店之所以不让黄源为《译文》编辑」，「大概还因为其名望比鲁迅小得多，而《译文》的销数又不理想」。据《生活出版合作社理事会会议录》记载，在《文学》月刊销数已超过12000册时，《太白》的发行数也是12000册，而《译文》只有3200册。《译文》的发行量确实是不尽如人意。

第二天，鲁迅约茅盾和黎烈文去家中，黄源也在。他当着大家的面，把原来他已经签了字的《译文》第二年合同撕碎，并声明：「这个合同不算数了，生活书店如果要继续出版《译文》，必须与黄源订合同，由黄源签字。」他还让茅盾去通知生活书店。由于韬奋刚刚从海外归来，徐伯昕又因病休息，毕云程还是比较多的从发行量考虑，没有接受鲁迅的这个建议。

此后不久，毕云程辞去他在豫丰纱厂的兼职，集中全力担任生活书店代经理兼总务部主任。同年11月20日，邹韬奋在生活出版合作社第三届人事委员会第一次常会上，报告了此前举行的第二届理事会第一次常会的选举结果：毕云程为总经理，徐伯昕为经理，邹韬奋为常务理事。

根据1936年1月13日召开的《生活出版合作社第二届理事会第二次常会记录》显示，该次会议讨论了以下问题：减少《文学》月刊编辑费；停止收稿、编辑及印行文学书籍，如小型文库及文学社丛书；停止预支已交稿作家的稿费或版税；停止预支世界文库编辑费；《文学》月刊六卷出齐后停刊；生活书店与文学社、文学出版社及本社文艺编辑傅东华先生之种种关系。

1936年7月10日举行的第三届人事委员会第32次临时会记录显示，傅东华主动提出「自7月份起坚辞薪给」。生活书店以「此后需要傅先生协助之处甚多，故改给月薪50元，维持社员关系」。

根据本书所显示的有关资料可以得出这样的结论，当时生活书店在快速发展中遇到的问题还是不少的。生活书店的主要负责人毕云程从书店的生存和发展考虑，没有同意鲁迅的建议，也是无可厚非的。

茅盾后来回忆道：「这事弄得很僵。郑振铎找我商量，想从中调解。他提出一个双方妥协的方案，即合同由黄源签字，但每期《译文》稿件鲁迅要过目并签上字。鲁迅和我研究，同意了这个方案。可是生活书店不同意。他怕《译文》赔本，情愿停刊。终于创刊达一年之久的《译文》最后出了一期『终刊号』，宣告停刊了。」茅盾认为：「邹韬奋虽然刚回国，不了解情况，但何以深信毕云程，也有原因。」「邹韬奋和毕云程可说是患难之交，所以邹韬奋尊重毕云程的意见。既然毕云程不要黄源编辑《译文》，邹韬奋是碍难反对的。」

三、生活书店员工集体怠工事件

1936年6月27日，第三届人事委员会第31次临时会议决定取消本社宿舍。决定指出：「本社环龙路宿舍决定从7月16日起取消。此后同人住宿概归自理。应如何酌给房贴容再拟定办法。」

7月10日，第三届人事委员会第32次临时会议讨论了「本社同人宿舍取消后应如何致给房贴」的问题。会议决定：凡本社同人不论过去由本社供给宿舍或自租宿舍，从8月份起一律发给房贴，并规定了每月应给职员房贴及车费的具体数额是，薪水一百元以下者是5–7元不等，一百元以上者不给津贴，自8月份起归并于薪水内发给。凡在7月16日以前迁出本社宿舍者，7月份发给半个月房贴。凡在7月16日以后尚未迁出本社宿舍者，7月份房贴概不发给。会议还讨论了关于「考核同人服务成绩酌加薪水」的问题。会议决定：先拟定考核标准（工作成绩占百分之四十、责任心占百分之四十、职务占百分之二十）再行考查决定之。

会后不久，陈文江等职工联名来信，要求人事委员会答复下列三项要求：（一）7月份房贴发给一个月；（二）薪水与房贴分开发给；（三）同人租用铁床及其他用具。7月13日，第三届人事委员会第33次临时会议讨论了陈文江等职工的联名来信，决定：（一）7月份房贴发给20天；（二）同意薪水与房贴分开发给；（三）铁床及用具减价售让。铁床照原价收回三分之一，桌凳及其他用具照原价二分之一收回。7月14日，第三届人事委员会第34次临时会议决定，经考核同人服务成绩，从7月份起给44名员工分别加薪1至3元。同时决定，由于张季良试用不合格，于15日起停止试用。

上述两次会议的有关决定引起了部分职工的不满。王锦云等40余人联名书面提出3点要求：（一）收回开除张季良成命；（二）保持过去加薪成例；（三）对宿舍床的问题要求答复租用方案。7月15日至16日，第三届人事委员会连续召开第35次、36次临时会议，维持了第34次临时会议的1至3元加薪方案，但同意了租用床桌给同人，对于张季良的试用期间的工作「复加审核，认为工作缺点颇多」，考核结果仍为停止试用。

7月18日，发生了近30名社员怠工的事件。部分社员还胁迫、谩骂坚持工作的员工。李济安最先向大家宣言，鼓动采取有效手段进行怠工，并被推为代表向人事委员会发话。他否认社章，声称人事委员会不撤销原案决不复工。薛天鹏甚至在缮写并油印的诬蔑生活书店名誉的宣言上捏造事实：「在最近的过去，书店用了无耻的手段骗走了我们的五位同事，理由是『外有压力』『内有汉奸』，并且还假造了市党部开来的名单作为开除同人的借口。」

在此期间，常务理事邹韬奋收到了社员李伯彭等22人召开临时社员大会的提议，讨论人事委员会关于练习生张季良停止试用之事；此后不久，又接到社员陈文江等7人来函，声明在前函之签名作废。为此，生活出版合作社第二届理事会在邹韬奋的主持下，于7月20日在上海虹桥疗养院召开第五次临时会。会议讨论并通过下列决定：

（一）社员22人签名，除自动声明退出7人外，实际提议人仅15人，不足社章所规定之法定人数，召开临时社员大会案，应作罢论。人事委员会关于练习生张季良停止试用之议决案，仍依法有效。

（二）常务理事提议，对本社同人之待遇，向来根据营业状况为标准，本届加薪标准，因营业较逊，故酌量减低。惟对于薪金较低者，因生活程度日高，似应分别酌增；同时关于宿费津贴一事，以房租颇昂，维持不易，原分为三、四、五元三种房贴，似应增加为四、五、六元三种。

（三）常务理事提议，定期举行茶话会，并决定于22日下午在八仙桥青年会举行第一次茶话会。

与此同时，卞钟俊等26人给人事委员会发出联名签署函，请求对于7月18日少数社员之非法事件执行紧急处分。他们认为：「窃思本社为自愿结合之合作社组织，凡属社员，对于社章，均应绝对遵守。此次人事委员会根据社章所赋予之职权及工作成绩之审核，将练习生张季良君停止试用，原属合法手续。乃有一部分社员，蔑视社章，不惜以油印诬蔑毁坏本社之宣言及胁迫怠工之手段，破坏本社组织原则，动摇本社基础，摧残本社公共利益，此端一开，于本社之生存，实有莫大之妨害。亦为保障本社之生存与社员之福利，敬请人事委员会执行紧急处分，以安社基，而免危害。」

人事委员会收到了「卞钟俊等26人联名请求」后，于7月21日至22日，第三届人事委员会连续召开第37次、38次临时会议，全体委员一致认为「情势非常严重」，明确表示接受「卞钟俊等26人联名请求」，讨论了如何处分这一事件以及理事会提出的增加房贴的建议。会议决定：

（一）李济安鼓动怠工、破坏社章，李伯彭、秦逸舟胁迫他人怠工，妨害公共利益，薛天鹏缮写诬蔑本社信誉之宣言，危害本社组织。以上四人各予以最后警告。以后如再犯同类事件及其他破坏社章、危害本社公共利益应无条件予以停职处分。其他参加怠工者，姑念胁从，免予处分。

（二）接受理事会建议，将前案三、四、五元三种房贴改为四、五、六元三种，社工房贴一律增加一元。

7月28日，人事委员会召开第39次临时会议，讨论了「整顿各部工作纪律」和「组织传达委员会」等事宜。会议决定：

（一）自8月份起，各部科主任对本部科工作人员之工作情形，除随时口头报告外，每隔两个月须用书面负责报告本会一次。

（二）本会为沟通同人意见，免除种种隔膜起见，特设传达委员会，藉以咨询及传达各方意见，作为属于本会之咨询机关，传达委员之产生，每科至少须有委员一人，各科工作人员满五人者，除科主任为当然委员外，另举一人为委员。满十人者推举二人为委员。

上述为本书中显示的生活书店员工集体怠工事件及其处理经过，有3点需要特别注意的是：

（一）卞钟俊在王锦云等40余人联名上书反对人事委员会决议时是签名的，但是没有参加怠工。后又在26人联名要求紧急处分非法社员的函件上领衔签名。陈文江等7人在李伯彭等人提议召开临时社员大会问题上有一个反复的过程。这说明了当时员工的思想是不稳定的，是会转变的。生活书店领导层在处理此次事件时，是做了一定有效的工作的。

（二）7月31日，第三届人事委员会第41次临时会议在韬奋亲自主持下召开（此前的人事委员会临时会议主要由毕云程、徐伯昕主持），曾经在王锦云等40余人联名上书时签名并参加怠工的张又新试用期满，据批发科邵公文、严长衍报告，张又新试用期内颇能负责，成绩尚佳。会议决定应予继续任用。

（三）9月3日，生活出版合作社召开临时委员会成立会议时，曾在7月18日鼓动怠工、破坏社章，并受到人事委员会最后警告处分的李济安出席了会议，并当选为委员。至1937年9月13日生活出版合作社召开临时委员会第20次常会，李济安均出席。

四、临时委员会的成立和广州分店的增设

1936年7月底，韬奋从香港回到上海。据《人事委员会会议录》显示，7月31日在上海举行的人事委员会第41次临时会议是由韬奋亲自主持的。这也说明以往的研究中所采用的韬奋是在8月回到上海的说法是错误的。

当时的形势非常严峻，国民党当局的反动气焰嚣张。为了规范生活书店的民主管理体制，应付突然发生的情况，生活出版合作社于8月31日召开了第二次临时社员大会，决定设立在大会停会期内执行大会职权的临时委员会。

9月3日，生活出版合作社召开临时委员会会议，王志莘、杜重远（邹韬奋代）、邹韬奋、陈锡麟、李济安、徐伯昕、周积涵、张锡荣、孙梦旦、张仲实、孙明心等11人出席。邹韬奋任临时主席。

会议拟定了临时委员会办事细则。细则规定，本会开会以三分之二之出席为法定人数，任何表决必须得出席委员过半数之通过方为有效；本会委员如因事不能出席，可委托代表，代表人以委员为限。但每一委员至多代表一人；本会开会时讨论事项有涉及委员个人者，关系人本身应暂行离席；本会开会时遇有必要得由主席邀请其他社员列席参加讨论，但无表决权。

会议推举张仲实为临时委员会主席，负责召集本会并负责一切决议的执行。推举徐伯昕为生活书店经理，执行本会的决议，主持处理日常店务并对外作为本店代表。后在11月5日举行的临时委员会第三次常会上，甘遽园被聘用为副经理兼总务部主任。

9月9日，临时委员会举行第一次临时会议。会议通过了指定孙明心为本会秘书案；讨论修改社章案；应如何着手整顿店务案；规定常会日期案。

自1936年9月24日，临时委员会在上海举行的第一次常会，至1937年9月13日在上海举行的最后一次常会（第20次常会），基本是由张仲实主持的。

当时国民党政府在日本帝国主义的支持下，加紧了对救国会的迫害，并于1936年11月23日凌晨逮捕了韬奋和沈钧儒、李公仆、沙千里、史良、章乃器、王造时等7位救国会领袖，这就是中国近代史上著名的「七君子」事件。邹韬奋被捕后，生活书店在徐伯昕主持下，仍然是有条不紊地开展工作。在这一年里，生活书店在临时委员会的领导下，主要做了以下工作。

（一）在汉口、广州增设分店并建议增设西安、成都分店

1936年7月26日，生活出版合作社第二届理事会第六次会议做出决定：1.在香港设立分店，由毕云程负责筹划设立并任经理。2.汉口特约发行所因积欠账款过多，派严长衍前往接收，改办分店。同时派严长庆前往主持之事给予追认。

10月8日，临时委员会举行第二次常会，通过了「本店应在广州增设分店案」。会议认为：「本店香港分店营业不振，专此特派严长衍先生前往广州调查，结果以广州书店情形均甚发达，本店出版物在广州方面尚未能尽量发展；为减少香港损失并扩展广州营业计，似有将香港分店结束，增设广州分店之必要。」具体办法是：「广州分店店址，已择定永汉北路儿童书局地位，因正商得该局同意，愿以三千一二百元将一切生财等转让本店。希望在一二月后能结束清楚，将香港分店迁往广州。」会议还对广州分店作了营业概算：「依据汉口分店营业情形，每月营业总额平均以二千五百元计，广州至少可在四千元以上，假定以最低限度四千元，照二分利益计算，每月约得利益八百元，在开支方面可无大问题。」

12月3日，徐伯昕在临时委员会第四次常会上报告，广州分店的开办工作正在积极进行，广州儿童书局经理吴涵真来沪，经双方商定一面从事结束，此间亦同时筹备。希望能在2月1日正式开幕，以应春销。

1937年1月6日，临时委员会秘书孙明心调任广州分店经理。此后不久，广州分店承盘合同由严长衍代为签妥，分店决定在2月1日正式开幕。

生活书店广州分店开幕以后的经营状况并不理想。为了广州分店的长远发展考虑，徐伯昕在6月4日召开的临时委员会第十四次常会上提出：「粤分店房屋简陋，地位偏狭，不敷应用。现已商得新华银行同意，在永汉北路惠爱东路口建造新厦时租借靠惠爱路公共汽车站左边店面一幢，大小式样及租金等待该行打样时再行商订。」

与此同时，对于汉口分店的扩建工作也是同步进行。副经理甘遽园在4月22日举行的临时委员会第十一次常会上报告，汉口分店因原有房屋租期届满，兹已觅得交通路三层楼房屋一幢，预备迁移扩充营业，现正筹划进行中。

在1936年5月筹设汉口分店和1937年2月筹设广州分店以后，根据形势发展的需要，徐伯昕在8月2日举行的临时委员会临时会议上提议：「拟于即日起筹设西安及成都两分店。」他认为：「本店过去在西安方面，系特约大东书局，每月营业额已在千元以上，倘自办后能加以推广，营业情形至少可与汉口相仿。同时，因该书局以限于发货限额，致当地需要，尚不能供应，更以处此紧急时期，为扩大发行网及分散力量计，似西安与成都均有筹设分店之必要。」因此，他建议：「现为应付紧急时期计，可请严长衍先生与西安分店经理于本月五日至迟六日前往筹备，租赁店面及机房房屋，会计主任可在十二日左右动身，将一切印件等带去，希望严先生能在到达西安规划一星期后，即返汉口，成都分店经理及营业主任可于十六日左右到达汉口，与严先生同行赴蓉。严先生在离蓉返沪途中，可便道向各同业结账，并予以联络。总店方面即日准备大批发货，两分店每一处至少发货在一万五千元实价书以上。」会议通过了徐伯昕的建议。此后不久西安、成都分店相继开业，并成为生活书店在西北和华西地区的重要分店。

（二）**员工管理细则的完善**

临时委员会成立之后，把逐步完善员工管理的具体措施作为一项重要的任务。

为了适应生活书店迅速发展的需要，10月8日举行的临时委员会第二次常会通过了员工试用办法：「1.试用员工暂定下列五种：职员、练习员、练习生、服务生、社工。以能刻苦耐劳、富责任心，而有相当学力与服务经验者为合格；先经过登记手续，再由考试决定之。2.考试科目为：国文、珠算、常识、书法及口试，题目随时拟定之。3.待遇分：试用职员30元；练习员25元；练习生22元；服务生18元；社工23元，包括车资、房贴、膳食等。4.试用期限分：3个月、6个月、一年三个阶段……7.终止试用之员工，除照发应得之工薪，给不足一月者以日计算外；对满六个月者加送半个月，满一年者加送一个月，以示优待……」从以上条文可以清楚地看到，生活书店对招聘新员工的严格要求，同时也体现了人性化的管理理念。

生活书店对员工的身体健康也是非常重视的，除了对于职工有一定的医疗补助之外，还每年给员工进行一次体检。1937年4月1日举行的临时委员会第九次常会决定：「本店为增进同人健康起见，每年举行同人检验身体一次，委托上海医院办理。检验费每人每次二元五角，归店中开支。」

（三）**积极参与抗战救国的活动**

1937年「七七」事变以后，抗日战争全面爆发。在这民族危亡的关键时刻，生活书店始终站在时代的前列。

7月29日，徐伯昕在临时委员会第十七次常会上报告：「本店同人为适应战时需要起见，特约红十字会医院派员讲授救护及急救常识，时间计16小时，费用每人一元五角。每五十人一班。女同事可参加中国医学会所办之救护训练班，免费听讲，已请同人签名参加，视人数多少再行决定班数。」会议决定，救护班每人应交费用全数由店负担。

9月11日，在临时委员会举行的第十九次常会上提出，政府发行救国公债，本店认购一万元，在定期存款项下分五次拨付。

「八一三」淞沪抗战，中国军队在广大人民群众的全力支持下，坚持了3个月后，最终西撤。11月12日，上海沦陷，英、法等租界成了孤岛。韬奋领导下的生活书店决定，大部分干部撤往内地开设分店，以汉口、广州分店为重点，在上海设「远东图书杂志公司」作为据点，留下少数人员。临时委员会也同时迁往汉口，继续从事抗日文化工作。

生活出版合作社于1936年8月31日召开了第二次临时社员大会，决定由张仲实继续任临时委员会主席。同年11月12日，上海沦陷，临时委员会迁往汉口。

需要特别注意的问题是：作为中共党员的张仲实在主持临时委员会的工作时，是如何同徐伯昕合作的呢？是如何贯彻党的路线方针政策的呢？当时正值中日民族矛盾不断上升，中共中央已决定从反蒋抗日、逼蒋抗日转到联蒋抗日的过程。张仲实是如何把生活书店的工作引领到为抗日民族统一战线的形成服务的呢？这对于研究生活书店的发展历史和邹韬奋思想转变的历史都是具有重要意义的。以往学术界对张仲实的研究不多，《韬奋纪念馆馆藏文献·生活书店会议记录》的公开出版，可以说是为我们深入研究张仲实在生活书店工作期间的思想和革命实践，以及他对于韬奋思想发展的影响是有重要意义的。

五、结　语

综上所述，从上海韬奋纪念馆馆藏的生活出版合作社会议记录中，可以看到生活书店初创时期民主管理体制的形成和逐步完善的过程；了解到鲁迅先生和生活书店关于《译文》发生的误会最主要的原因还是发行量的问题；最为珍贵的是首次披露的1936年7月18日发生的生活书店员工集体怠工事件和1936年9月成立的张仲实主持下的临时委员会所做的工作。

在阅读影印本的过程中也发现了一些记载，与一些公开发表的材料在逻辑上有讲不通的地方。比如，1936年4月10日举行的第三届人事委员会第18次临时会记录显示，会议通过的惩案议决中记载：「王永德工作不称职，自4月11日起决予解雇。」同年11月3日，韬奋亲自赴仁济医院看望因患伤寒而住院的王永德。11月9日，王永德不幸去世。韬奋亲自送他入棺，失声痛哭，并撰写了《悼王永德先生》一文发表在《生活星期刊》上，指出：「人才培养不易，像王永德这样的人才，不是容易培养成功的，不幸这样短命，我不仅为私谊哭，实为社会哭。」7年多以后，韬奋在病中撰写《患难余生记》时，再次详细介绍了王永德对生活书店所作出的贡献，并充满深情地说：「我深信永德的纯洁、忠诚、英勇、同志爱，将永远遗留在后死的许多同事中，将永远感动激励后死的为进步文化而努力的许多同志。就这个意义说，永德的躯壳虽死，他的精神也是不死的。」韬奋的言传身教，提高了同仁之间的情愫，加强了团结友爱。王永德于1929年15岁时考入生活周刊社做练习生。他为人沉默厚重，常常不声不响地把所办的事做得妥妥帖帖。为什么7年后会被辞退呢？为什么去世以后韬奋会给予一个这么高的评价呢？诸如此类的问题和线索还有待于进一步的挖掘和研究。

总之，上海韬奋纪念馆馆藏的生活出版合作社的会议记录为进一步研究民国时期的左翼文化运动、生活书店的历史以及邹韬奋、徐伯昕、杜重远、张仲实等出版人为生活书店的创办和发展所作的贡献，提供了不可多得的第一手资料。其中记载的内部管理、经营状况、人事更迭等更是纷繁复杂，等待更多人来研究和解读。